Beyond MaaS

新モビリティ革命

Mobility as a Service

日本から始まる新モビリティ革命
――移動と都市の未来――

日高洋祐　牧村和彦　井上岳一　井上佳三

日経BP

序章

MaaSから都市デジタルプラットフォームの世界へ

モビリティ革命「ＭａａＳ（Mobility as a Service）」。

北欧の国フィンランドから提唱されたこのコンセプトは、瞬く間に世界中を席巻し、日本にも大きな影響を与えた。２０１８年11月に上梓した前作『ＭａａＳ～モビリティ革命の先にある全産業のゲームチェンジ～』から1年余り。この間、筆者らの予想をはるかに超えた反響があり、国内でもＭａａＳの実証プロジェクトが数多く立ち上がり、本格的な商用サービスも始まった。ＭａａＳが地域活性化や交通課題を解決する手段として、あるいは自動車メーカーや交通事業者の成長戦略の「一丁目一番地」として、その可能性に多くのプレーヤーが共感し、社会実装に向けた初めの一歩が踏み出された。

このＭａａＳのうねりに参画したのは、何もモビリティ関連産業だけではない。不動産ディベロッパーや医療・ヘルスケア、電力会社、小売り、保険会社、ＩＴベンダー、通信キャリア、商社など、多種多様な業態がモビリティを活用した事業開発を検討し、中長期の経営方針の中でモビリティ、ＭａａＳへの取り組みを表明した。日本政府においても、「未来投資戦略２０１８」で国家のフラッグシッププロジェクトとして位置づけられたことを皮切りに、内閣官房、内閣府、経済産業省、国土交通省、総務省など、関連する各省庁が検討会や施策立案、実証実験のサポートを推進するなど、大きな後押しが始まっている。19年は新元号「令和」の幕開けであると同時に、日本におけるＭａａＳの出発点として、エポックメーキングな年となった。

筆者らもＭａａＳプロジェクトに参加する中で、緒についたばかりの現状に満足するのではなく、もう一段目線を引き上げ、さらなる高みを日本の多くのプレーヤーと一緒に目指していきたい。そう考えたことが、本書を執筆するきっかけとなった。マルチモーダルのＭａａＳアプリを提供することが「目的化」するのではなく、そこで構築した交通版デジタルプラットフォームを「手段」として、全く新しいビジネスを創出し、社会的な価値を最大化していくことはできないか。最終的なゴールは、あらゆる生活者の暮らしをより良いものにアップデートすることにあるはずだ。

そこで本書では、筆者らが議論と現場での実践を積み重ねる中でたどり着いた、単なる「ＭａａＳ」とは一線を画す2つのコンセプトについて、主に解説していきたい。いずれもビジネスモデルを構築する際に有用な示唆が得られることを意識しており、ＭａａＳが持つ本来の価値を日本の隅々まで行き届かせるための重要な視点と考えている。

1つは、ＭａａＳの価値をより深掘りする「Ｄｅｅｐ ＭａａＳ」の世界だ。近年注目されているキーワードに「Ｄｅｅｐ Ｔｅｃｈ（ディープテック」がある。これは、最先端の科学技術、または研究開発を基礎とし、成功した場合のインパクトが非常に大きく、破壊的ソリューションとなり得る可能性を秘めた技術を指す言葉だ。これになぞらえ、本書ではＭａａＳをより深掘りし、進化させた状態をＤｅｅｐ ＭａａＳと呼ぶ。それは既存サービスの置き換えやＭａａＳアプリを開発するだけではない領域を表現するものだ。

持続可能なビジネスとして価値を提供し続けるには、モビリティサービスの深化・進化や、都市レベルでの交通最適化の観点が求められる。例えば、もともと交通手段が充実していない地方において、マルチモーダルなサービスは最優先事項にはなり得ない。最新のデジタルテクノロジーを生かし、どのように地域の交通体系を再構築していくのか、適切なモビリティサービスの在り方自体を問う必要がある。また、ＭａａＳによって収集される膨大な移動ビッグデータをどう生かしていくのか。大都市への人口集中が進み、道路渋滞や鉄道の混雑がより深刻化していく中で、それをうまく分散させられるよう、都市レベルでユーザーとモビリティの需給マッチングを行える体制を「最初から」想定しておくべきだろう。この仕組みを基に、パーソナライズしたサービスに落とし込めば、マネタイズの道筋はいくつも見えてくる。

このようにＭａａＳの概念を用いて、どのような社会やユーザーの課題を解決し、その実現に向けて先端技術を活用しながら新しいビジネススキームを生み出せるか。ＭａａＳの本質をいかに捉えて事業に反映していくか。それがＤｅｅｐ ＭａａＳの「Ｄｅｅｐ」という言葉に込めた想いだ。そこに到達する道筋は簡単なものではないが、国内外の事例を分析する中で、指針となる萌芽事例や考え方を第４章に記した。

もう１つの提案は、モビリティ産業と異業種の連携による新たなビジネスモデル、「Ｂｅｙｏｎｄ Ｍ

aaS」の世界だ。前作では少し解説するにとどめていたが、本書では大幅にボリュームアップし、住宅・不動産からエネルギー、小売り、医療・介護・ヘルスケア、フィンテック・金融、広告・プロモーションまで、専門家インタビューを含めて全15業種・キーワードについて深掘りした。

オンデマンド型乗り合いサービスといった、これから発展していく新たなモビリティサービスや、MaaSによる交通デジタルプラットフォームの活用アイデアなど、異業種連携の「組み手」を明らかにし、双方にとってのビジネスメリットも示した。また、今後、確実に重要性が増す「災害・防災×MaaS」の視点も取り入れている。フードトラックやキャンピングカーなど、いざという時に「可動産」として活躍してくれる多様なモビリティサービスを普段から運用、サービス育成していくことが、安心・安全な社会をより強固なものにしていくだろう。Beyond MaaSの詳細は第7章に記載した。

Deep MaaSとBeyond MaaSという2つの方向性は、いずれもデジタルプラットフォームを基盤にして成り立つ世界だ。ここで巻き起こる交通変革や自動運転のような破壊的イノベーション、異業種連携による新サービスが織り成して形づくるものは、都市のDX（デジタルトランスフォーメーション）、すなわちスマートシティの大きな柱となる。

世界最大級の家電・IT見本市「CES 2020」で、トヨタ自動車の豊田章男社長が華々しく発表した未来都市構想「Woven City（ウーブン・シティ）」しかり、グーグルの兄弟会社であるサイドウォークラボが取り組むカナダ・トロントのスマートシティ計画しかり、まさに今、都市単位の壮大なイノベーションが花開こうとしている。

それを先導するのは、生活者の行動に深くかかわってきたモビリティ産業だろう。異業種プレーヤーや行政と協調しながらデジタル化された都市への道を率先して切り拓く覚悟と、実力が求められる。このスマートシティへの道が、「100年に一度」の変革期に訪れた挑戦的なテーマであり、MaaSを起点としてどのようなビジネスと社会を実現していくのか、その可能性について語り尽くすのが本書の役割である。

その意味で、MaaSの定義や概念、海外を中心とした先進事例を基に「MaaSの本質」を分かりやすく解説した入門書だった前作に対して、本書は次のステップを見越した具体的なアクションを取れる実践の書だ。第1〜3章では、国内外のMaaS最新動向をレビューし、現状の課題から見えてきた光明、そしてMaaSを発展させていくエコシステムについてまとめた。続いて第4章では、実践・応用編として本書の核となるDeep MaaSとBeyond MaaSの2つを解説し、第5〜7章において交通業界、自動車業界のアクションプラン、および異業種連携のビジネスアイデアについて、具体事例を交えて記した。そして第8章では、デジタル化された都市におけるモビリティの在り方、MaaSから始まるスマートシティの姿を描いている。

本書は、前作と同様に、日本におけるMaaSやモビリティ、都市の在り方を検討している以下のメンバーの連名で執筆した。

日高洋祐　MaaSの事業開発やプラットフォーム開発を行うMaaS Tech Japan代表取締役。研究者として、また実務者として日本版MaaSの社会実装に向けて取り組む

牧村和彦　一般財団法人計量計画研究所 理事 兼 研究本部企画戦略部長。博士（工学）東京大学。将来の交通社会を描く、モビリティ・デザイナーとして活動

井上岳一　日本総合研究所創発戦略センター　シニアスペシャリスト。持続可能な地域社会のデザインをミッションに「ローカルＭａａＳ」のエコシステム構築に挑む

井上佳三　自動車新聞社社長。モビリティサービスの専門誌である「ＬＩＧＡＲＥ（リガーレ）」を発行。モビリティサービスとまちづくりの調査・企画・開発を行うＡＭＡＮＥを設立

主に、国内外の最新事例の分析や交通・都市計画の観点では牧村和彦が、地域活性化や政策、エコシステムの観点では井上岳一が、公共交通、テクノロジー・ビジネス戦略の観点では日高洋祐が、自動車やモビリティサービスの観点では井上佳三が執筆を担当した。

ＭａａＳをめぐっては、国内で具体的な成功事例がないままに概念だけが先行して急速に普及したことで、「バズワード」であり、実態の伴わない「バブル」であると断じる向きもある。だが、足下を見るだけでは、一向に前には進めない。デジタル化の流れはあらゆる産業で不可逆である。最先端のテクノロジーとうまく折り合いをつけながら、目の前の「現実」を確実によいものに変えていくビジョンと実行力が必要となる。本書により、読者の皆様がより広く深く「ＭａａＳの世界観」を理解し、それぞれのビジネスや課題解決に役立つものとなることを願っている。

２０２０年3月吉日　筆者一同

目次

目次

本書で扱う用語の解説

筆者らと読者の間で認識のずれを減らすために主要な用語の解説を記載する（本書内での分かりやすさを優先し、学会や論文などで定義されたものと異なる場合がある）。

MaaSプラットフォーム

MaaSアプリケーションを提供する際に必要なソフトウエアおよびシステムのプラットフォームのこと。具体的には、ユーザー管理機能、経路・地図・運行情報などのルート案内機能、決済機能、サービス間のAPI連携、予測や統計処理機能、ダイナミックプライシング機能、データ規格の統一化などの要素がある。

MaaS
（Mobility as a Service）

MaaSとは、マイカーという魅力的な移動手段と同等か、それ以上に魅力的なモビリティサービスを提供し、持続可能な社会を構築していこうという全く新しい価値観やライフスタイルを創出していく概念。

単一の交通モードではなく、鉄道、バス、タクシー、レンタカーといった従来のサービスや、カーシェアリング、自転車シェアリング、配車サービスなどの新しいモビリティサービスをすべて統合し、1つのスマートフォンのアプリを通じてルート検索、予約、決済機能にアクセスできる。利用者は移動のニーズに応じて最適なモビリティサービスの組み合わせを選択し、ドアツードアでシームレスに、かつリーズナブルに移動できるようになる。

MaaSオペレーター

多様な選択肢の中から、利用者のニーズに合うように最適な交通手段の組み合わせを選び、ドアツードアのシームレスなモビリティサービスとして提供する事業者のこと。アプリを通じてサービスを提供するが、アプリの開発・運用だけではなく、モビリティサービスとして統合するための種々の調整を行う。

MaaSアプリの「Whim（ウィム）」を展開するフィンランドのMaaSグローバルなどが、それに当たる。

写真／shutterstock

配車サービス

以下に説明する「ライドヘイリング」「オンデマンド型乗り合いサービス」など、既存のタクシー事業やバス事業とは異なるサービス形態の総称として用いた。ウェブサイトやスマートフォンのアプリを通じてリクエストされる移動のニーズに対し、手配可能なドライバーをアルゴリズムに従って配車するサービス。配車されるのは業務用車（タクシー）と、マイカーとの両方のパターンがあり得る。従来からあるタクシーの電話予約は、本書では配車サービスには含めていない。近年、普及しているアプリを使うタクシー配車は、配車サービスに含める。
配車サービスを提供する企業は、米国ではTNC（Transportation Network Company）と呼ばれる。

ライドヘイリング

配車サービスのうち、マイカーを使った配車サービスのこと。当初はライドシェアリングと呼ばれたが、同一方向に行く人が乗り合うカープーリングや乗り合いタクシーと区別するため、最近海外では、ライドヘイリング（Hailingは、「呼んで迎える」の意）と呼ばれるようになっている。

オンデマンド型乗り合いサービス

配車サービスの一種で、乗用車より大きいバンタイプの車両をスマホアプリなどで呼び出して乗ることができる。同じ方向に行く人の乗り合いが前提で、バスとタクシーの合の子のようなサービス。

自動運転

自動車が独自に「認知・判断・操作」を行い、自動車に搭載されたシステムが自律して運転すること。本書では、自動運転に関する技術レベル分けによるレベル4～5を自動運転と呼ぶ。また、自動運転サービスとは、自動運転車を用いた新たなモビリティサービスを指す。

モビリティ

移動性。可動性。移動できる能力。自由自在に動かせること。日本語ではしばしば「モビリティ」が「乗り物」と同義で使われるが、本書では本来の意味に立ち返り、移動できることという意味で用いる。

モビリティサービス

人やモノの移動をサポートするサービスの総称。既存の交通モード（鉄道、バス、タクシー他）と新しいサービス（カーシェアリング、配車サービス、他）を包含するものとして使用する。
なお、鉄道、バス、タクシーなどを指す場合は主に「公共交通」と記載した。シェアリングサービスや配車サービスなどについては、「新たなモビリティサービス」とするか、それぞれ個別ジャンルを明示した。

Chapter

1

号砲！ 令和時代の「日本版MaaS」

この章で分かること

◉モビリティ革命「MaaS」の本質的な意義

◉国内における産官学の取り組み、MaaSの先行事例

◉海外の先進事例、国家を挙げて推進されるMaaS戦略

1 モビリティ革命「MaaS」とは何か

MaaS（Mobility as a Service：モビリティ・アズ・ア・サービス）は、便利なアプリをつくるだけの概念ではなく、シェアリングサービスのことでもない。マイカーの保有を前提とした社会から多様なモビリティが共生する社会に、MaaSという仕組みを通してパラダイムシフトをしていこうという概念であり、新しい価値観をつくり、持続可能で安心安全な社会を目指していくためのものだ。

つまり、クルマを保有することで移動の自由が得られてきた従来の交通社会に加えて、新たな選択肢を提供していく。ユーザーはMaaSを通して、マイカーという便利な移動手段に匹敵するような移動の自由が得られる。まるで自分のポケットにすべての交通があるかのような、そんな感覚。これこそがMaaSが実現する社会の第一ステップだ。

MaaSを契機に交通産業にイノベーションを起こし、デジタリゼーションを進めていくだけではなく、MaaSは交通産業に従事している人たちの意識や行動を変えていく。そして、交通産業だけにとどまらず、すべての産業にビジネスチャンスを創出し、まちづくりの在り方をも変えていく。MaaSの実現を通して、一般ユーザーは賢い移動の仕方を学び、よりスマートな生活スタイルを実現するようになるだろう。

100年以上の歴史を誇る世界最大の交通事業者連合組織「UITP（Union Internationale des Transports Publics：国際公共交通連合）」では、MaaSを次のように定義している。

MaaSとは、さまざまなモビリティサービス（公共交通機関、ライドシェアリング、カーシェアリング、自転車シェアリング、スクーターシェアリング、タクシー、レンタカー、ライドヘイリングなど）を統合し、これらにアクセスできるようにするものであり、その前提として、現在稼働中で利用可能な移動手段と効率的な公共交通システムがなければならない。このオーダーメイド・サービスは、利用者の移動ニーズに基づいて最適な解決策を提案する。MaaSはいつでも利用でき、計画、予約、決済、経路情報を統合した機能を提供し、自動車を保有していなくても容易に移動、生活できるようにする。

また、欧州のITS（高度道路交通システム）をけん引するERTICO（European Road Transport Telematics Implementation Coodination Organization）により設立されたMaaS Alliance（MaaSアライアンス）では、次のように定義する。

MaaSとは、様々なモビリティサービスを1つのモビリティサービスに統合し、好きな時にアクセスを可能にするサービスである。利用者にとってのMaaSの価値は、複数のチケット発行や支払い操作を1つのチャネルのみで行い、移動を可能にするアプリケーションを提供することである。MaaSオペレーターは、利用者の要望に応じて、多様な移動手段を提案する。公共交通機関、車、カーシェア、タクシー、レンタカーやリースなど、手段を問わずそれぞれを組み合わせ、バラエティー豊かな移動手段を提案する。また、MaaSサービスが成功することで、新しいビジネスモデルが誕生し、今ある移動の選択肢が見直され、新しい運用方法の確立にもつながる。入ってくる情報が改善され、今まででは考えられなかったような利用者のニーズに応えることができるようになる。MaaSの目的は、単に個人が車で移動するよりも、より便利で持続的、またコストの低い代替手段を提供し、利用者一人ひとりに最高の価値を提供することにある。

いずれにおいても、交通の新しい選択肢を提供し、事業者とユーザーが双方向でつながり、サービスがオーダーメイドになり、マイカーよりも便利で持続的なサービスと価値を提供することと定義している点がポイントだ。

世界的に地球温暖化への対応は待ったなしであり、世界では毎年130万を超える人々が自動車事故で亡くなっている。今後も増え続ける「買い物難民」への対応、縮小する交通産業の再生、マイカー保有と非保有者との移動格差といったソーシャルインクルージョン（社会的包摂）への対応など、新しいモビリティサービスを育成し、既存の交通手段との連携、再生を促進していくMaaSに対する期待は高い。国家を挙げて産官学が一丸となって取り組んでいく重要なテーマといえる。

2 日本政府のMaaS戦略が始動

2018年の成長戦略である「未来投資戦略2018」において、MaaSが初めて国家のフラッグシッププロジェクトとして、重点施策に位置づけられた。その後、19年の成長戦略実行計画においては、具体的な事業やロードマップが示され、日本の成長をけん引していく重要施策として、政府主導のMaaSプロジェクトが始動している。

この方針を受け、国土交通省では「日本版MaaS」の将来像や、今後の取り組みの方向性などを検討するため、「都市と地方の新たなモビリティサービス懇談会」を立ち上げ、19年3月には地域横断的な今後の政策課題、地域タイプごとの今後の取り組みの方向性を示した中間とりまとめを公表した。局の壁を越え、総合政策局、道路局、都市局が一丸となって取りまとめたものであり、国交省の本気度が伝わってくる。

また、経済産業省では「IoTやAIが可能とする新しいモビリティサービスに関する研究会」を立ち上げ、18年10月に中間整理を公表した。その後、経産省と国交省が連携し、新しいモビリティサービスの社会実装を通じた移動課題の解決、および地域活性化に挑戦する地域や企業を応援する新プロジェクト「スマートモビリティチャレンジ」を19年4月に始めた。そのパイロット事業として、全国28都市を6月に選定。経産省と国交省がタッグを組み、新しいモビリティ社会の創造に取り組んでいくという

「スマートモビリティチャレンジ」の実施エリア

	市区町村	都道府県	主な事業者・大学
1	ひがし北海道地域	北海道	WILLER、JR 北海道、阿寒バス、網走バス、斜里バス、くしろバス、金星釧路ハイヤー、阿寒観光ハイヤーなど
2	上士幌町	北海道	Japan Innovation Challenge 実行委員会※
3	浪江町·南相馬市	福島県	福島イノベーションコースト構想推進機構、順風路、日産自動車、DeNA、ゼンリンなど
4	会津若松市	福島県	会津乗合自動車、会津鉄道、KCS、デザイニウム、アルパイン、福島大学など
5	新潟市	新潟県	新潟交通、新潟交通観光バス、日本ユニシスなど
6	日立市	茨城県	茨城交通、みちのりホールディングス
7	つくば市	茨城県	つくばスマートシティ協議会（鹿島建設、KDDI、日本電気、三菱電機、関東鉄道、サイバーダインなど）、筑波大学
8	前橋市	群馬県	群馬大学、NTT データ、NTT ドコモ、未来シェア、ジョルダン、日本中央バス、関越交通、赤城タクシー、JR 東日本高崎支社、上毛電気鉄道など
9	横須賀市	神奈川県	浜銀総研、NTT ドコモ、京急グループなど
10	川崎市·箱根町	神奈川県	小田急電鉄、小田急バス、小田急箱根ホールディングス
11	伊豆地域	静岡県	東急、JR 東日本、ジェイアール東日本企画、楽天、伊豆急行、東海自動車、伊豆箱根鉄道、伊豆クルーズなど
12	静岡市	静岡県	静岡鉄道、静岡県タクシー協会、エスパルスドリームフェリーなど
13	豊田市	愛知県	モネ・テクノロジーズ
14	春日井市	愛知県	名古屋大学、KDDI 総合研究所、UR 都市機構、名鉄バス、市内タクシー組合など
15	菰野町	三重県	町内全公共交通運行事業者、名古屋大学など
16	志摩地域	三重県	近鉄グループホールディングス、志摩マリンレジャーなど
17	永平寺町	福井県	志比北地区振興会、えい坊くんのまちづくり、京福バス、えちぜん鉄道、日本郵便など
18	大津市	滋賀県	京阪バス、日本ユニシス
19	南山城村	京都府	NPO 法人 南山城村むらおこし事業組合、南山城村社会福祉協議会など※
20	京丹後周辺地域	京都府	WILLER、WILLER TRAINS、丹後海陸交通、全但バスなど
21	神戸市	兵庫県	日本総合研究所、みなと観光バス、神戸空港タクシー、大和自動車交通
22	山陰地域	鳥取·島根県	JTB、日建設計総合研究所、未来シェア、日本ユニシス、名古屋大学、日本交通バス、日の丸自動車、一畑グループなど
23	大田市	島根県	バイタルリード、井田地区自治会、福光タクシー、石見交通など
24	庄原市	広島県	備北交通、庄原ショッピングセンター、庄原赤十字病院、ヴァル研究所、トラフィックブレイン、NTT ドコモ中国支社など
25	瀬戸内地域	香川県	scheme verge、ANA ホールディングス、高松商運、ことでんグループ、JR 四国、日新タクシー、電通など
26	大分市	大分県	大分市※
27	肝付町、錦江町、南大隅町	鹿児島県	鹿児島県肝属郡広域 MaaS 協議会※
28	八重山地域	沖縄県	八重山ビジターズビューロー、沖縄セルラーアグリ & マルシェ、JTB 沖縄、琉球銀行、TIS など

※「主な事業者」として記載がない場合は、自治体·団体名を挙げた

「スマートモビリティチャレンジ」支援対象

出典:「スマートモビリティチャレンジ」ホームページより作成

国家としての強力なメッセージが、この事業には込められている。

さらに19年6月、国交省内にＭａａＳを推進していく専属部署、モビリティサービス推進課が新設された。中間とりまとめで示された地域横断的な政策課題を推進していく母体として、大いに期待したいところだ。

ＭａａＳ推進団体が続々と設立

ＭａａＳを普及推進していく団体も続々と設立されている。先述したように、経産省と国交省が連携。具体的なニーズやソリューションに関する情報共有を促すとともに、新しいモビリティサービスの地域における事業性・社会受容性向上のポイント、地域経済への影響、制度的な課題などを整理し、ビジネス環境の整備を進めるため、スマートモビリティチャレンジ推進協議会を設立した。19年9月12日時点では１９２団体が加盟しており、77の自治体、98の事業者、17のその他団体が会員となっている。

また、トヨタ自動車とソフトバンクが立ち上げたモネ・テクノロジーズでは、同社が提供するモビリティプラットフォームを中核にサービス展開することを目指す組織体「ＭＯＮＥＴコンソーシアム」を立ち上げている。こちらは、２０２０年1月時点で加盟企業が４５０社以上になっており、〝和製ＭａａＳ〟を実現していく有力な団体だろう。

一方、産官学が連携した協調領域をつくるためのＭａａＳの推進組織としては、一般社団法人ＪＣｏＭａａＳ（代表理事：中村文彦＝横浜国立大学副学長）が18年12月に設立された。欧州のＭａａＳアライアンスの日本版として、日本国内でのＭａａＳおよびモビリティサービスに関する産官学での知の共有を行い、移動や都市の改善、技術革新につなげることを目的にした団体だ。世界各国でMaaSの社会実装が進む中、日本にマッチした形での社会実装を目指し、さらに国際競争力のあるMaaSをつくり出すこと、特に日本の優れた各モビリティサービスの連携を通じて世界でも未知の価値を生み出していくための協調領域の役割を担うことを使命としている。20年1月末時点で参加企業・団体は50を超え、内閣官房や経産省、国交省なども行政会員として参画している。

また、一般社団法人ブロードバンド推進協議会（略称：BBA、代表理事：宮内 謙＝ソフトバンク代表取締役 社長執行役員 兼CEO）では、日本におけるMaaSの実装を推進するため、イノベーション部会の配下に「MaaSを日本に実装するための研究会」（座長：石田東生＝筑波大学名誉教授・特命教授）を19年3月に発足した。交通関係者や、アプリ・システム開発系の事業者、有識者、自治体などが一堂に集まり、MaaSを取り巻く様々な課題について意見交換を行っている。

こうした全国的な組織以外にも、大阪商工会議所では、企業が連携してMaaSの実証実験、社会実装に取り組む場として「MaaS社会実装推進フォーラム」を19年春に設置。また、静岡市ではICT（情報通信技術）やAI（人工知能）などの最新技術を取り入れ、誰もが利用しやすい新たなモビリティサービスの提供と、これを生かした持続可能なまちづくりを目指して、19年5月に地域密着型の官民連携型コンソーシアム「しずおかMaaS」を設立している。

そして福岡では、一般社団法人EMoBIA（エモビア、代表理事：浦 正勝）が19年4月に設立された。こちらはMaaSを一つの柱とし、地域公共交通をはじめとするモビリティサービスを対象に、最先端のITSを活用した研究および事業開発、普及促進を図ることで、地域社会における安全安心、快適性、利便性の提供、さらにはグローバルな住み良いまちづくりの実現を目指した活動をしている。

3 国内MaaSプレーヤーの先行チャレンジ

日本で最初の本格的なＭａａＳ、マルチモーダルな移動支援のサービスといえば、トヨタ自動車と西日本鉄道が連携し、福岡エリアで始めた「ｍｙ ｒｏｕｔｅ（マイルート）」だ。18年11月から実証実験をスタートし、19年11月末からはＪＲ九州をパートナーに加え、北九州を含むエリアで本格展開に乗り出した。２０２０年春頃には横浜市と水俣市、6月には宮崎市や日南市に広げ、サービス提供エリアを順次全国へ拡大する計画だ。

これまでも自動車だけを対象としたカーナビゲーションや、バスや鉄道などの公共交通だけを対象とした経路案内サービスは存在していた。それに対してマイルートでは、これら既存の交通手段に加えて、タクシー配車サービスやレンタカー、カーシェアリング、自転車シェアリング、駐車場予約などの新しいモビリティサービスを統合しているのが特徴だ。さらに、地域のイベント情報やグルメ情報、観光情報などをトリガーに、目的地までの行き方の案内、予約（タクシーや自転車シェア）、決済・発券（バスや鉄道の電子チケット）までを1つのアプリで実現している。

福岡で行った実証実験のユーザーを対象としたアンケート調査では、実に52・7％が「いつもと違う

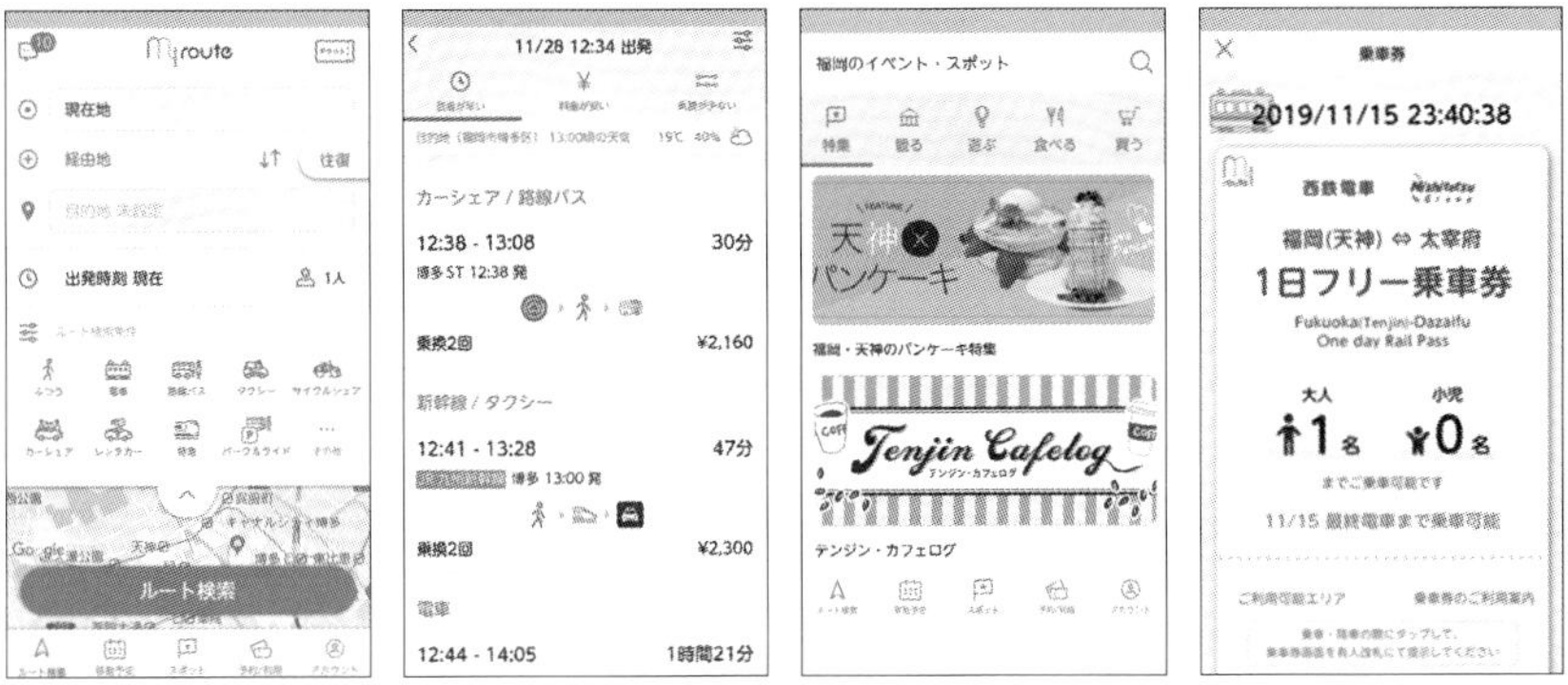

マイルートのアプリ画面（出典：トヨタ自動車リリース）

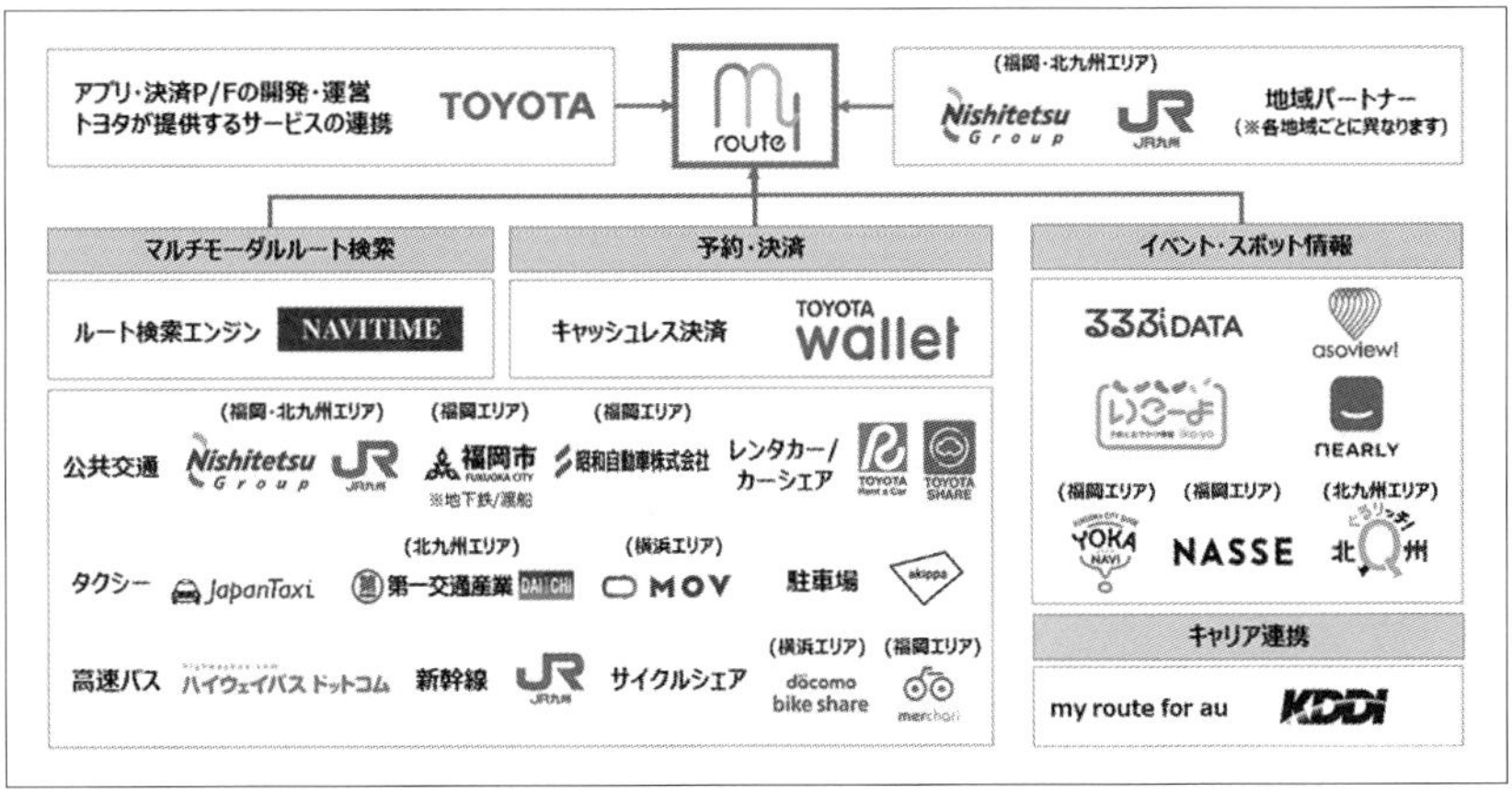

マイルートの連携パートナーは続々と増えていく（出典：トヨタ自動車リリース）

ルート／普段利用しない移動手段を使った」と回答したという（ｎ数６５０人）。これに続くのが、「思いがけない店・場所が発見できた」（15・1％）という声で、「普段、自分では調べない・知らない場所に行った」「行ってみたいお店、場所が増えた」が、それぞれ14・9％だった。単にモビリティサービスを統合するだけではなく、地域のグルメ・観光情報を充実させた結果、マイルートはユーザーの外出を促進して移動の楽しみを提供することに一役買っているといえそうだ。

福岡では公共交通の電子チケットが月に５００枚を超える利用があり、19年末時点でマイルートのダウンロード数は4万件を超えている。実証実験においてバージョンアップを重ね、リアルタイムのバス車両位置がアプリで確認できるようになり、経路検索大手のナビタイムジャパンとも連携することとなった。

本格展開に当たっては、モビリティサービスの連携パートナーをエリアごとに増やしていく方針だ。タクシー配車サービスでは実証実験から参画しているＪａｐａｎ Ｔａｘｉに加え、北九州エリアでは第一交通産業が提供する「モタク」、横浜エリアではディー・エヌ・エー（ＤｅＮＡ）が展開する「ＭＯＶ（モブ）」との連携を予定している。さらに、横浜ではドコモ・バイクシェアによる自転車シェアが加わり、長距離移動のプレーヤーとしては、宮崎市・日南市においてＡＮＡ（全日本空輸）の航空券予約・決済の連携を予定する他、京王電鉄バスの高速バス予約サービス「ハイウェイバスドットコム」にも20年春頃から接続する計画だ。

観光情報については、実証実験から取り組んでいる体験予約サイト「ａｓｏｖｉｅｗ！（アソビュー）」などに加え、ＪＴＢパブリッシングが提供する観光データベース「るるぶＤＡＴＡ」による情報配信や、宿泊手配が可能となるよう旅行手配サービス事業者との連携も進めていく。

また、ユーザー拡大を目指して、20年1月16日にはKDDIのauスマートパス、auスマートパスプレミアム利用者を対象に「my route for au」（Android版のみ）をリリースした。au版特典として、福岡、北九州エリアの交通事業者の交通チケットを25％割引で提供するなど、魅力的なプランを提示している。

もちろん、マイルートにはトヨタ系サービスも随所に盛り込まれている。「トヨタレンタカー」やカーシェアの「TOYOTA SHARE（トヨタシェア）」をはじめ、決済手段としてはクレジットカードに加えてトヨタファイナンシャルサービス、トヨタファイナンスのグループ3社で展開する電子決済「TOYOTA Wallet（トヨタウォレット）」に対応。そもそも、マイルート利用に当たっては、TOYOTA/LEXUS共通IDが必要になる。

こうしたマイルートをトヨタが主導する意義について、企画・開発チームをけん引するトヨタ自動車の天野成章氏は、「トヨタがモビリティカンパニーに変わるには、人がもっと移動したくなる社会をいかにつくるかがカギになる。そのためには、マイカーだけにこだわらず、すべての移動手段をリンオブゼムと捉え直すことが出発点。マイルートを進化させていくことで、生活者が抱える移動の不便を解消すること、移動したいと思うきっかけづくりとを合わせて、移動需要そのものを喚起していきたい」と語る。自動車メーカーと交通事業者が連携した取り組みは世界的に見てもまれであり、マイルートは「日本型MaaS」の1つの手本となる可能性を十分秘めている。

鉄道・バスに加えて航空会社も参戦

ＪＲ東日本、ＪＲ西日本、小田急電鉄、東急、京浜急行電鉄、近畿日本鉄道、十勝バス、みちのりホールディングスなど、交通事業者も地域や沿線の課題を解決するため、全国各地でＭａａＳのトライアルを始めている。沿線では人口減少が進んでおり、交通事業者の経営改革も待ったなしだ。沿線人口の圏域を拡大していく戦略、インバウンドを含めた観光分野で新たな移動需要を創出していく戦略など、目的も多様にある。これまでマイカーでしか行けなかった場所に新しいモビリティサービスを導入し、既存の交通ネットワークと統合、移動の付加価値や魅力を向上していくチャレンジングな取り組みが進められている。また、ＪＲ東日本や東急、京急などは独自のアクセラレータープログラムを通じてスタートアップや異分野との連携にも積極的である。

動きが速いのは首都圏の鉄道事業者だ。ＪＲ東日本は、18年8月末から首都圏の一部モニター企業を対象として、日立製作所と共同開発したＭａａＳアプリ「Ｒｉｎｇｏ Ｐａｓｓ（リンゴパス）」の実証実験を行ってきた。20年1月16日からは、これを一般ユーザーにも開放し、さらなる検証を進める。

リンゴパスで連携するのは、主に都内23区をエリアに大和自動車交通や国際自動車、チェッカーキャブ無線協同組合といったタクシー事業者と、横浜市や広島市などを加えたドコモ・バイクシェアの自転車シェア。アプリの地図上でタクシーの走行位置や自転車シェアが借りられる場所・設置台数を確認でき、自転車シェアはリンゴパスにあらかじめ登録したＳｕｉｃａをタッチするだけで借りることが可能となる。

小田急電鉄のMaaSアプリ「EMot（エモット）」。「デジタル箱根フリーパス」や新百合ヶ丘エルミロードと連携した「バス無料チケット」も提供（出典：小田急電鉄リリース）

ＪＲ東日本は、18年7月に発表したグループ経営ビジョン「変革２０２７」において、移動のための検索、手配、決済をユーザーにオールインワンで提供する「モビリティ・リンケージ・プラットフォーム」の構築を宣言しており、リンゴパスはその取り組みの１つだ。同社は鉄道を軸にして二次交通とのシームレスな連携や、決済・認証ツールとしてのＳｕｉｃａの利用拡大、沿線の飲食店や宿泊、商業施設などとの連携も見据えている。

また、小田急は、19年10月30日から箱根エリアにおける「観光型ＭａａＳ」、新百合ヶ丘エリアでの「郊外型ＭａａＳ」と「ＭａａＳ×生活サービス」の３タイプの実証実験を開始した（観光型ＭａａＳについては台風19号の影響により、20年1月6日から開始）。いずれも沿線の価値を高め、新しいライフスタイルを提案する取り組みであり、移動の快適さや楽しさだけにとどまらず、サービスを通して「生き方」を提案するという。サービス名には「ＥＭｏｔ（エモット）」、ロゴにはＭｏｂｉｌｉｔｙ ｗｉｔｈ Ｅｍｏｔｉｏｎと明記しており、ネーミングやロゴデザインなどのブランディングも手がける。

エモットは従来の鉄道やバスのルート検索に加え、タクシーや自転車シェアリングも対象としており、予約や決済の機能も包含する。郊外型ＭａａＳは新百合ヶ丘を対象に開始し、上記機能に加えて、駅の商業施設で一定額の買い物（1店舗２５００円以上）をした場合に、往復の無料バスチケットが発行される点が特徴だ。自動車での来客者には駐車料金を優遇することが一般的だが、エモットでは公共交通での来客者にも同等のサービスを付加する試みをしており、小売りとモビリティサービスが連携した新しい取り組みといえる。

さらに、「ＭａａＳ×生活サービス」としては、新宿駅、新百合ヶ丘駅構内の「おだむすび」「箱根そば」「ＨＯＫＵＯ」のいずれかの店舗で1日1回利用できる定額制チケット（購入日から30日間有効の10日券、30日券）をエモットで販売している。飲食店のサブスクリプションサービスが近年増加する中、モビリティサービスとの連携は世界初であろう。いずれも5カ月間ほどの実証実験となっている。

小田急は、ＭａａＳのオープンなデータ基盤として「ＭａａＳ Ｊａｐａｎ」を開発しており、今回の実証実験に採用しただけではなく、連携する遠州鉄道がこのデータ基盤を使って6種類の電子チケットを発券している。また、北海道十勝エリアでも、２０２０年2月の1カ月間、ＥＭｏｔを活用した目的地提案型のＭａａＳ実証実験を行い、大分県由布院のＭａａＳ実証でも活用を予定するなど、全国展開を目指している。

東急は、19年から伊豆半島を対象としたＭａａＳの実証（「Ｉｚｕｋｏ（イズコ）」）を続けており、鉄道やバスに加えて、オンデマンド型乗り合いサービスが1日あるいは2日間乗り放題となるサービスを行っている。また、東急沿線で電車やバス、映画、食事が一体となったサブスクリプション型チケット「東急線・東急バス　サブスクパス」の実証実験を２０２０年3月から開始する。例えば「電車＋電動自転車」の乗り放題プランが月額1万8000円、「電車&バス＋電動自転車＋しぶそば（1日1回）」が同2万6500円、「電車&バス＋電動自転車＋109シネマズ（映画見放題）＋しぶそば（1日1回）」が同3万6500円という具合だ。電車、バス、電動自転車といった交通手段の乗り放題サービスと、映画、食事などの生活サービスが一体となった定額制サービスとしては、日本初の試みだ。

一方、関西ではJR西日本が瀬戸内エリアの観光誘客拡大を狙いとして、自社の有する新幹線や在来線と、船舶、バス、タクシー、レンタカー、レンタサイクル、カーシェアリング、ロープウェイなどの交通手段を統合し、さらには尾道や鞆の浦地域を循環する新たなモビリティサービスである尾道グリーンスローモビリティとも連携した、観光MaaSアプリ「setowa（セトワ）」を19年10月から開始した。2020年3月末までの半年間の実証を予定しており、参加企業の顔ぶれも多様だ。ジョルダン、JapanTaxi、電脳交通、タイムズモビリティ、JR西日本レンタカー&リース、一般社団法人しまなみジャパン、ぐるなび、ジェイアール西日本フードサービスネット、日本旅行、瀬戸内海汽船などが参加しており、さらに広島県や一般社団法人せとうち観光推進機構が協力団体として名を連ねる。

既存の交通手段に新しい交通手段（グリーンスローモビリティ）を加え、定額制（2日間乗り放題の電子チケット）でチケットレスな移動体験を提供している点が特徴的。瀬戸内の島をめぐる船舶がチケットレスで乗車でき、鉄道やバスも乗務員に電子チケットを見せるだけで乗車できるのは新鮮だ。また、電子チケットには美術館なども含まれるため、移動の回遊や滞留時間の増加にも貢献するだろう。

さらに一般的なMaaSアプリのサービスに加えて、旅行行程を作成できる「スケジューラー機能」も備える。移動にとどまらず、観光に必要な要素がすべて盛り込まれており、せとうち広島デスティネ

「setowa」の利用イメージ（出典:JR西日本サイト）

ーションキャンペーンおよびプレキャンペーンに合わせて実施されている点も興味深い。

航空会社もドアツードアのモビリティサービスの向上を図るべく、19年から専門部署を設け、様々な企業との連携や事業を始めている。ＡＮＡは7月1日付で企画室内に「ＭａａＳ推進部」を新設。京急、横須賀市、横浜国立大学とともに、ユニバーサルデザインに基づく総合的なモビリティサービス「Ｕｎｉｖｅｒｓａｌ ＭａａＳ」の産学官共同プロジェクトを開始した。また、9月にはＪＲ東日本との間でＭａａＳの展開、構築において連携していくことを発表。ＪＲ九州や宮交ホールディングスなどの交通事業者、自治体、観光団体と協力し、宮崎県および大分県（由布院）で２０２０年6月頃から予定されている「観光型ＭａａＳ」の実証実験への参画を表明した。それぞれＡＮＡが連携するＭａａ

Sアプリとしては、宮崎県の実証実験ではトヨタのマイルート、大分県の湯布院では小田急のエモットを予定している。

交通事業者のサービスはユーザーの囲い込みモデルになりがちだが、特定の事業者に偏るのではなく、マイカーユーザーに訴求するサービス、潜在需要を喚起するサービスのデザインへの探求を期待したい。

4 異業種&スタートアップがMaaSに参戦

異なる分野の業務提携、新しい企業の設立など、モビリティ革命をけん引していく動きも活発だ。「MaaSを日本の主力産業にしていく」と宣言したモネ・テクノロジーズはその急先鋒であり、IT企業のソフトバンクとトヨタが連携し、自動運転社会が本格的に到来する2023年を見据えて、爆発的に普及するMaaSのプラットフォームづくりを進めている。

不動産業界との連携も始まっている。世界のトップランナーであるフィンランドのMaaSグローバルと三井不動産が19年4月に提携。まちづくりにおけるＭａａＳの実用化へ向けた協業で契約を締結した。不動産会社が有するビル、商業、住宅、ホテル、ロジスティクスなどのまちづくりにおける幅広い事業領域と、ＭａａＳグローバルが世界で展開してきたＭａａＳ事業の知見を生かして連携強化を図り、交通体験に限らず、街に住む人・働く人の生活を快適にするまちづくり視点でのＭａａＳの実用化に取り組んでいくという。

また、トヨタとパナソニックがまちづくり事業を推進する合弁会社を設立することで19年5月に合意。新会社名はプライム ライフ テクノロジーズで、トヨタが進めるモビリティサービスへの取り組みと、パナソニックが進める「くらしアップデート業」を融合させつつ、街全体での新たな価値の創出を目指すとしている。

新しいモビリティと保険業との連携や新サービスも次々と生まれている。三井住友海上火災保険と小田急は、「ＭａａＳ×保険」分野での協業開始を19年5月に発表した。小田急が進めるＭａａＳに付帯する保険商品の開発を進め、移動や日常生活シーン・観光シーンで安心・安全を提供する新しいビジネスモデルの開発に取り組んでいる。このような異業種連携による価値創出の動き、「ＢｅｙｏｎｄＭａａＳ」の世界については第7章で詳述する。

国内スタートアップも躍動

ＭａａＳの普及においては、新しいモビリティサービスの創出、既存サービスのアップデートがカギとなる。国では、新しいモビリティサービスの社会実装を支援するため、先に紹介したスマートモビリティチャレンジ推進協議会の取り組みだけではなく、例えば、経産省関東経済産業局が先導し、モビリティサービスの社会実装プロジェクトの創出、自動車産業などの競争力強化を図るための異業種連携の促進を支援する、「e-JAMP」（広域関東圏先端モビリティプロジェクト）を19年秋から始動している。モビリティサービスの社会実装に意欲のある地方公共団体や企業などを対象とした体感型カンファレンス、異業種連携を通じて新たなモビリティサービスの創出に意欲のある企業などを対象としたマッチングイベントなど、様々な活動を展開している。

また、日本でも新しいモビリティサービスのスタートアップや、異分野からの参入などの挑戦が始まっている。MaaSのプラットフォーム開発や研究開発、コンサルティングを進めているMaaS Tech Japanを筆頭に、電脳交通やDeNA、未来シェアは、配車サービスの高度化や新しい事業モデルに取り組んでいる。バスとタクシーの中間領域のドアツードアサービスを基軸に、既存の幹線交通や地域交通との連携に積極的だ。電脳交通や未来シェアは国内の数々のMaaSの実証にも参画している。また、2020年代には本格的に展開していくとされる自動運転バスの車両や運行管理のシステムなど、SBドライブ、先進モビリティ、ZMP、シンクトゥギャザー、名大発ベンチャーのTierⅣ（ティアフォー）などが躍動している。

ファーストマイル、ラストマイルをつなぐ移動手段も重要であり、電動車いすなどを開発するWHILL（ウィル）、電動キックボードを開発するLuuP（ループ）、自転車シェア「HELLO CYCLING（ハローサイクリング）」の運営を支援するOpenStreet（オープンストリート）など、多くの期待が寄せられる。特にウィルはMaaSの取り組みに積極的であり、MaaSの中の「最後の1ピース」としての役割を果たし、すべての人の移動をシームレスにつなぎ、電動車いすで歩道領域の移動にイノベーションを起こそうとしている。

また、送迎サービスには数多くのスタートアップが参入。ｎｏｔｔｅｃｏ（ノッテコ）や、ＧＯＲＩＤＥ（ゴーライド）、ＮｅａｒＭｅ（ニアミー）、ｎｏｍｍｏｃ（ノモック）などが代表格だ。例えば、ノッテコは北海道天塩町と連携し、稚内への移動をサポートする相乗り交通事業を手がけるなど、新しいモビリティサービスにより地域の足を確保する取り組みに積極的だ。

こうしたＭａａＳの進展は、駐車場や都市空間にも大きな影響を与えるだろう。駐車場の予約サービスを全国展開しているａｋｉｐｐａ（アキッパ）はＭａａＳのプレーヤーとしての存在感を増している。トヨタのマイルートにも18年11月から参加している他、19年9月のサッカーＪリーグの試合では地元商店街の駐車場予約をアキッパが担当し、駐車場から会場まではタクシー配車サービスのＤｉＤｉ（ディディ）モビリティジャパン、ハローサイクリングの自転車シェア、ループの電動キックボードが選択できるＭａａＳの実証実験にも参加した。また、Ｍｅｌｌｏｗ（メロウ）はモビリティの機動力を生かし、「必要なサービスを」「必要な時に」「必要な場所へ」届けるプラットフォーム事業を展開。日本最大級のフードトラック・プラットフォームに急成長している注目のスタートアップだ。

そして、熊本赤十字病院は避難支援システムで特許を取得し、災害時に出発地から目的地までの被災状況に応じて、利用可能な宿泊施設や交通手段を一括して検索・予約できる仕組みを生み出した。交通や宿泊などの関連企業と協力して実用化を目指しており、医療とモビリティを融合させたＢｅｙｏｎｄ ＭａａＳのパイオニアとして注目される。

既存の交通手段をアップデートするスタートアップも活躍している。ＳｍａｒｔＤｒｉｖｅ（スマートドライブ）は、クルマのシガーソケットに差し込むだけで自動車の動態を可視化するＩｏＴデバイスを開発・販売し、収集されるビッグデータから移動の効率化を支援するビジネスを展開している。社会システム総合研究所は、既存のスマホにアプリをインストールするだけでバスをコネクテッド化し、安価にバスロケーションシステムを実現するサービスを開発している。こちらは兵庫県明石市のコミュニティバス（Ｔａｃｏバス）やラオスのビエンチャンなどでの導入実績を誇る。

また、バスの乗車券を電子チケットとするサービスを手がけるのは、ウェルネットだ。ＪＲバス関東、ＪＲバス東北、ＪＲバス北海道、ＪＲ東日本と共同で、学生向けの電子定期券を開発、スマホアプリ「バスもり！」を提供する。トラフィックブレインは、バスのオープンデータを推進するとともに、路線バスの運行データからＡＩを活用した利用者ニーズに合った運行、路線の再編を支援。ビッグデータを用いた次世代のモビリティサービスで業界の先頭を走るスタートアップだ。

5 一歩も二歩も先を行く海外のMaaS

前作の『MaaS〜モビリティ革命の先にある全産業のゲームチェンジ〜』では、数多くの海外MaaSプレーヤーを紹介した。あれから約1年、海外の政府、プラットフォーマー、自動車メーカーや交通事業者の取り組みはさらに加速しており、国家の威信をかけた戦いの様相だ。

例えば、米グーグルは観光分野からMaaSに本格参入する気配であり、タクシー配車サービスを日本で展開する米ウーバー・テクノロジーズやDiDiは、北海道から九州まで、都市部から先行的に参入。両社だけで展開都市は40カ所を超え、まだまだ拡大する勢いだ。自動車メーカー・ダイムラー傘下のmoovel（ムーベル）も静岡県伊豆エリアのMaaS実証実験（第1回）に参加、高精度地図サービス会社のHEREテクノロジーズも日本市場への参入を表明した。そして、公共交通のチケットサービスを提供している英Masabi（マサビ）はジョルダンと提携し、豊田市や大分市でマルチモーダルな移動検索と決済を合わせたサービスを始めている。

国家レベルでのMaaSが加速

フランスでは18年からLOM法（loi d'orientation des mobilités：通称モビリティ法）が議論され、

国家を挙げて地球温暖化への対応、新しい交通産業の育成、競争力の確保の観点から地域のモビリティサービス向上策の検討が進められている。既存の公共交通機関に加えて新しいモビリティサービスのオープンデータを義務化し、マルチモーダルな移動検索サービスに決済機能も組み込んだＭａａＳの全国展開を推進する内容が盛り込まれている。

フランスでは既にオープンデータが進み、都市圏ごとに様々な検索サービスが存在する。マルチモーダルなルート検索が実現している国であり、スマホで決済までを一括でできるモビリティサービス、ＭａａＳの実現を促進することにより、イノベーションを起こすのが狙いだ。

19年春に一度国会で議論され、19年11月にＬＯＭ法が国民会議で可決された。その中身は、今後5年間で１３４億ユーロ（約１兆６３００億円）という大規模な予算であり、交通投資の4分の3を地域の公共交通や新たなモビリティサービスの推進事業が占めるという政策の大転換が示されている。可決された法案は、自動車を保有していない何百万人ものフランス国民への対応、環境汚染や気候変動の緊急事態への対応、フランス国鉄（ＳＮＣＦ）が運行するＴＧＶなどの都市間高速鉄道への過度な投資が日常の交通ニーズに影響を及ぼしていることへの対応、世界で巻き起こるモビリティサービス革命への対応などから、大きく次の3つの柱を掲げている。

１　日常の交通手段に対して多くの投資を行う点

２　新しいモビリティサービスを促進し、すべてのフランス国民の移動を可能にする点

３　より環境に優しい交通への移行を推進する点

この3つの指針を基にして、モビリティ法（LOM）は、具体的には下記の5つの政策で構成されている。

①すべての地域のすべての市民へモビリティサービスの提供
②新しいモビリティサービス（MaaS）の成長の促進
③環境に配慮した交通への移行の実現
④日常の交通手段への投資
⑤交通の適切な機能の確保

MaaSおよび新しいモビリティに関する具体的な政策は、①～③で述べられており、以下で簡単に要点を紹介しよう。

まず、「**①すべての地域のすべての市民へモビリティサービスの提供**」については、交通の空白地域をなくし、自家用車に代わる代替交通手段の保証を提案するものとなっており、都市共同体あるいはコミューンの共同体が主体となってモビリティプランを作成、および実施するとしている点が特徴的だ。

これは、従来の鉄道やトラム（次世代路面電車）、バスに加えて、オンデマンド型乗り合いサービスやシェアリングサービス、自動運転バスなどの新しいモビリティサービスの実施を推進するための枠組みだ。モビリティプランは、都市のスプロール化（無秩序な拡大）や大気汚染、生物多様性への保全といった課題に対処する計画とし、これまでの都市交通戦略（PDU）に置き換わるものとしている。

「**②新しいモビリティサービス（MaaS）の成長の促進**」は、19年12月から遅くとも21年より、モビリティサービスに関するデータの活用を支援し、ユーザーがアプリなどを通してワンクリックで100

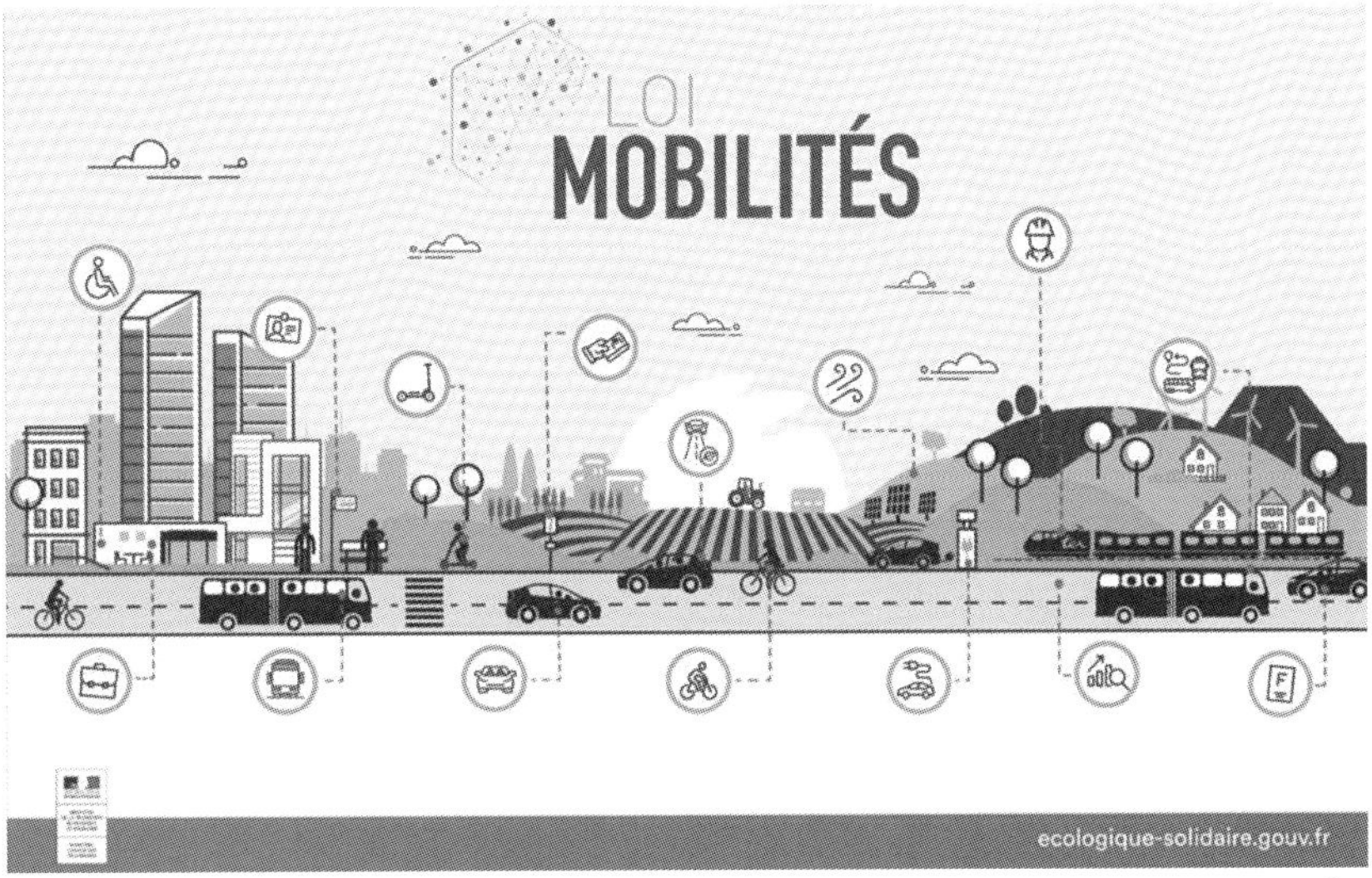

様々なモビリティのイノベーションを起こしていく世界初の“モビリティ法”である、フランスのLOM（loi d'orientation des mobilités）が19年11月に可決された（出典:フランス環境連帯移行省ホームページ）

%の移動情報にアクセスできるようにするとしている。例えば、トラムやバスなどの時刻表、カーシェアリングの料金や満空状態といった利用に関する情報など、移動に必要となるあらゆる情報に利用者がアクセスできるようにし、異なる交通手段を連携、ワンパッケージで経路や運賃などの提供を促すことを目指している。

また、自動車の乗車効率を向上するため、相乗り政策を推進すること（例えば、高速道路での相乗り専用車線の導入）や、20～22年までに公道での自動運転バスの走行を許可し、自動運転を推進することが述べられている（今後16の実証を進める）。一方で、電動キックボードなどのワンウェー型のモビリティサービスに対しては、自治体での事前承認や運賃体系を規定するなど、規制強化の内容となっている。

最後に「**③環境に配慮した交通への移行の実現**」については、従来の交通手段をクリーンモビリティへ移行し、同時に環境汚染の少ない交通機関の開発を支援、自家用車についてもクリーンな車両への転換を促進する。具体的な数値目標としては、2030年までに温室効果ガスの排出量を37・5％削減、2040年までに化石燃料自動車の販売を禁止、2050年には陸上交通のカーボンニュートラルを実現するとしている。また、自転車の利用を促進し、24年までに利用率を現状の3％から9％へと3倍に引き上げることを目指し、電気自動車（EV）の充電スポットを22年までに5倍に増加、バイオガス車両の開発、EVや水素自動車などをタクシーや公共の車両に普及させていく内容も盛り込まれた。

オランダも19年から全国7地域（国土が小さい国であり、7地域はほぼ全国を網羅するエリア）でMaaSの実証実験を開始した。その前段として各地域でのデータ連携が円滑に進むよう、国からMaaSに関するAPI（アプリケーション・プログラミング・インターフェース）のガイドラインが示され、都市圏ごとの課題やニーズに応じたサービスの創出とデータ標準化、データ連携が図られている。

欧州ITSの推進母体であるERTICOによるMaaSアライアンスの存在と役割も重要だ。欧州全体の協調領域と競争領域の調整役として活動しており、MaaSの新規構想、計画、戦略などを検討し、今や欧州だけにとどまらず、世界の主要プレーヤーとの連携が進められている。また、UITP（国際公共交通連合）には88カ国2800以上の交通事業者が加盟しており、MaaSに関する交通事業者への正しい理解を促し、最新の取り組みや議論を共有する取り組みが始まっている。OECD（経済協力開発機構）もMaaSや新しいモビリティに対するビジョンや将来像、法規制の課題、倫理的な規範など、幅広いテーマで世界中の主要プレーヤーと議論を重ねた数々のレポートを発表しており、MaaSの普及推進に大きな影響を与えている。

モビリティカンパニーに移行する自動車メーカー

19年2月、世界に激震が走った。ドイツのダイムラーとBMWグループが、これまでそれぞれが進めていたモビリティサービス事業を統合。新会社5社を設立し、10億ユーロ（約1200億円）以上を投資すると発表した。5つの新会社は、「Reach Now（リーチナウ）」、「Charge Now（チャージナウ）」、「Free Now（フリーナウ）」、「Park Now（パークナウ）」、「Share Now（シェアナウ）」と命名され、その中でもリーチナウが様々なモビリティを統合して利用者に新しいモビリティサービスを提供するプラットフォームであり、その前進がダイムラーのムーベルである。自動車メーカーが主導するMaaS事業の中核をなす会社だ。今回の統合は、ドイツ陣営として世界の競合サービスと戦っていく姿勢を表明したものであり、両CEOがそろった記者会見では、この2〜3年で勝負が決まること、ウーバーなどの配車サービスと戦っていくことを明確に述べていた点が印象的だ。

また、フリーナウは配車サービスであり、シェアナウはカーシェアリングを提供する会社だ。ダイムラーのCar2Go（カーツーゴー）とBMWのリーチナウを統合することで、400万人以上の顧客を有し、世界30都市以上で展開するサービスを強化する。それ以外にもパークナウはチケットレス、キャッシュレスの駐車サービス、チャージナウは充電サービスを手がけており、世界25カ国以上、10万カ所の充電ステーションを提供している（2020年1月にこれら5社をさらに統合、3社とすることが発表された。3つの柱は、フリーナウ、シェアナウ、パークナウ&チャージナウとなる予定）。

一方、欧州では、これまでの駅と駅を結ぶという伝統的な鉄道事業からドアツードアのモビリティサービスへの移行が加速している。フランス国鉄のSNCFは19年秋から鉄道と配車サービス（ウーバー、

「ＢｌａＢｌａＣａｒ（ブラブラカー）」）を一括で予約決済できるサービスを始めた。今後、都市間の自動運転サービスが登場する可能性は高く、既存路線との競合が予想される鉄道事業者の危機意識は高い。同様にスイス国鉄のＳＢＢも、都市内のバスサービスを担っているポストバスと連携し、ドアツードアのモビリティサービスを実現していくとしている。

そしてドイツ国鉄のＤＢは、ＭａａＳ分野では世界のトップランナーだ。「ＤＢ Ｎａｖｉｇａｔｏｒ（ＤＢナビゲーター）」というアプリがあれば、ドイツの都市間の移動だけではなく都市内移動も安心だろう（19年12月でアプリ誕生から10周年を迎えている）。経路選択、予約、決済に加えて、乗り継ぎ先の都市内交通、カーシェア、自転車シェアなどにも対応している。１００㎞以上乗車の場合、都市内のすべての交通手段が無料で利用でき（Ｃｉｔｙ-Ｔｉｃｋｅｔ）、全国乗り放題会員制サービス（ＢａｈｎＣａｒｄ１００）もアプリで使える、至れり尽くせりのサービスだ。リアルタイムの運行状況にも対応しており、事故などが発生した際には代替ルートなどの移動支援もされる。

地方行政が進める「地方版ＭａａＳ」

ドイツの首都ベルリンでは、19年10月からＭａａＳを本格展開した。サービス名は、「Ｊｅｌｂｉ（イェルビ）」。現時点では、カーバーしている人口、対象サービス数から見て世界最大のＭａａＳだ。Berliner Verkehrsbetriebe（ＢＶＧ：ベルリン市交通局）が、リトアニアのモビリティプラットフォーム会社Ｔｒａｆｉ（トラフィ）と提携。ベルリン市内で提供されるモビリティサービスをほぼ網羅する（詳しくは１７２ページのインタビュー参照）。

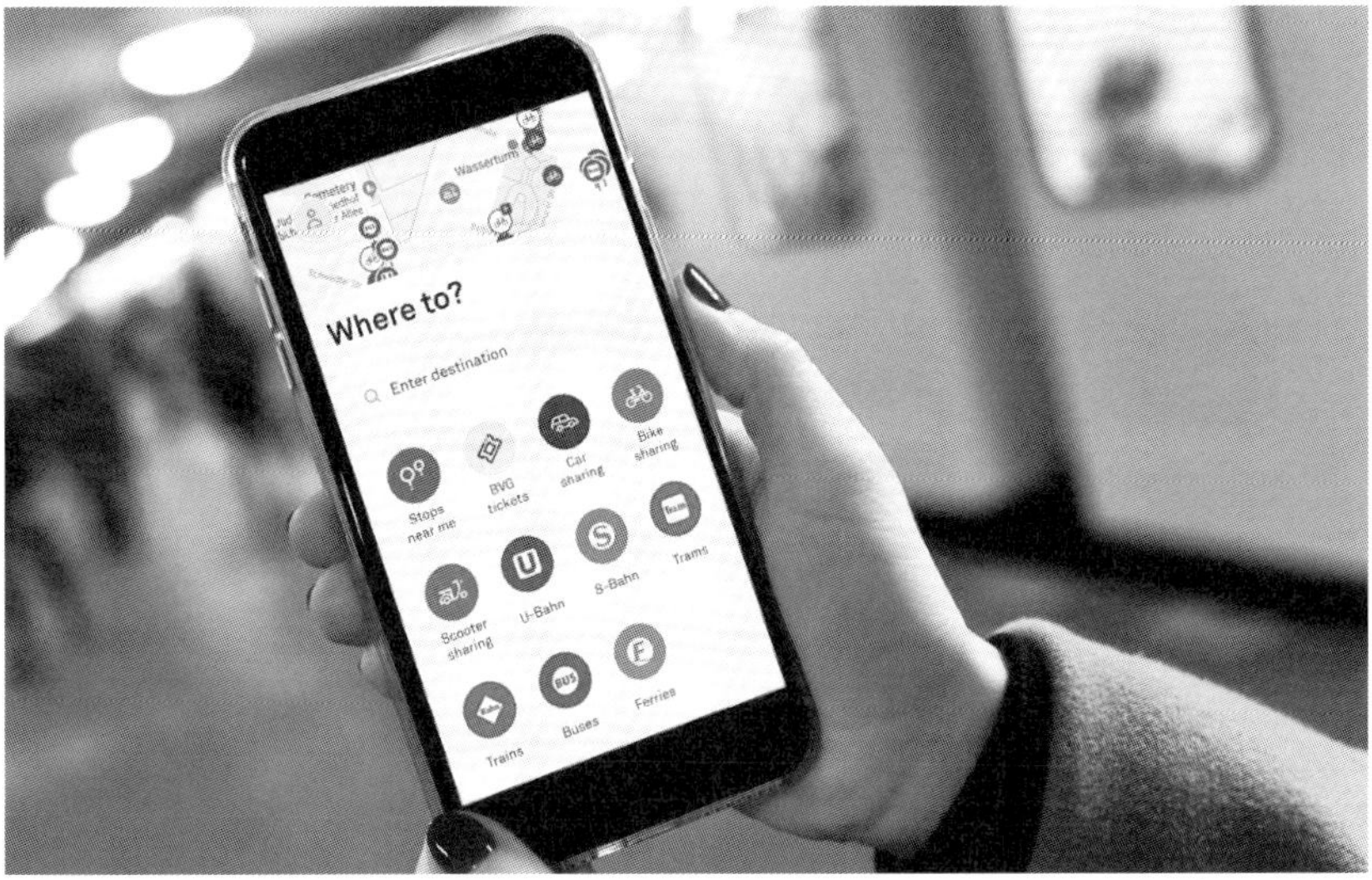

公共交通を普段利用しない人に訴求するJelbiのトップ画面、12種類の交通手段の一覧が表示される（出典：Trafi）

イェルビには、サービス開始時点で12種類の交通手段が含まれる。路面電車、電車（Sバーン）、地下鉄（Uバーン）、タクシー、フェリーなどの公共交通機関に加えて、自転車（Deezer）、電動キックボード（Tier）、電動スクーター（Emmy）などの小回りが効くモビリティサービス、さらには、オンデマンド型乗り合いサービス（BerlKönig）やカーシェアなども網羅する。

イェルビアプリは1人乗りのマイカー利用を抑制するためにデザインされており、アプリを立ち上げた瞬間から、市内をサービスする交通が手に取るように把握でき、自分の現在位置から利用可能な交通手段、最寄り駅やバス停の場所、サービスの空き状況、価格など、まるでレストランのメニューのように全体像の理解を促していく。目的地を入力すれば、道先案内人のようにアプリがルート案内を支援、予約や決済も可能だ。

なお、オンデマンド型乗り合いサービスのＢｅｒｌＫöｎｉｇは、ＢＶＧとＶｉａＶａｎ（ヴィアバン）が運営する新しいモビリティサービスだ。ヴィアバンはＭｅｒｃｅｄｅｓ－ＢｅｎｚＶａｎｓと米国の配車サービス会社であるＶｉａ Ｔｒａｎｓｐｏｒｔａｔｉｏｎ（ヴィア トランスポーテーション）の合弁会社であり、ヴィアは日本でも森ビルに続き、伊藤忠商事の従業員向けのモビリティサービスを展開している。

ヴィアバンは19年6月、ＵＩＴＰ賞の革新的な取り組みを表彰する部門（Public and Urban Transport Strategy 部門）で賞を獲得した欧州での注目株だ。18年9月から4年間の実証プロジェクトとしてスタートし、利用も好調。半年でユーザー数14万人、1年弱で75万件以上の乗車依頼、車両の8割が2人以上の乗客という。市内では１５０台以上の車両が運行されており、５０００カ所以上の仮想バス停が設定されている。

ベルリンでの取り組みは、市内のモビリティサービスを統合するだけではなく、自ら新しいオンデマンド型乗り合いサービスを提供し、市が暮らしの足を支えるプラットフォーマーになり、日々収集されるビッグデータから地域のモビリティサービスを改善していく取り組みだ。ＭａａＳを通して全く新しい都市経営に取り組んでいる点からも、今後世界に大きなインパクトを与えていくだろう。

プラットフォーマーの進化が止まらない

米グーグルはグーグルマップに自転車シェア、配車サービスを統合したＭａａＳを開始すると19年8月末に発表した。従来のように自動車と公共交通などの所要時間や費用が比較提供されるだけではなく、

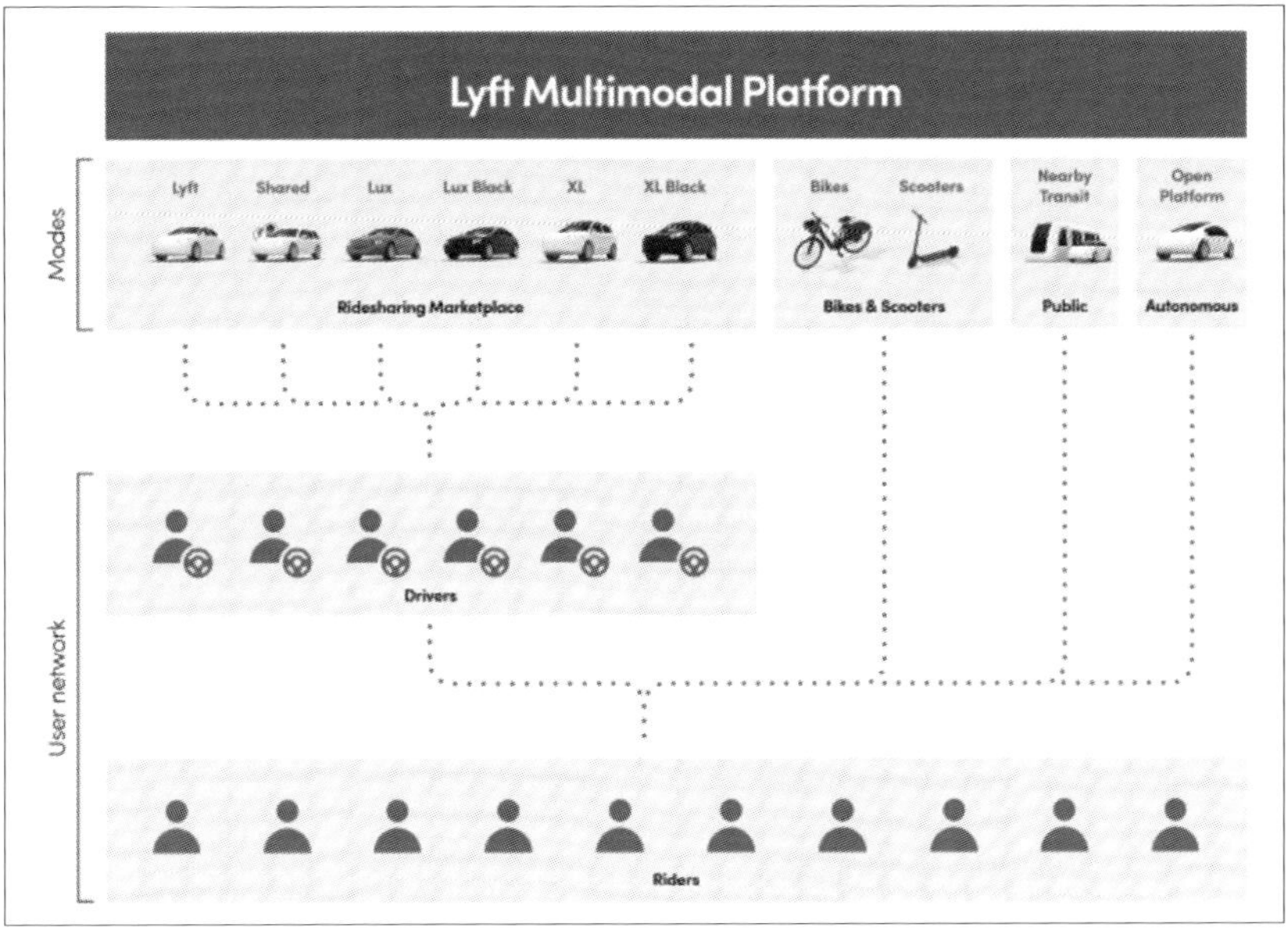

配車サービスLyftのビジネスモデル（出典：リフトIR資料）

出発地から駅までの歩行距離が遠い場合には配車サービスの情報が提供され、公共交通と自転車シェアを組み合わせた多様な経路も示される。従来の自動車での移動に加えて、他の選択肢を提供するスタンスは不動だ（19年11月時点で日本では未提供）。また、第7章で詳しく紹介するように観光ビジネスにも本格参入している。

配車サービスのウーバーや米Ｌｙｆｔ（リフト）も19年春に上場し、マイカーを保有せずとも移動できる新しいライフスタイルのサービス提供を加速している。ウーバーはこれまで個別に提供していた自社サービスを統合。配車サービスと料理宅配サービス「Ｕｂｅｒ ｅａｔｓ（ウーバーイーツ）」、公共交通や電動キックボード、自転車シェアなどを1つのアプリに統合して、一定の割引が受けられるサブスクリプションプランも提供する。既に米デンバーではウーバーのアプリから電車のチケットが購入できるサービスをマサビと連携して19年5月から導入、マルチモーダルのルート検索に加えて、予約やチケットの発券も可能とするＭａａＳをさらに拡大してく計画だ。

一方のリフトはニューヨークを皮切りに、同社のアプリで公共交通や自転車シェアリングを統合したサービスをスタートしている。ニューヨークの場合には、自転車シェアのＣｉｔｉＢｉｋｅ（シティバイク）の予約決済もでき、鉄道や地下鉄、バスの検索も可能だ。ロサンゼルス、ワシントンＤＣ、ボストン、シアトル、シカゴなどの大都市ではリフトのアプリに公共交通の情報を統合、自社で自転車シェアや電動キックボードなども手がけている。また、アリゾナ州フェニックスでは、18年12月からグーグル傘下のＷａｙｍｏ（ウェイモ）が自動運転の商用サービスを開始しているが、この自動運転車をリフトのアプリから呼べるようになっている。

ウーバーやリフト、ＤｉＤｉのような配車サービスは、日本では〝白タク〟と紹介されるケースが散見される。彼らのＩＰＯ資料にも明確に記載されている通り、一般にはＴＮＣ（交通ネットワークカンパニー）と呼ばれ、自動車を保有せずとも自由に移動できる社会を創出することを目指している企業である。その将来像も明確であり、いずれ到来する自動運転と中量輸送の公共交通機関、マイクロモビリティ（自転車や電動キックボード）などの全ての交通モードを統合し、顧客にスムーズな移動と移動の選択肢を提供していく「Ｃａｒ Ｆｒｅｅ（カーフリー）」な社会を目指している会社だ。

Chapter

2

「何のためのMaaSか」

～見えてきた課題と光明～

この章で分かること

◉政府が掲げる「日本版MaaS」の理想と現実

◉オープンデータ、ビジネスモデル…直面する課題整理

◉本腰を入れた国のバックアップ体制と、高まる期待感

1 「日本版ＭａａＳ」の理想と現実

２０１８年にＭａａＳが注目された理由の1つに、政府の成長戦略「未来投資戦略２０１８」におけるＭａａＳの記載がある。これを契機にＭａａＳに関する政府内での検討が進み、翌19年6月に閣議決定された「成長戦略フォローアップ」では、「日本版ＭａａＳの推進」がうたわれることとなった。あえて「日本版」と呼ぶところに、ＭａａＳに関するこの1年間の政府の検討成果が生かされていると言えそうだ。

「日本版ＭａａＳ」という呼称が初めて使われたのは、18年10月に立ち上げられた国土交通省の「都市と地方の新たなモビリティサービス懇談会」の中でのこと。19年3月に公表された懇談会の報告書「中間とりまとめ」では、「3．目指すべき姿」として「日本版ＭａａＳ（Ｊａｐａｎ ＭａａＳ）」が提唱されている。少し長いが、現時点での政府の認識を理解するのに役立つ文章なので、以下に引用する（傍線部分は筆者らによる）。

3．目指すべき姿（日本版ＭａａＳ）

（1）我が国の特徴

ＭａａＳ発祥の欧州等では、交通サービスは公的主体により提供されているが、我が国においては、民間ビジネスとして多様な民間主体により多くのサービスが提供されており、民間セクターと公的セクターとが、大都市、地方都市等様々な地域の特性に応じた役割によりサービスを提供している。このため、ＭａａＳについても、それぞれの地域で、多様なＭａａＳサービスの出現が期待されるところであるが、ＭａａＳの大きな特色である個々の移動サービスのパッケージ化を進めるに当たっては、利用者目線に立ちつつ、多様なサービス提供主体間等の調整が必要となる。

一方で、多くの民間交通事業者では、沿線のまちづくりや商業・観光など総合的なサービスを展開しており、移動と多様なサービスとの連携が可能である。このような点が、欧州等との相違点で、我が国の交通分野の特徴であり、この特徴を積極的に活用した我が国ならではのＭａａＳの展開が期待できるところである。

（2）日本版ＭａａＳ（「Ｊａｐａｎ ＭａａＳ（仮称）」）

このような特徴のある我が国において、ＭａａＳなどの新たなモビリティサービスが2．の意義等（※）を十分に果たすためには、都市と地方、高齢者・障がい者等を含む全ての地域、全ての人が、どのような時でも利用できる仕組みの構築が必要である。特にＭａａＳは、多様なＭａａＳ相互の連携等による「ユニバーサルＭａａＳ」を目指すべきである。

併せて、移動と多様なサービスの連携による高付加価値化や交通結節点の整備等まちづくりとの連携も、移動円滑化や外出機会の創出等の観点から重要である。このように、「ＭａａＳ相互の連携によるユニバーサル化」と「移動の高付加価値化」が、望ましいまちづくりの実現に資する形で位置づけられたＭａａＳが「日本版ＭａａＳ」であり、その早期実現を目指して取り組むべきである。

これにより、利用者にとっては、例えば、ある1つのスマートフォンアプリを立ち上げれば、全国津々浦々の交通手段の検索から予約・決済までができるようになり、さらには、病院や飲食店、行政サービスなどの予約・決済もワンストップで行えるようになる。これにより、人々の外出や旅行など移動に対する抵抗感が低下することで、移動・交流意欲が高まり、健康が増進され、まちや地域全体も活性化し、豊かな生活が実現することが、日本版ＭａａＳが目指すところである。

(※) ここで言う「2. の意義等」とは、同じ「中間とりまとめ」の「2. ＭａａＳ等の新たなモビリティサービスのインパクトと推進の必要性」で「新たなモビリティサービスに取り組む意義」として挙げられている。

このように、政府があえて「日本版」と銘打つ背景には、ＭａａＳ発祥の地である欧州と日本の公共交通をめぐる事情の違いがある。欧州の場合、公共交通はその名の通り、公共のもので、公的主体が担うのが一般的だ。運営は民間企業に委ねていても、その原資は税金でまかなわれていることが多い。鉄道であれば、線路などのインフラ整備は公費で行い、その上で民間が運営を行う上下分離方式が根づいている。

対する日本では、鉄道の場合でもインフラ整備からして民間が自己資金でまかなうのが常識となっている。もちろん、公共交通のすべてを民間が担っているわけではないが、海外の公共交通と比べて、民間資本に多くを頼ってきたのが日本の公共交通の特徴と言っていい。そもそも87年の国鉄民営化を機に制定された鉄道事業法自体が、鉄道は黒字経営であるべきだという思想に裏打ちされている。鉄道は民間の営利事業という認識だから、国交省の鉄道関係の予算も整備新幹線に関するもの以外はなきに等しい。公共交通、特に鉄道は儲からない。黒字にするのが難しいので税金で支える。それが海外、特に欧米での常識となっている。だが、日本では、民間の営利事業として成立してきた。それができたのは、1つには狭い国土に1億を超える国民が暮らす、人口密度の高さがあったからだ。

加えて、日本では独自のビジネスモデルが生み出されてきたことも大きい。それは、私鉄各社に典型的に見られるもので、鉄道建設と沿線開発を一体的に行い、沿線住民を対象に公共交通とその他のサービス業・商業を提供することで収益を確保するビジネスモデルだ。これを生み出したことで、鉄道インフラを自前で建設するコストをまかない、バス、タクシーも含めた公共交通を維持するのみならず、豊かな生活文化を育み、独自のライフスタイルを提案することを可能にしてきた。

このような鉄道と沿線開発の一体化は、近年、注目されているTOD（Transit Oriented Development：公共交通指向型都市開発）を先取りしたもので、その先見性が改めて再評価されている。TODという言葉が生まれる以前から、私鉄各社は交通とまちづくりが一体となった都市開発・沿線開発を行い、沿線経済圏を育ててきたのだ。その結果、沿線経済圏を地盤に、私鉄各社は商業・不動産・レジャー・観光などの総合サービスを展開する一大コングロマリットに育っている。

沿線開発は必ずしも私鉄の専売特許ではないが、87年に分割民営化されるまでは国営企業だったJR各社は、私鉄各社のような沿線経済圏を形成することはなかった。とはいえ近年は、駅ナカ開発や駅前再開発、交通事業以外の事業創造に注力しており、「非鉄」（鉄道以外の意）事業の割合を高めている。民営化後、多角化を進めたのは87年に民営化されたJAL（日本航空）も一緒で、今では旅客運送と空港周辺事業以外に、不動産・建設、観光、金融・カード、文化・教育・人材、情報、さらには農業まで、様々な事業を展開するようになっている。

航空はともあれ、儲けを出すのが難しいバス・鉄道などの公共交通においては、利益を得やすいそれ以外の事業で支える仕組みを生み出したことで、民間企業の営利事業としての展開が可能になったのだ。そこに日本の公共交通は最大の特徴がある。

このような特徴、あるいは特異性は、ＭａａＳの社会実装にどのように影響するのだろうか。

ポジティブな面で言えば、私鉄沿線においてＭａａＳが実装しやすいという点が挙げられる。多くの場合、私鉄各社は沿線の二次交通（鉄道業界の言葉で、バスやタクシーなど、鉄道の駅から先の交通手段のことを指す）を運営している。同じグループの交通事業をつないでいけばマルチモーダルな連携はできるし、やはりグループ会社が運営している商業やその他サービス業との連携もしやすい。沿線のまちづくりにも関与できる。国交省の懇談会で注目されたのもまさにこの点で、私鉄の沿線経済圏ならば、「移動と多様なサービスの連携による高付加価値化」や「交通結節点の整備等まちづくりとの連携」が実現しやすい。日本ならではのＭａａＳの1つの展開例が、間違いなく私鉄の沿線経済圏で生まれてくるはずだ。そういう期待があるからこそ、あえて日本版ＭａａＳを政府は宣言しているのである。

「公共交通＝民営」ゆえの〝不都合な現実〟

しかし、このような日本の特徴は、メリットをもたらすばかりではない。私鉄各社の沿線は都市近郊、それも大都市圏に偏在している。郊外の奥深くまで線路を通してきた近畿日本鉄道、名古屋鉄道、東武鉄道は営業路線の総延長距離が400㎞を超えるが、私鉄各社の中ではむしろ例外的な存在だ。沿線開発で名を上げてきた阪急電鉄も東急も小田急電鉄も、営業路線は150㎞に満たない。私鉄各社のカバーする範囲は圧倒的に狭いのである。私鉄の沿線に当たらない郊外や地方、特に公共交通が存在しないに等しい過疎地はどうするのか。また、私鉄沿線でも、駅から離れた丘の上に広がるかつてのニュータウンでは、高齢化の進展とともに、坂道の多い街での移動を困難に感じる人が増えている。

公共交通は、住む場所や年齢、あるいは障がいの有無などによって著しく利便性に差がないように整備されるべきだが、民間企業の営利事業を基本としてきたため、そこには自ずと限界が出てくる。公共交通の事業者は、黒字路線の収益で赤字路線を補てんすることで儲からない路線も何とか維持しようとしているが（これを内部補助という）、カバーできる範囲はどうしても限られてしまう。

その限られたエリアで、隣接する鉄道会社は競争関係にある。例えば、大阪・梅田と神戸・三宮とを結ぶ阪神間で、JR西日本、阪急、阪神電気鉄道が激しい競争を繰り広げてきたことは有名だ。そのような競争関係の中で互いに切磋琢磨してきたからこそ、サービスのレベルと品質がアップし、世界中の人が驚くような正確で安全性の高い公共交通網が築かれてきたのだが、その競争関係を一方で引きずりつつ、もう一方でMaaSのために協調してゆくのは並大抵のことではない。

それでも、その協調のための動きが、関西の鉄道大手7社（大阪市高速電気軌道、近畿日本鉄道、京阪ホールディングス、南海電気鉄道、西日本旅客鉄道、阪急電鉄、阪神電気鉄道）の間で始まっている。2025年の開催が決定した「2025年日本国際博覧会（大阪・関西万博）」において、関西MaaSを実現することを目的とした動きだが、激しい競争を繰り広げてきた7社が1つのテーブルを囲むの

大阪・関西万博の会場イメージ。大阪湾の人工島「夢洲(ゆめしま)」が舞台となる(提供：経済産業省)

は、実に画期的なことだ。

欧州の場合、都市圏を単位に、公共交通事業者の連合組織である運輸連合が形成されていることが多い。とりわけ90年代以後、行きすぎたモータリゼーションへの反省から公共交通回帰を志した都市圏で、運輸連合が組織されてきた経緯がある。この結果、ゾーン運賃制（都市圏が複数のゾーンに分かれ、公共交通の運賃はそのゾーンごとに決められており、ゾーン内のチケットを買うと、例えば2時間は同じチケットでどの交通手段でも乗り放題になる）が可能になっている。ＭａａＳが生まれる前から、運輸連合をベースとしたマルチモーダルな連携の体制ができている点が、欧州の強みと言える。

対する日本は、鉄道の相互乗り入れや交通系ＩＣカード決済での協調は行われているが、それ以外では競争関係が優先されてきた。運輸連合のような下地もない中で、どのようにしてＭａａＳに関する協調関係を築いていけるか。これが、日本におけるMaaSの最大の挑戦だ。あえて「日本版MaaS」を宣言する第2の理由が、ここにある。

公共交通の空白地帯でも求められるMaaS

「すべての地域、すべての人が、どのような時でも利用できる」。そんなMaaSが実現すれば素晴らしい。だが、それは地方の現実を知る人には特に、実態とかけ離れたものに思えてしまうのも事実だ。

前著『MaaS～モビリティ革命の先にある全産業のゲームチェンジ～』を読んだ地方在住者からは、「完全にマイカー依存の社会になっている地方部では、MaaSは現実的ではない」という指摘を多くいただいた。フィンランド発のMaaSは、マイカー以外の選択肢を増やし、持続可能なライフスタイル、都市づくりをすることを目的にしているが、そもそも公共交通がない地域では、その受け皿がない。そんな状況でMaaSを構築するといっても、確かに現実味は乏しいように思えてしまうだろう。

ただ、MaaSが都市部だけのものかといえば、そんなことはない。「Rural（ルーラル）MaaS」（=人口密度の低い地方部におけるMaaS）は、フィンランドはもとより、欧米各国で盛んに議論されており、実践されてきてもいる。

ルーラルMaaSが注目されている背景には、全世界的な都市化の潮流がある。国際連合が「2050年には世界人口の約7割が都市住民になる」と予測しているように、都市への人口流入と人口集中は世界中で見られる傾向だ。

これによって引き起こされる問題を解消するための手段としてMaaSが注目されているわけだが、都市化は地方・郊外の過疎化と表裏一体である。人口が減少していく地方部で、どう交通手段を維持するか。その方策として都市部のＭａａＳ（＝Ｕｒｂａｎ ＭａａＳ）に対して、ルーラルＭａａＳも注目されるようになったのだ。

例えば、ＭａａＳグローバルと同時期に設立されたフィンランドのＭａａＳスタートアップ、Ｋｙｙｔｉ（キーティ。創業時の社名はＴｕｕｐ）は、ルーラルＭａａＳ市場を戦略ターゲットにしている。ホワイトレーベル（相手先ブランド）でＭａａＳアプリを提供するキーティは、フィンランドの地方部で「Ｋｙｌａｋｙｙｔｉ」（キラキーティ、Village Rideの意）を展開。スイスでは国営バス会社のＰｏｓｔＢｕｓ（ポストバス）と組んで、「Ｋｏｌｌｉｂｒｉ」（コリブリ、ハチドリの意）の名でサービスを展開している。

キーティは、タクシーより大きく、バスよりは小さい車両を使ったオンデマンド型乗り合いサービスの導入をキーソリューションとする。アプリや電話で呼び出すことができ、デマンドの状況によって最適なルートを割り出して効率的な乗り合いサービスを提供するものだ。このサービスの導入で地域の足を効率的に維持しながら、タクシーやバス、鉄道といった既存の公共交通や、米ウーバー・テクノロジーズなどの新しいモビリティサービスを統合したマルチモーダルなプラットフォームの構築を目指している。

今のところルーラルＭａａＳの多くは、キーティの提供するサービスと同様の形態を取る。オンデマンド型乗り合いサービスを導入して地域交通の維持・向上を図りつつ、既存の交通手段と結びつけることで全体の利便性と効率性を高めるというものだ。多くの場合、もともと税金で支えていた路線バスをダウンサイズする形で導入するので、行政にとっては維持経費（委託費や補助金）が同等以下になり、ユーザーにとっては利便性が増し、運行事業者にとっては安定収入（委託費や補助金）が見込める、三

Kollibriブランドのオンデマンド型乗り合いサービス（出典：PostBusホームページ）

方良しのソリューションとなる。これなら地方部でも持続可能な形でＭａａＳが実現できると期待されている。

このようなルーラルＭａａＳの萌芽は日本でも見られる。コミュニティバスや乗り合いタクシー、デマンド交通など名称は様々だが、バスとタクシーの中間で、ユーザーの呼び出しに応じて運行するモビリティサービスは既に各地に存在する。これまでは自治体や社会福祉協議会、ＮＰＯなどがアナログなやり方で運行していたが、それらをアプリやシステムを導入することで効率化を図るというのが、最近急速に広がっている動きだ。路線バスの代替手段、あるいは公共交通空白地やラストマイルの移動手段として、各地で導入の試みが始まっている。

システムを提供するのは、古参では順風路《じゅんぷうじ》、新しいところでは未来シェアや同社のシステムを商用化しているＮＴＴドコモなどだ。世界中でオンデマンド型乗り合いサービスのシステムを提供して急成長しているイスラエル発の米国企業Ｖｉａ Ｔｒａｎｓｐｏｒｔａｔｉｏｎ（ヴィア トランスポーテーション）も、伊藤忠商事や森ビルと組んで、日本進出を果たした。いずれも現状は主に配車予約や運行管理のアプリ、システムを提供しているが、トヨタ自動車とソフトバンクが設立した合弁会社モネ・テクノロジーズは、それを一歩進め、オンデマンド型乗り合いサービスの導入をテコにＭａａＳのプラットフォームを構築する戦略を公言している。

このようにルーラルＭａａＳ実現のカギを握るオンデマンド型乗り合いサービスだが、その導入に当たっては、地域の交通事業者と合意形成できることが条件となっている。バスとタクシーの中間形態であるため、既存のバスとタクシーの需要に影響を与えることが懸念されるからだ。

これは、過疎地や郊外など、公共交通が不足しがちな地域における移動手段として期待されている自家用車を使った配車サービス（ライドシェアやライドヘイリングと呼ばれる）も同様だ。特に地方ではバスやタクシーの運転手不足は深刻で、既存のバス路線の維持すらままならなくなっている現在、地域の足を維持するには、これまでのやり方にとらわれず、使える資源はすべて総動員することが求められている。自家用車を使った配車サービスは、その有力な選択肢と目されてきたが、導入に当たってはオンデマンド型乗り合いサービスと同様に地域の交通事業者との合意形成が求められるため、実施可能な地域が限られてしまうという問題が指摘されている。

2 「日本版MaaS」を実現するに当たっての課題

多様なモビリティサービスを組み合わせ、ドアツードアでシームレスに使えるようにすれば、マイカーと同等以上の利便性や付加価値を提供できる。これが、MaaSの根底にある考え方だ。MaaSのコンセプトが2010年代になって提唱され、具現化されてきた背景には、スマートフォンなどの情報端末が進化すると同時に、カーシェアリングやライドシェアに象徴される新しいモビリティサービスが誕生し、瞬く間に世界中に普及したことが挙げられる。

すなわち、モビリティサービスが多様化したからこそのMaaSなのだといえる。既存の公共交通をつなぎ、パッケージにするだけでMaaSになると考えるのは早計だ。それが可能となる地域もあるかもしれないが、「マイカーと同等以上」を可能にするには、既存の公共交通に加え、多様なモビリティサービスが存在することが必要になる。公共交通が不足しがちな地域におけるルーラルMaaSが、オンデマンド型乗り合いサービスや自家用車を使った配車サービスを必要とするように、多種多様なモビリティサービスの存在がMaaSの成立を支えるのである。

そういう意味で、どれだけ多様なモビリティサービスに門戸を開いているかが、MaaS実現の試金石となる。その点で、日本にはまだまだ課題が多い。ここでモビリティサービスの多様化に関して、制約となり得る規制が規定されている法律のうち、主なものを挙げてみよう。

① 道路運送法

●バス、タクシー、レンタカー（カーシェア含む）の事業要件等を規定（バス、タクシーの運賃に関しても本法が規定）。業として営む場合は、この法律に基づく許認可が必要。許認可要件を満たさない事業は営業できないため、これまで想定していなかった新しいサービスが生まれた時に問題となる。

●オンデマンド型乗り合いサービスや自家用車を使った配車サービスを実施するには、この法律の規定に基づき、地域で合意形成する必要がある。

② 貨物自動車運送事業法

●貨物業の事業要件等を規定。タクシーで宅配便を配送する、或いは宅配車両で人を送迎する等の「貨客混載」を実現するには、旅客の観点から道路運送法、貨物の観点から貨物自動車運送事業法の両方の認可が必要となる。

③ 道路運送車両法

●トラック、バス、タクシー、レンタカー（カーシェア含む）等の事業用車両の規格、基準、登録条件等を規定。この法律の規定を満たさない車両での事業は認められない（例えば、軽自動車のタクシーが存在しないのは、この法律による）。

●本法は、事業用車両のみならず、道路上を走る全ての車両の規格、基準の根拠法令となっている（実際の基準等は省令である「道路運送車両の保安基準」や告示・通達に定められている）。これまで想定していなかった新しいハードウェアが出てきた場合、保安基準を満たさない、そもそも規格がない等の理由で、事業への使用はおろか、道路上を走ることすら認められないという事態に陥る恐れがある。

④ 道路交通法

●交通ルールに関する法律。免許制度の根拠法令。車両と免許の関係（どの車両にどの免許が必要か）、事業と免許の関係（バス、タクシーに必要な二種免許）も本法で規定。新しい車両や新しいサービスが出てきた時に、免許制度との関係で制約になり得る。

⑤ 鉄道事業法

●鉄道事業の運営に関する事業者と行政の手続きを定めた法律。事業認可、車両の保安基準、免許制度等を規定。上限運賃の認可制度や運行計画（ダイヤ）、事故の届出制度等はこの法律に基づく。なお、モノレールや路面電車（LRT含む）、トロリーバス、新交通システム（ゆりかもめ等）に関しては軌道扱いとなるため、鉄道事業法とは別の「軌道法」が適用される。

⑥ 鉄道営業法

●鉄道営業における事業者・利用者双方の基本ルールを定めた法律。運送拒絶の禁止や乗車券、運賃の払い戻しに関する条項がある。

これ以外にも多くの法律が関係する。例えば、欧米では一般的な乗り捨て型のカーシェア（ダイムラーの「Ｃａｒ２Ｇｏ（カーツーゴー）」の方式）が、日本であまり普及しないのは、「車庫法（自動車の保管場所の確保等に関する法律）」の規定が制約となるからだ。駐車場シェアリングには「駐車場法」が関係するし、運転代行サービスは「自動車運転代行業の業務の適正化に関する法律」に従う必要がある。

「旅行業法」もＭａａＳに深く関わる法律である。先述の「都市と地方の新たなモビリティサービス懇談会」の中間とりまとめには、「ウェブやアプリで検索・予約から決済まで一括して行うことができるサービスを提供し、交通事業者からの手数料や利用者への手数料の上乗せなどの報酬を得る場合、原則として、旅行業（旅行業法第２条第１項）に該当するものと考えられる」との記述がある。すなわち、ＭａａＳアプリの開発・運用などを担うＭａａＳオペレーターは旅行業者としての登録が必要というのが、現時点の国交省の見解なのだ。

ここまで述べてきたのは法律である。法律には、それに基づく政省令や告示があり、それ以外にも通達と呼ばれる文書があって、多くの規則が定められている。通達をたどっていかないと分からない規制や規則も存在しており、何か新しいことをやろうとする時には、この法令規則の網をかいくぐることが必要となる。例えば、ＭａａＳオペレーターとなるべく旅行業者として登録すると、毎年の営業報告の他、旅行業務取扱管理者の営業所ごとの配置や、営業保証金の供託といった義務が課される。第一種旅行業者（海外旅行の手配ができる旅行業者）の場合、営業保証金は７０００万円にのぼる。旅行業協会に加入すれば、供託する営業保証金は５分の１に下がるが、それでもＭａａＳ事業に参入意向のあるスタートアップにとっては安い金額ではない。こういう細かなルールが法律ごとに決められている。

ルール以前のマナーのようなものも業界ごとにあり、自主的なガイドラインもある。日本の公共交通の品質が高いのは、問題が起きるたびにこれら法令規則、マナーやガイドラインが見直され、運輸当局による監督・指導が徹底されてきたからだ。その過程で最も重視されてきたのは安全であり、安全を最優先にしながら経営を成り立たせる必死の努力の中で、世界的にもまれに見るほど安全で効率的な公共交通網が築き上げられてきた。それ自体は真に誇るべきことだ。

だが、安全を重視するぶん、どうしても新しいものには慎重になるし、冒険はしなくなる。それがモビリティサービスの多様化や革新を阻んできた嫌いがあることは否定できない。

また、これは交通の世界に限ったことではないが、日本の法令の多くがポジティブリスト方式で規定されているがゆえに、新しいものが出てきた時に柔軟な対応がしにくいという側面があることも指摘しておきたい。ポジティブリスト方式とは、例示されたもの以外は認めないという法律の規定の仕方のことだ。これに対し、欧米、特に米国ではネガティブリスト方式を取ることが多い。日本とは逆で、例示されたものは認めないが、それ以外は合法という構造になっている。それゆえ、法律制定時に想定していなかった事象が出てきた時も、「まずは認めて様子を見よう」という姿勢を取りやすい。何か問題があればネガティブリストに加えたり、新しい法律をつくって取り締まったりすればよいだけで、最初から拒否する必要はない。

ポジティブリスト方式か、ネガティブリスト方式かは法体系の根幹に関わる話で、すぐに変えられるものでもない。だが、「100年に一度」と呼ばれる大変革の時代に、既存の法令が必ずしもうまく対応できているわけではないという認識は共有しておきたいところだ。

オープンデータをめぐる課題

データの公開・共有はMaaS実現に不可欠の前提といえるが、そこにも多くのハードルが存在する。そもそも、どういうデータをオープンにすべきかが定まらない。例えば、経路検索は時刻表に基づくデータをベースにしているが、これだと遅延があった時に途端に役立たずになってしまう。実際、遅延になって急いで代替手段を探す時、既存の経路検索アプリはほとんど機能しなくなってしまう。そんな時に瞬時に代替の最適な移動手段を選べるようになるとうれしいが、言うは易しで、そう簡単にできることではない。というのも、経路検索が機能するには、列車ごとの運行に対する停車駅情報、発着時間、行先、停車駅種別（快速か否かなど）、運賃のデータが最低限必要になるが、時刻表とのズレが生じる都度、これらを瞬時に確定させ、外部に発信していくのは相当に難しいことだからだ。

混雑状況も便単位、車両単位で分かるといい。電車を一本遅らせたら空いていると分かれば、無理して満員電車に乗り込むことはない。だが、これも意外と難しい。まず、そもそも混雑率のデータがない。そういうデータがこれまでは必要なかったからだ。一方でブレーキのかけ具合を決めるのに必要だから、車両単位での重量はリアルタイムでモニタリングしている。この車両重量が定員乗車時に比べて何倍になっているかで、混雑率の推計はできる。だから、おおよその数値ではあるが、リアルタイムの混雑状況を鉄道事業者は把握できている。しかし、このデータは運行制御や管制システムにひもづいたものだ。それを外部に公開するとなると、管制システムをハッキングされるリスクを考えて堅牢なシステムを組まざるを得ず、それには億単位の改修費がかかるという。

車両ごとにセンサーをつけるなど、管制システムとは別の仕組みで混雑状況をモニタリングすることは可能だが、仮にそうやってデータを取れたとしても、このデータが鉄道会社や経路検索会社のサーバーを通じて一般の人たちが見られるようになるまでには、どうしても2〜3分のタイムラグが生じてしまう。そうなると駅間の短いところでは、前の駅の情報が残ってしまうという問題も起きる。

このように、混雑率1つとってもコストの問題から技術的な問題まで色々と複雑な問題が絡む。だから、どうしても「それは本当にリアルタイムで公開する必要があるデータなのか？」という議論になる。

そもそもデータは公開すればいいというものではない。使えるデータにするためには、データの第三者利用や二次加工の権利を含めて、データ活用のスキームを決めることが必要になる。そこまでの議論をしなければいけないが、当然、事業者ごとに置かれた状況も、ＭａａＳに対する意欲も違う。そういう中で、どういうデータをどのフォーマットで、どういう活用スキームで公開していくかについて、事業者間で合意形成し、標準化・統一化を図っていくことは並大抵のことではない。

バスに至っては、リアルタイムの現在位置表示ができていないケースが多い。大手のバス会社であればバスロケーションシステムを入れて、アプリや停留所で、今バスがどこにいるのか、どれだけ遅延が発生しているのかを確認できるようになっているが、地方や中小のバス会社の場合、ＩＴ投資をする余裕がないので、交通系ＩＣカードすら導入していないところが多い。タクシーの場合は、配車アプリを入れれば現在位置は把握できるようになるが、個人タクシーや小規模なタクシー会社の場合は、どうしてもシステム導入が遅れがちになる。

日本の公共交通のレベルは世界一と言われるが、ことオープンデータに関しては、どうだろうか。民間の自主性に任せ、ボトムアップでやっていくアプローチには限界がある。日本が取り残されないよう、政府のイニシアティブが求められるところだ。

フィンランドでは、交通事業者にオープンデータを法律で義務づけている。フィンランド政府に言わせると、オープンデータは「納税義務と一緒」でフィンランド国内でサービスを行う交通事業者が遵守すべき当然の義務だという。ただし、特にタクシー会社では非常に小規模な事業者が多く、そういう事業者がオープンデータのために投資が必要になる場合、その費用を補助する措置を併せて導入している。19年初頭にフィンランド政府にヒアリングしたところ、そこまでやっても全事業者がオープンデータ化されるまでは、「まだ数年かかる見込み」とのことだった。オープンデータ1つとっても、それくらい息の長い取り組みなのだ。

「MaaSは儲かるのか？」という問い

データをオープンにしたほうがMaaSで儲けられると分かれば、私企業であっても自然にデータを提供する方向に進む。だが、今はまだその道筋が見えにくい。それは、MaaSをビジネスとして見た時にどうにも分からないことが多いからだ。

この「分からなさ」には、2つの側面がある。1つは、自社がMaaSのビジネスのどの部分を担うべきか。すなわち、MaaSのエコシステムにおけるポジショニングに関することだ。モビリティサービスの提供者であれば、第1に、MaaSオペレーターが運営するMaaSに一サービス事業者として参加するポジションがある。第2が、自らがMaaSオペレーターになるポジション。そして第3が、MaaSに必須の機能（例えば決済やルート検索、データの収集・分析など）をMaaSオペレーター向けに提供するポジションである。MaaSには一切関わらないということも可能だ。それが第4のポ

MaaSのサービスレイヤーのプレーヤー

ジションである。

交通事業者としては第1のポジションを取るのが順当に思えるが、顧客接点をMaaSオペレーターに任せきりにすると、顧客情報を得られないことが心配だ。自社がMaaSオペレーターになる道（第2のポジション）もあるが、顧客情報が集まる代わりに今度はアプリやシステムの開発・運営にかかる費用が問題になる。特定の機能において専門能力を有する企業であれば第3のポジションを取り得るが、ビジネスを成功させるには勝ち馬となるMaaSオペレーターを見出し、そこと組めるかがカギとなる。MaaSと一切関わらない第4のポジションは、時代に乗り遅れるリスクと裏腹となる。いずれのポジションにも一長一短があるというのが正直なところだ。だから、自社がどのポジションで生きていくべきか、分からなくなりがちだ。

もう1つの「分からなさ」は、MaaSのビジネスモデルに関するものだ。一体、MaaSオペレーターは何を収益源とするのか。パートナーとなる交通事業者とはどういう契約を結ぶのか。

ＭａａＳアプリを通じて、ＭａａＳのサービスパッケージを提供するのがＭａａＳオペレーターの主な役目だ。ＭａａＳオペレーターは、ユーザーの一人ひとりに、都度のモビリティニーズに合った最適なパッケージプランを提案・提供する事業者で、既存の業態では旅行代理店が最も近い。そう説明すれば、交通事業者とＭａａＳオペレーターの位相の違いは理解される。その構造を理解した上で出てくるのが、左記の問いだ。

①旅行代理店ならばチケット販売の手数料などが収益源になるはずだが、ＭａａＳオペレーターは何％くらいの手数料を取っているのか

②定額制にした時にパートナーになる交通事業者とはどのようにレベニューシェアをするルールになっているのか

③定額制で乗り放題にして本当に儲かるのか。公共交通とタクシー乗り放題のパッケージで、タクシーばかりが使われたらどうなるのか

④ＭａａＳオペレーターがユーザーとの間に入って中抜きする存在になったら、交通事業者の利益は減るのではないか

これらの問いを抱えながらＭａａＳへの参入を検討していくのだが、なかなか儲かる絵が描けない。それが各社の悩みである。

そもそもモビリティサービス、とりわけ公共交通や、それを束ねたＭａａＳに大きな収益を期待すること自体が間違いなのかもしれない。もともと公共交通はビジネスとして安定はしているものの、利益率は高くない。万人に向けて提供する必要がある公共交通の場合、運賃として取れる金額にはどうしても限度があるからだ（とりわけ日本は、公共交通の運賃が低く抑えられてきた歴史がある）。

また、地方都市のように、公共交通が一定程度整備されていながらマイカーでの移動が多い場所では、マイカーから公共交通へのシフトを促すことで公共交通の売上増が可能かもしれない。しかし、既に人々の大半が公共交通で移動していて、通勤通学という底堅い需要の大半が定期券で乗り放題になっている東京や大阪といった大都市では、日常的な利用に関して売上増を見込むことは難しいと思われている。

だが、本当にそうなのだろうか。確かに今のサービスや料金体系、需要と供給の動向を前提にした時にはそうかもしれない。ならば、サービスの幅を広げたり（例えば、既存の公共交通だけではなく、新しいモビリティサービスも取り込んでいくなど）、料金の取り方を変えたり、移動ニーズが少ない昼間の需要を大きく増やすことができたりしたらどうだろう。

まだまだ収益を増やせるチャンスはあるはずだ。月額定額乗り放題のサブスクリプションモデルは、その一例だろう。日本で一般的な定期券も、通勤通学区間以外の路線や他のモビリティサービスも組み合わせたサブスクメニューを販売すれば、頭打ちとなっていた収益を伸ばし、交通事業において満足な収益を出せるようになるかもしれない。

サブスクモデルに限らない。サービスにせよ、料金にせよ、自社で閉じずに他社との連携も含めて考えていけば、まだできることはあるだろう。ＭａａＳアプリを通じて移動需要に働きかけることができるようになれば、需給を平準化させたり、昼間の需要を増やしたりすることも可能になる。そうやってモビリティサービスとしての深化と進化、第4章で詳述する「Ｄｅｅｐ ＭａａＳ」の領域を突き詰めていけば、収益化は見えてくる。

一方、他のサービスやビジネスと組み合わせ、移動にとどまらない付加価値を提供するという方向での収益化も考えられる。収益の源泉を移動分野以外に求めることで、モビリティサービスだけでは望めない収益率を得ようとするのである。そう考えるとMaaSが、モビリティサービス以外と組み合わせた複合型のサービスに行き着くのは必然に思えてくる。だから、MaaSの「その先」（Beyond）は、交通・移動という領域を超え、色々なサービスと連携したものになっていくのではないか。すなわち、MaaSは、Beyond MaaSという方向性を突き詰めていく中で「儲かるMaaS」の絵が描けていくのではないか。

このように、モビリティサービスとしての深化・進化であるDeep MaaSか、Beyond MaaSか。そのいずれか、あるいは両方が「儲かるMaaS」への道筋であるとしたら、そこにたどり着くために何が必要なのか。どこに商機があるのか。それを少しでも明らかにするのが本書の役割である。

3 急ピッチで進む日本政府の「MaaSシフト」

これまで述べてきたような課題が見えてきたＭａａＳだが、政府は日本版ＭａａＳ推進に向けて想定以上のスピードで動き出している。

政府の政策において、次世代交通と言えば、17年までは自動運転のことだった。それが未来投資戦略２０１８から、ＭａａＳが次世代交通のもう１つの柱とされるようになった。そして、19年度になってからは、むしろＭａａＳのほうが優先されるかのような動きになっている。

自動運転に関する官民のロードマップで、毎年６月に更新される「官民ＩＴＳ構想・ロードマップ」においても、19年版からはＭａａＳが大きく扱われるようになっている。そこでは、自動運転とＭａａＳが掛け合わされることで「人や物の移動など全ての移動に関して地域全体の交通流が最適化される究極のモビリティ社会の実現が期待」されるとともに、「カーシェアリングやタクシー、バス、トラック、さらにはオーナーカー等も含む自動車を用いたモビリティ同士の垣根は曖昧化し、交通業界の産業構造にも大きな影響を与えることが考えられる」という将来像が示されている。

自動運転×ＭａａＳを、トヨタ自動車では「Ａｕｔｏｎｏ－ＭａａＳ」（ＡｕｔｏｎｏｍｏｕｓとＭａａＳをかけたトヨタの造語）と表現するが、次世代交通の本命はまさにこれであり、それを実現するためにもＭａａＳを先行して実装していく姿勢が、最新の官民のロードマップにおいて明確に位置づけられたというわけだ。

このロードマップに従い、急ピッチでＭａａＳの導入・実装を進めるための検討・取り組みが始まっている。２０２０年1月現在、ＭａａＳに関する政策で公的にオーソライズされているのは、19年６月に閣議決定された「成長戦略フォローアップ」で「日本版ＭａａＳの推進」として掲げられた諸施策である。それは、①自家用有償旅客運送制度の拡充、②タクシーの利便性向上、③ＭａａＳ支援、④交通結節点等インフラ整備、の4つの柱から構成されている。それぞれ以下のような内容だ。

①自家用有償旅客運送制度の拡充

●交通空白地域において、地域の合意を前提に実施が認められている自家用車による有償の旅客運送事業について、以下の見直しを図る。

▼タクシー会社等交通事業者への委託を可能にする。

▼観光客も利用できるようにする。

▼導入対象となる地域かどうかの判断基準を明確にする。

▼手続きを簡素化する。

②タクシーの利便性向上

●タクシーの相乗りと事前確定運賃を2019年度中に可能にする。

●サブスクリプション（定額制サービス）やダイナミックプライシング（料金変動制）に向け、迎車料金含めた料金のあり方について検討する。

③MaaS支援

●地域交通においてMaaSの取組が進むよう、地域公共交通活性化再生法などの見直しを行う。

●協調領域においてオープン化すべきデータの整理やシステム連携可能なAPIなどに関し、2019年度内にガイドラインを策定する。

●データ連携を容易にするための共通データプラットフォームの実現に向けた検討を行う。
●主要駅のWi-Fiアクセスポイントの位置情報などをオープンデータ化する取り組みを促進する。
●外国人でも使いやすいMaaSの実装を推進すると共に、観光施設におけるインターネット予約・決済対応の促進を図り、モビリティサービスと一体で提供する観光型MaaSの実現を図る。
●新たなモビリティサービスの導入に意欲的に取り組む地域に対する総合的な支援（スマートモビリティチャレンジ）を2019年度から開始する。また、新型輸送サービスの導入を含む地域ごとのモデルづくりや課題解決のためのルール整備を行う。これらを通じて新たなモビリティサービスを全国に拡大する。
●22年度までに全ての都道府県で相互利用可能な交通系ICカードの導入に取り組むと共に、キャッシュレス化の取り組みを支援する。
●事業者によるMaaSの取り組みについて支援し、制度・運用の緩和、新たな仕組みづくりに取り組む。

④ 交通結節点等のインフラ整備

●集約交通ターミナル「バスタプロジェクト」の戦略的展開。
●道路空間を車中心から人中心に再構築するための法令改正などの検討。

第1の柱である自家用有償旅客運送とは、通常、事業用車両（緑ナンバーの車）でしか認められない旅客運送事業を特例的に自家用車（白ナンバー）でも認めるというものだ。自家用車で旅客行為をすることは、いわゆる「白タク」行為として禁止されているが、福祉目的だったり、過疎地で公共交通が存在しない場所であったりなどで、かつ、地域の交通事業者などが参加する運営協議会（法定協議会）で合意形成ができれば、特別に認められるようになっている（道路運送法第78条）。この制度を拡充しようというのが、第1の柱の内容だ。

これによって何が変わるか。日本では、ウーバーのような自家用車を用いた配車サービスはタクシーを脅かす存在として自由化されてこなかった。どうしてもやりたければ自家用有償旅客運送のスキームを使う他なく、それだと限られた場所で限られた人しか使えないものになってしまうから、事業としてのうまみはなくなる。

しかし、「成長戦略フォローアップ」の内容が実現すれば、自家用有償旅客運送はもう少し使い勝手の良いものになり、利用者の幅も広がる。それをタクシー事業者など地域の交通事業者が受託するようになれば、新たな収益機会となることが期待できる。ルーラルMaaSのところで述べたように、公共交通がなかったり、あっても本数が限られていたりなどで不便な地域では、MaaSをやろうにもやりようがない。その穴を埋めるものとして期待されているのが自家用車を使った配車サービスだが、それをタクシー事業者に担わせることで、普及への道筋を開くという戦略だ。

その一方で、タクシー自体の利便性を高めていこうというのが第2の柱だ。タクシーにおいてもバスのような乗り合いでの運行や事前確定運賃が可能になるようにし、サブスクリプションモデルにも対応できるよう、料金体系を見直してゆく。

そして第3の柱は、MaaSそのものを推進するための施策だ。オープンデータとオープンAPIが進むよう、データとAPIの公開に関するガイドラインをつくり、データ連携のためのプラットフォームのあり方も検討する。さらに、第1章でも解説したスマートモビリティチャレンジにより、全国各地でのＭａａＳの取り組みを応援するとともに、必要な制度・運用の緩和や新しい仕組みづくりを行う。最後に第４の柱は交通結節点等のインフラ整備で、集約交通ターミナルとして注目されている「バスタ」を展開する他、道路を人中心に変えていくという。

いずれもＭａａＳ推進の後押しをする施策であり、これら一連の施策を推進するための法律改正を含む制度改正や運用改善を国交省は検討している（改正法案は、２０２０年の通常国会に提出予定）。

未来投資戦略２０１８にＭａａＳが記載されてから、たった1年でここまでのものを打ち出したことには、ＭａａＳ推進に対する国の意気込みを感じる。それに呼応するかのように企業や自治体も動き始めている。前述のスマートモビリティチャレンジには、経産省事業（「パイロット地域分析事業」）で24の提案（うち13が採択）、国交省事業（「新モビリティサービス推進事業」）で51の提案（うち19が採択）があり、合わせて28地域が採択されている。

「令和」という新しい元号が始まった19年は、全国各地でＭａａＳの取り組みが始まった年ともなったのである。

制度改正・運用改善の具体的な方向性

「成長戦略フォローアップ」で示された施策の具体的な内容については、交通政策審議会交通体系分科会地域公共交通部会などで検討されており、２０２０年1月29日には中間とりまとめが公表された。これには、検討されている制度改正・運用改善の方向性が示されている。

中間とりまとめでは、まず、これまでの施策の成果と課題および社会経済情勢の変化を踏まえ、地域公共交通が抱える課題・テーマとして、「地域が自らデザインする地域の足」「移動者目線の徹底による既存サービスの改善」「郊外・過疎地等における移動手段の確保」「計画の実効性確保及びサービスの持続性重視」の4つを導き出している。

この4つの課題・テーマのそれぞれに対して施策の方向性が打ち出されているが、大きいのは、地域の交通のマスタープランとなる「地域公共交通計画（仮称）」の策定を地方公共団体の努力義務とすることだ。地域公共交通計画とは、「『地域公共交通ネットワークの形成』に加え、『地域における輸送資源を総動員』することで、持続可能な地域の旅客運送サービスの提供を確保すること」を目的に立案されるとされている。

この計画に位置づけられた移動手段は、地域の公共交通ネットワークを形成する移動手段として公式にオーソライズされるから、その維持推進が図られやすくなる。これまでは例外的な位置づけとされてきたオンデマンド型乗り合いサービスや自家用有償旅客にも積極的な位置づけが与えられており、まさに使える輸送資源は総動員して地域の移動手段を維持するよう計画することが地方公共団体には求められる。これが機能すれば地域の移動手段は間違いなく多様化していくだろう。

併せて、バス会社の共同経営（カルテル）を認める独占禁止法の特例措置を設け、利用者目線でのバス路線の再編、運行間隔や運賃の見直しなどをしやすくすることも検討されている。競争関係にあった事業者が共同して地域のバス網を再編し、ダイヤを調整することとなれば、バスの使い勝手が格段に向上することが期待される。

こうして移動手段が多様化し、バスの使い勝手が向上すれば、地域にＭａａＳを導入するための基盤は整ってくる。

その上で、ＭａａＳを導入したい事業者に対しては、「新モビリティサービス事業計画（仮称）」を策定し、国土交通大臣への認定を申請できるようにする。認定された計画に基づく事業については、運賃などの届け出をワンストップ化するなど手続きを簡素化するとともに、都道府県または市町村が協議会を設置して、ＭａａＳ推進のために必要な協議・連携を推進できるようにすることが検討されている。

地域にとってのMaaSの意義

これら中間とりまとめで示されている施策は、いずれもＭａａＳの実装を後押しするものだ。だが、目的はあくまで「地域の足」を「移動者目線」で「地域が自らデザインする」ことにあり、ＭａａＳはそのための手段の1つに過ぎない。ＭａａＳの実装自体が目的となっているわけではない。

これは実は、とても大切なことだ。ＭａａＳが注目され、ＭａａＳの導入・実装に関心が集まるのはいいことだが、ともすればＭａａＳの導入自体が自己目的化してしまい、「何のためのＭａａＳか」がきちんと問われないままに取り組みばかりが先行することがあり得るからだ。ＭａａＳは目的ではなく手段である。実現したい何かがＭａａＳとは別にあり、そのための手段としてＭａａＳがある。そういう認識が関係者の間で共有されていることが重要だ。

では、「何のためのＭａａＳか」を決めるのは誰なのか。地域は、特定の企業の利害を超えた存在だ。ディベロッパーが開発したエリアであれ、鉄道会社が開発した沿線であれ、閉鎖された私有地内でない限りは、地域は公共的な色彩を帯びる。だから「何のためのＭａａＳか」を決めるのは、その地域を管理する公的主体であるべきだ。通常は自治体であり、ディベロッパーや鉄道会社など、その地域に深くコミットしている企業がいる場合は、それも交えた公的な組織、あるいは会議体が主導するべきだろう。そういう意味でも、政府が現在、地方公共団体に地域公共交通計画（仮称）の策定を努力義務としようとしていることには大きな意味がある。

それでは、ＭａａＳの目的は、どのようなものであるべきか。ＭａａＳ発祥の地であるフィンランドの場合、ＣＯ^{2}の削減と渋滞緩和を通じた都市環境の改善、そのためのマイカーの利用抑制と公共交通の利用拡大がＭａａＳ導入の主たる目的とされている。同時に、産業政策的な狙いもあった。通信機器メーカーのＮＯＫＩＡ（ノキア）の母国であるフィンランドは、ＩＴ・デジタル先進国として、とりわけヘルスケアとモビリティの分野でイノベーションを起こし、次の基幹産業を育てていこうという国家戦略を２０１０年の段階で打ち出している。

ＭａａＳはそこにうまくはまり、国の全面的なバックアップを得ながら、市場化を果たした。ＭａａＳは、ノキア衰退後のフィンランドのイノベーションを象徴する存在と位置づけられたのである（かつてフィンランドの経済を支え、ＩＴ先進国としてのイメージ形成にも一役買ったノキアは、ｉＰｈｏｎｅ登場以後のスマホ時代にうまく対応できず、13年にマイクロソフトに買収されている）。

政府の成長戦略である未来投資戦略２０１８での言及を端緒としてＭａａＳ推進の取り組みが始まった日本の場合、ベースは産業政策にある。もちろん、それだけではなく、先述した国交省「都市と地方の新たなモビリティサービス懇談会」の中間とりまとめでは、「人々の外出や旅行など移動に対する抵抗感が低下することで、移動・交流意欲が高まり、健康が増進され、まちや地域全体も活性化し、豊かな生活が実現することが、日本版ＭａａＳが目指すところである」と宣言している。

これを読む限り、「何のためのMaaSか」という問いに対しては、健康増進、地域活性化、住民のQOL（クオリティ・オブ・ライフ）やWell-being（ウェルビーイング）の向上といったところが、その答えになりそうだ。環境政策と都市政策を出自とするフィンランドのMaaSと異なり、健康、地域活性化、生活の満足度に力点を置いた目的設定になっているのが日本版MaaSの特徴と言えよう。CO_2排出削減といったグローバルな課題の解決が強調されることはない。地域の生活に寄りそった、ローカルな課題の解決が重視される。

だからこそ、日本版MaaSの実現においては、地域をあずかる基礎自治体、すなわち市町村のリーダーシップやコミットメントが重要になっていく。加えて、今後は都道府県に求められる役割も大きくなる。これまで地域の公共交通の計画を立てるのは、基礎自治体たる市町村だった。しかし、人の生活圏と市町村の境は必ずしも一致していない。「生活圏は隣町」というのはよくある話だが、市町村単位で公共交通を計画している限り、市町村を越えての交通ネットワークの最適化は叶わない。国交省もそこは認識していて、地域公共交通計画（仮称）の前身たる地域公共交通網形成計画（14年の創設）から、計画の策定主体に都道府県を加えている。

MaaSの目的として、渋滞緩和を挙げる国は多い。日本版MaaSではなぜか渋滞のことは触れられないが、MaaSにおいて解決すべき社会課題の1つであることは日本でも変わりない。MaaSを渋滞緩和に役立てるには、交通流制御（信号制御など）と連動する必要があるが、これは市町村ではなく都道府県警の権限。その意味でも都道府県の関与は不可欠となる。

MaaSは息の長いプロジェクト

政府は想定以上のスピードでＭａａＳの実装に向けた環境整備の努力を行っている。「１００年に一度」の大変革の時代、世界の潮流に乗り遅れないようスピード感をもって動くことはとても重要だ。

その一方で、ＭａａＳはその完成までに長い時間を要する、息の長いプロジェクトだという認識と覚悟を持つことも重要だ。フィンランドではＭａａＳのアイデアが官民の間で共有されたのが12年から13年にかけて。最初の実証が16年で、本格的にサービスが始まったのが17年末からだ。実サービスを開始してから既に2年以上が経過しているが、まだまだ未完成な状態だ。フロントランナーのフィンランドですら道半ばだから、他も推して知るべしだろう。

後発組は先行者たちに学べるぶん、試行錯誤は少なくて済む。だが、オープンデータ1つとっても技術的、資金的な面から一気に進められないことは先述した通りだ。人々がアプリでチケットを買うのが当たり前になるのにも相応の時間がかかるだろうし、スマホが使えない人々やキャッシュレス決済を利用できない人々への対応も考えると、1年や2年でどうにかなる問題でもないだろう。

先に取り上げた「官民ＩＴＳ構想・ロードマップ２０１９」では、自動運転×ＭａａＳにＭａａＳの完成形を見るが、それが実現するのは２０３０年代とされているから、まだ最低でも10年はかかる。

日本が特別に遅いというわけではない。例えば、米国テキサス州ダラスで公共交通の運営に関わるＤＡＲＴ（Dallas Area Rapid Transit）が運用する「ＧｏＰａｓｓ（ゴーパス）」は、ＭａａＳの先進事例の1つといわれている。ゴーパスの最初のバージョンが誕生したのは13年のことだ。そこから順次機能を拡張し、利用できるモビリティサービスを増やし、ＭａａＳとしての統合度を高めてきている。2

DARTによるMaaSの発展段階論

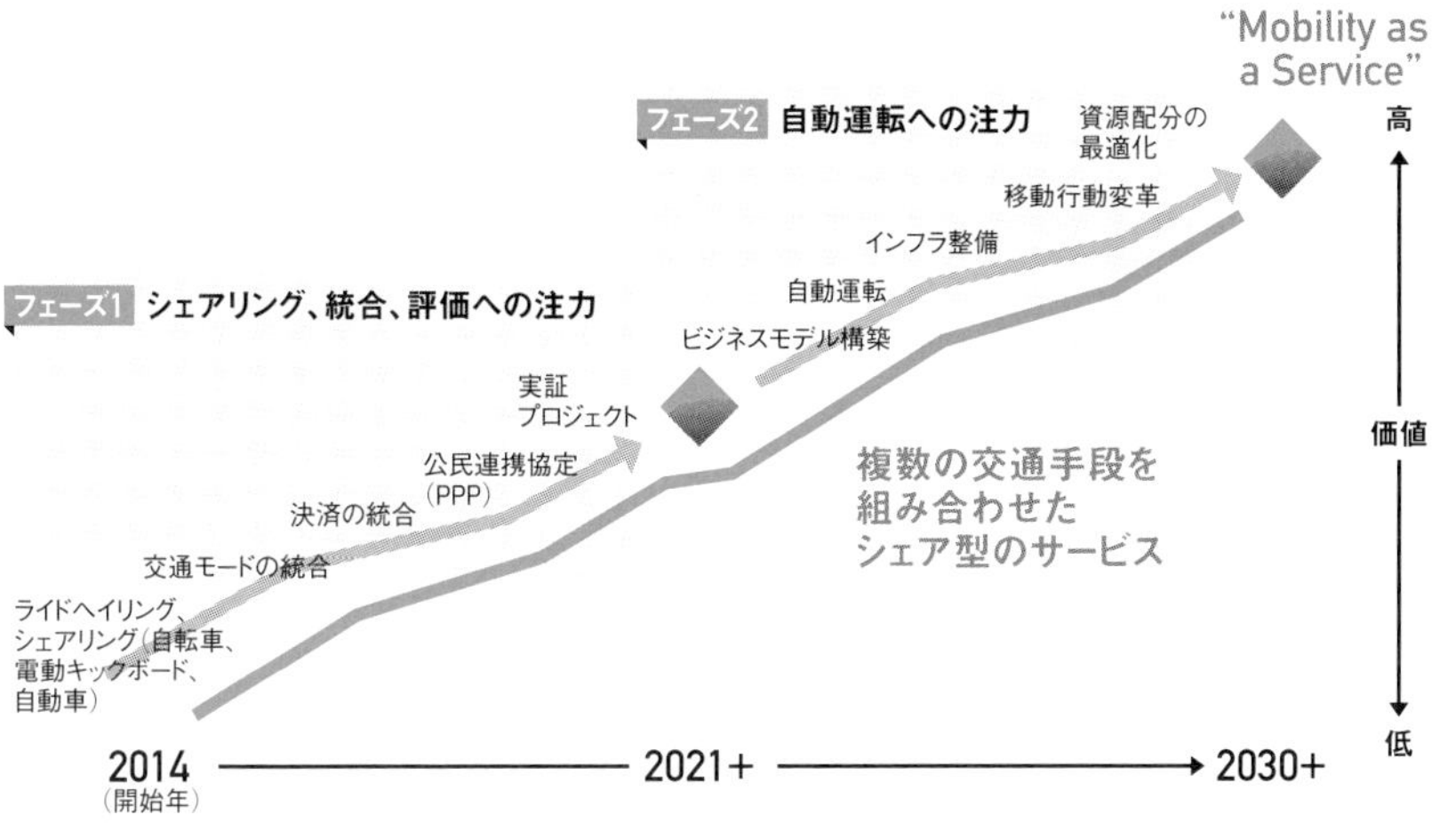

出典：Tina Mörch-Pierre, "DART's MaaS Effort" , Transportation Research Board August 14, 2019より作成。訳語は筆者らによる

回の大きな改修を経て、19年時点でゴーパス3・0が稼働中だ。

DARTによれば、これはまだ始まりに過ぎない。DARTがコンサルティング会社のローランド・ベルガーと共に描くMaaSの発展段階論では、21年頃まではMaaSの基礎を形づくるフェーズ1と位置づけられている。フェーズ2になるとビジネスモデルができ上がり、その後、自動運転が導入されて、MaaS×自動運転の時代になる。その時代がくればインフラが変わり、人々の移動行動が変わり、町の資源配分が最適化される。そこまでいって初めてMaaSが完成するとDARTは構想しており、その完成時期は2030年代とされている。つまり、米国で先進事例と言われるDARTをしても、MaaSはほぼ20年がかりのプロジェクトなのだ。それくらい息の長い取り組みだと腹をくくるべきで、それに挑む上で有用なのが、次章で解説するMaaSが1つのエコシステムであるという考えを持つことだ。

日本のMaaSは過熱しすぎ？
交通研究のツートップ対談

中村 文彦

横浜国立大学副学長、都市イノベーション研究院教授、持続可能なモビリティシステム研究拠点長、日本都市計画学会常務理事、交通工学研究会理事、日本交通政策研究会理事、国土交通省交通政策審議会委員、横浜市交通政策推進協議会会長、川崎市地域公共交通会議会長他、都市交通の現場にも精通している都市交通計画研究者

須田 義大

東京大学モビリティ・イノベーション連携研究機構長、生産技術研究所次世代モビリティ研究センター教授。ITS Japan理事、自動車技術会副会長・フェロー、鉄道総合技術研究所理事、日本鉄道技術協会理事、日本機械学会フェロー、自動車安全運転センター評議員を務めるなど、自動車・交通業界全般にかかわるキーマン

日本でのMaaS普及促進を目指す初の組織として2018年12月に立ち上がった「JCoMaaS（ジェイコマース）」。都市交通計画の中心的な研究者である横浜国立大学副学長の中村文彦教授と、自動運転の第一人者として知られる東京大学の須田義大教授が参画。日本の交通をリードしている〝両横綱〟が見据えるMaaSの未来とは？

――まずは、お二方の専門分野について改めて教えてください。

須田義大氏（以下、須田氏） 私はもともと、鉄道車両や自動車を中心とした機械工学が専門で、そこから通信技術やサービス、自動運転技術などに研究範囲が広がっています。MaaSに関連して、18年10月に国土交通省が立ち上げた「都市と地方の新たなモビリティサービス懇談会」の委員も務めており、日本におけるMaaSの在り方などの議論を進めています。19年度からは国交省が予算を付けて、地域でのMaaS実証実験を促進する計画。また、経済産業省では国交省とも連携する形で「スマートモビリティチャレンジ推進協議会」を立ち上げるなど、国を挙げて様々な動きが出てきています。

東京大学としては、18年7月に「東京大学 モビリティ・イノベーション連携研究機構（UTmobI）」を新設。自動運転を中心とした革新的なモビリティ研究をリードする組織で、千葉県柏市の東大柏キャンパスを主な舞台に自治体や交通事業者、柏ITS推進協議会と連携し、自動運転とMaaSに関連したプロジェクトを進めています。さらに学学連携としてモビリティ系の組織がある13大学と協議会をつくって様々な連携を進めており、その第1号の取り組みが戦略的イノベーション創造プログラム（SI

P）の受託事業として、東大と同志社大学の共同研究で始まります。自動運転が世の中をどう変えるのか、安全性に対するインパクトや環境性能などを定量的に予測するプロジェクトです。

中村文彦氏（以下、中村氏） 私は、都市交通計画が専門です。バスを中心にしていましたが、その情報通信の活用や海外の都市計画との比較なども行い、地域交通を考える上で鉄道や自動車のことも研究対象としています。現在、多くの都市の交通課題解決に取り組んでいますが、最近ＭａａＳに関連しては「ヨコスカ×スマートモビリティ・チャレンジ推進協議会」を立ち上げました。

横須賀市は、日本の携帯電話の研究開発拠点だった「横須賀リサーチパーク（ＹＲＰ）」の活性化や、東京都心から電車でわずか1時間の距離にあるにもかかわらず、厳しい人口減少の問題に直面しています。横須賀はリアス式海岸のように谷が入り組んでおり、最も高台にある住宅にたどり着くには約200段もある階段を上る必要がある。それでも、年金暮らしの高齢者は利便性の高いエリアに引っ越せないでいます。

このように横須賀は様々な都市と交通の問題を抱えています。戦略タスクフォースには、日産自動車や京浜急行電鉄、パナソニック、ＮＴＴドコモなどが参画しており、ＭａａＳによる課題解決のショーケースの1つとなるべく、取り組みを進めています。

ＭａａＳで移動データの質が変わる

――機械工学と都市交通計画という、全く異なる専門分野ですが、ＭａａＳという1つの到達点を互いが見据えている点が興味深いところです。これまで、お2人の接点はありましたか？

須田氏　東京大学で中村先生が助手をしていた頃（1993年）に、私はカナダのクイーンズ大学から東京大学に戻りました。その時、ちょうど「交通ラボ」という東大工学系の学科横断で研究プロジェクトを行ったことがありました。交通と名が付く研究をしている者がみんな集まり、自動運転や自動車と公共交通が連携したサービスなど、現在の研究や活動の原点となったプロジェクトです。そこで中村先生ともご一緒して、図書も出版しました。

中村氏　そうそう、交通ラボやりましたね。

須田氏　思えば、その頃から公共交通と自動車が協調していく社会、今でいうMaaSの基本概念となることを想像していましたよね。我々もしっかりキーワードをつくれば良かったんですよ（笑）。

機械工学の分野において鉄道と自動車は〝親戚〟なのですが、これまでの歴史の中でこの2つはサービスとしてなかなか交わることがありませんでした。それが今や急速に変化していて、例えばトヨタ自動車と西日本鉄道が一緒にMaaSアプリ「my route（マイルート）」の実証実験に取り組むなど、新たな時代を迎えています。私が一生かかってもできないと思っていたことが今、急展開しているのでMaaSには非常に期待しています。

中村氏　なるほど。私は大学院生の頃からバスなどの都市交通システムと情報通信技術（ICT）に関心があって、85年に都営バスのデータ活用を研究しました。ICTの黎明期ですから取れるデータは基礎的なものでしたが、雨の日や乗車人数が多いバスの運行時間は遅れるなど、数字で交通を理解できることが画期的でした。

このようにICTの導入で人々の行動や事業の在り方が変わることは昔から分かっているのです。しかし、ICTへの投資は特に行政機関において予算を判断する際に、社会性の費用便益を計算しにくいのが難点。それでも、情報技術を活用して使いやすい公共交通にしないと、マイカーに依存している人は公共交通を使ってくれません。その点、情報技術を核とした取り組みであるMaaSは非常に期待できる動きで、今後それをどう発展させていくかが課題となります。

――具体的にMaaSが社会や人々の生活に及ぼすインパクトはどう捉えていますか？

中村氏　私は現状抱える都市の課題に対して交通で解決できることがあるのではないかと取り組んできました。もちろん、MaaSでなくても解決できることはありますが、多くの可能性がある。

その1つとして、**MaaSは移動に対するハードルを一気に下げることができるでしょう。大都市では移動手段のいろいろな選択肢がありますが、かえって複雑で使いにくいことがあります。あらゆる交通手段を一括検索・予約・決済できるMaaSアプリがあることで、その複雑さは軽減されるかもしれません。**私の母は一人暮らしをしているのですが、ある時パソコンの操作方法を教えるとネットショッピングのやり方を覚えて、彼女の人生は大きく変わりました。このようなことがMaaSでも起きるかもしれません。

また、**人々がリアルタイムにどのような移動をしているのか、MaaSによって交通行動のデータの質が激変することを期待しています**。これまでは「パーソントリップ調査」という非常にアナログ的な方法で把握してきました。これは10年に1回、秋のある日についての交通行動を手書きで用紙に書いてもらうという方法で、現在の交通計画はこれを基にしている。しかしMaaSが普及すれば、もっと多くのユーザーの実際の行動が可視化されるので、交通計画での分析の精度が格段に向上するでしょう。

須田氏　交通データという側面では、自動車はETC 2.0を活用して交通行動を細かく把握できています。自動車以外でも、Suicaなどの交通系ICカードである程度情報は取れていますし、NTTドコモの「モバイル空間統計」などもあります。それらにより、都市単位で詳細かつリアルタイムでデータが使えるようになると、MaaSで実現できる機能も増えてくると思います。

一方で、**ユーザー側の視点に転じると、MaaSは人々のライフスタイルまで変えるインパクトがある。世界では、もう既に大きく変わってきています**。例えば、ライドシェアのような新しいモビリティサービスは、私たちの世代ではなかなか普及しないと思っていましたが、世界的に受け入れられています。東京都内ではマイカーが減っており、自動運転を研究している私のところにも、運転免許を持っていない学生が来る時代ですから。新しいモビリティサービスと、それによって実現できるライフスタイルのバランスの良い方向に持っていきたいと思っています。

中村氏　私は交通の需要とは本来、何らかの「目的」の派生だと考えています。例えば、JR山手線を利用している人は、乗車自体が目的なのではなくて、買い物など何らかの用事があって乗っているわけです。したがって、目的先が変わらないとなかなか移動も変わりません。

しかし、移動は主観的なものです。私の趣味である音楽を例にとると、横浜アリーナでのコンサートに行きやすいと思っている人は、好きなアーティストのイベントがあればパッと駆けつけるわけです。その半面、横浜アリーナまでの行き方が分からない、行きにくいと感じていると、足が遠のきます。つまり、**何らかの目的に対して、「行きやすい」と考えられる状態をつくると、人の行動は変わる。MaaSは、その行きやすさを向上させるものなので、暮らしや移動がガラッと変わるかもしれません。**

キーワード先行のMaaSに懸念も

──日本でも鉄道会社や自動車メーカーなどが、MaaSの実証実験を始めています。MaaSを社会実装していく上で障害となることは何でしょうか。

中村氏　都市計画の観点から見ると、道路を建設することに比べてMaaSのような情報技術に関する予算は、既存の費用便益分析で説明がつきにくいことが課題。事業者としても、ユーザーとしても、「情報」は非常に重要なもので、それを評価することも、計画することも大切な観点です。例えば、Suicaや経路検索サービスが実現される前は、運賃を一生懸命調べたり、経路を事前に時刻表で調べたりと、かなりの手間がかかっていました。それがICTを使ったサービスであるMaaSで、より便利になるところだと思います。

また、MaaSというキーワードが今、日本で過熱しすぎていて、それが逆に日本でのMaaSの発展の障害とならないか心配しています。東急がたまプラーザ駅周辺で「郊外型ＭａａＳ」の実証実験を行ったように、地域の課題解決のためにも本当に肝となる利便性のあるサービスを小規模でスタートすることが先決なのではないでしょうか。そして、**高齢者の移動手段の確保や、教育の観点で子供たちが事故なく円滑に移動できることなど、MaaSが担える社会的な意義についても目を向けていきたい。**

須田氏　鉄道事業者、自動車メーカー、部品メーカーといった主要プレーヤーは、既にＭａａＳに強い関心を示し、計画を策定しています。あとは政府側として、例えば公共交通の運賃などＭａａＳに関連する法制度を本気で変えていけるかがポイントとなるでしょう。

また、ＭａａＳはステークホルダーの少ない地方で始めやすいのは事実ですが、あまり地方視点を強調しすぎると、ビジネスとして成り立たないかもしれないという問題が出てきます。ビジネスとしては当然ある程度の規模が必要で、人口密度の低い地方ではＭａａＳが実証実験で終わりかねないと心配しています。地方と都市のバランスをうまく考えて進めていく必要があります。さらに、**交通関連だけでビジネスとして成立しにくいならば、健康・医療などモビリティサービスと組み合わせやすい周辺産業と連携するアイデアも求められます。**

――企業側の取り組みが盛んな一方で、自治体の動きは、まだあまり見えてきません。

中村氏　小さい自治体には交通計画を適切につくることができる人が少ないのが現状です。また、担当する部署さえない自治体のほうが多い状況で、国交省が新たなメニューをつくっても、現場が活用しきれない。まずは、人材を育てる必要があるでしょう。

須田氏　市区町村の首長の力量が肝ではないかと感じます。

中村氏　同感です。私も首長のリーダーシップに期待しています。例えば、富山市市長の森雅志氏は、02年の市長就任からたった4年後の06年に富山ライトレールを導入しました。先ほどお話しした横須賀での取り組みも、横須賀市長や地元議員など地域のリーダーの力が強力なエンジンになっています。

――ＭａａＳをめぐっては、「マイカーを減らす」という懸念も、自動車産業にあるように思います。

須田氏　自動車は日本の基幹産業なので、生き残ってもらわないと困ります。自動車メーカーはディーラーを介するため、これまでユーザーと直接つながっておらず、顧客ニーズを把握しにくい状況がありました。**今後ＭａａＳに取り組むことで、自動車メーカーが顧客と直接つながる接点ができるので、自動車産業がより良い方向に変わるのではないかと期待しています。**

中村氏　須田先生がご専門ですが、ＭａａＳと同時並行で進んでいる自動運転は、まだ課題がありながらもテクノロジーとしては面白いと思っています。未来を考えると、乗り物の形は大きく変わるでしょう。ＭａａＳはいろいろな新しい交通手段を受け入れられる枠組みだと思います。

また、自動運転でいえば自動車のセンシング技術が高度化し、交通事故が限りなくゼロに近づく期待があります。交通事故が減るのであれば、自動運転車両が住宅地の中に入っていきやすくなる。そうした未来の準備のためにも、MaaSのプラットフォームが必要ですね。

須田氏　**MaaSも自動運転も、それありきで考えるのではなく、モビリティの未来の在り方の1つの手段だと認識することが必要です。**したがって今後、それ以外のハードウエアやソフトウエアも登場してくることで、より便利なサービスが実現されるでしょう。

JCoMaaS発で成功事例を

――お二方は18年12月に設立された産官学のMaaS推進団体、JCoMaaSに参画しています。

中村氏　JCoMaaSに求められていることは、「つなぐこと」「共有すること」でしょう。自治体やバス事業者などにとっては、MaaSに対して分からないことも多いのが現状です。**古くからある既存の大企業もベンチャー企業も、ニュートラルにつながり、それぞれの議論を共有できる、そのような場が大切**だと思います。MaaSの事例や概念を正しく共有することや、ステークホルダー間のバランスが崩れた時にそれをならす役割もあるでしょう。

また、我々のように研究分野の専門家も参加して、様々な事業者と交流する機会も持ちたいと思います。未来の交通関連分野の専門家が交流し、実際に何かを生み出していくというスパイラルも大切ではないでしょうか。さらに欧米やアジアなど、MaaS関連の海外情報についても共有が必要です。

須田氏　ＭａａＳでは鉄道と自動車、情報技術のように交流が全くなかった異分野が同居することになります。そのため、ＪＣｏＭａａＳのような場を通じて交流することはとても大切。例えば、自動運転についても、まちづくりから交通、医療、労働問題などを多岐にわたって検討する必要があります。これらすべての分野を扱える担当部署は、日本政府にもなかなかありません。そこはＪＣｏＭａａＳが担える部分だと思っています。

実際、ＪＣｏＭａａＳには、50を超える企業・団体が参画しています（２０２０年1月末時点）。鉄道事業者や自動車メーカー、通信事業者、保険会社、都市開発会社など、多種多彩です。国の機関や大学研究者、海外のＭａａＳ関連組織からも多くの問い合わせがあります。

――ＪＣｏＭａａＳではどのような議論をしていきますか。

須田氏　まずは、参加者同士がつながり、議論する場をつくった上で、日本でのＭａａＳ実装においてどこに課題があるかまとめていきたい。中村先生も発言されたように、ＭａａＳというキーワードが独り歩きしているきらいもあるので、それをしっかりと社会実装につなげていくことも重要です。

中村氏　同感です。ＭａａＳについてどのような関心があり、どのような仲間がいるのか。今は当事者の「顔」を知る段階ではないでしょうか。そこから今抱えている課題だけではなく、より進んだ議論ができるようにしていく。また、まずはＪＣｏＭａａＳの取り組みの中で、中核都市での成功モデルをつくるのが目標になるでしょう。残された時間は少ないですが、海外の人が多く日本に訪れるオリンピックイヤーの2020年が1つのマイルストーンになります。

須田氏　中期の目標としては、2025年に開催が決定した大阪・関西万博もチャンスがありそうです。そこでMaaSを実装していくために、黒子としても、プレーヤーとしてもJCoMaaSが果たしていく役割は大きいと思います。

――最後に、MaaSに取り組む事業者へのメッセージを。

須田氏　MaaSを主導する多くが民間企業であることを考えると、JCoMaaSをフルに活用してもらいたい。他企業や専門家、行政機関とつながり、課題を共有して、しっかりと事業化に向けた検討をしてほしいと思います。

中村氏　これまで研究を中心に行っていた大学も、今は学外のプレーヤーと連携して日本の抱える都市や交通の課題を解決できるチャンスがあります。研究自体も非常に重要ですが、社会への実際のインパクトを考えればビジネスの視点も欠かせません。そうした学外連携を促進する役目もJCoMaaSが担っていければと思います。

（日経クロストレンド2019年3月20日掲載、一部改編　文／勝俣哲生＝日経クロストレンド、楠田悦子＝モビリティジャーナリスト）

Chapter

3

持続可能な
MaaSのエコシステムとは?

この章で分かること

◉MaaSを成功に導くエコシステムのフレームワーク

◉多様なプレーヤーの参画を可能にするアーキテクチャ

◉MaaSエコシステムを機能させるための条件

1 ビジネスにおけるMaaSエコシステム3つの視点

本章からはMaaSの導入・実装を検討し、あるいは既に取り組んでいる事業者や政策担当者が身につけておくべき視点、知っておくべき事柄を見ていく。まずは、MaaSのエコシステムについて考えていきたい。

MaaSの導入・実装には、多様なプレーヤーとの関係構築が不可欠になる。as a Service の名の通り、1つのサービスとして統合された状態になることをMaaSは目指すが、それは多様なプレーヤーの個々のサービスを束ね、1つのサービスに統合することを意味する。そのためにはオープンデータとオープンAPIの環境が整っていることが前提になるのはもちろんのこと、加えて、チケットの売買であれば手数料を取るか取らないか、予約した交通手段が時間通り来なかった場合はどうするかなどを当事者間で取り決めておくことも必要になる。契約書のフォーマットを作り、契約内容の標準化・統一化を図れば、スムーズに契約できるようになるかもしれないが、それでも最後は当事者間で契約を締結するのは変わらない。MaaSは、つまるところ、契約関係の積み重ねの上に成立するものだといえる。

多様なプレーヤーが関わって1つのサービスなり価値なりを実現する時、その関係の総体を「エコシステム」と呼ぶことが一般的になってきている。エコシステムとは、自然環境とその上に生きる生物たちが織り成す関係の総体を意味する言葉で、もともとは生態学（エコロジー）の用語だ。これが近年、ビジネスの文脈で多用されるようになっているのだが、ＭａａＳは、とりわけこのエコシステムの概念によくなじむ。そこで本章では、ＭａａＳを１つのエコシステムと捉え、その実装に向けてどのような示唆が得られるかを考えていきたい。

そもそもビジネスエコシステムとは何かから見ていこう。

エコシステムがビジネスの文脈で使われるようになったのは、１９９０年代になってからのことだ。きっかけは、後にハーバード大学の客員教授となるジェームズ・ムーア（James F. Moore）が、93年に「ハーバード・ビジネス・レビュー」に書いた1本の論文〝Predators and Prey: A new ecology of competition〟Harvard Business Review.71（1993, May-June）と、96年に出版した書籍『The Death of Competition: Leadership and strategy in the age of business ecosystems』（Harper Business, 1996）である。とりわけ後者は英語圏でベストセラーとなり、以来、ムーアはビジネスエコシステム論の創始者と称されている。

ムーアのビジネスエコシステム論は、ハイテク業界の進化過程を分析する中から生み出されたものだ。エコシステムという言葉をムーアが持ち出した背景には、第1に「業界（Industry）」という言葉が、ハイテク業界では意味をなさなくなっているという認識があった。例えば、マイクロソフトはパソコン、家電、情報、コミュニケーションという、少なくとも4つの業界に関わっている。業界横断的に様々な企業と共生し、競争しながら、イノベーティブなアイデアを次々に具現化し、顧客を満足させている。そこには企業間の関係だけでなく、大学や政府との関わりもある。複雑にプレーヤーが絡み合い、総体として1つのシステムを構成している。それはまさに動植物が織りなすシステムになぞらえ、エコシステム（生態系）と呼ぶべきものだ。

自然界がそうであるように、ビジネスエコシステムの中にも厳しい競争がある。しかし同時に、「共生（Symbiosis）」や「共進化（Coevolution）」の関係にも満ちている。とりわけハイテク企業はそうだ。それは、CPUのインテルや、OSのマイクロソフトが共にパソコンメーカーやソフトウエアベンダーと共生し、共進化しながら豊かな生態系を育て上げてきたことに象徴される。ムーアは特に共進化の概念に注目していた。企業の生き残り戦略としては、戦いに明け暮れる競争関係より、共に進化し合いながら関係を深めていく共進化の関係を築き、そこを核にしたビジネスコミュニティをつくり出すことに注力したほうがいいと考えたのだ。このような共通化という概念への注目が、ムーアがビジネスの世界にエコシステムの概念を持ち込んだことの背景にあった第2の理由である。

第3に、エコシステムが動態的なシステムであることへの関心があった。エコシステムは常に変化している。裸地が草原になり、森林になるように、時間と共に生態系はその様相を変えてゆく。これを生態学用語で「遷移（Succession）」というが、エコシステムという用語を使うことで、変化し続ける動態的なシステムとして総体を捉えることができる。それは、今日の覇者が明日の覇者とは限らない、変化の早い現代のダイナミズムをうまく表現する。

ムーアの洞察はよく時代の空気を捉えていた。事実、90年代後半から、ネット業界やシリコンバレーを中心に、エコシステムという言葉が盛んに使われるようになり、2000年代になって一般に普及した。とりわけ2010年代、GAFA（Google、Apple、Facebook、Amazon）と呼ばれる巨大プラットフォーマーの存在感が強くなればなるほど、彼らが生み出してきた世界をエコシステムという言葉を使って説明する人が増えた。

生態学は、環境と生物、そして生物相互の関係を考える、関係の学問だ。生態学の用語であるエコシステムが、これだけビジネスの文脈で使われるようになってきたのは、関係の学問である生態学の知見が、つながる時代のビジネスを語る上で有用であることの証左なのだろう。

エコシステムを捉える3つのアプローチ

ビジネスエコシステムを記述するには、主に3つのアプローチがある。1つ目は、エコシステムを構成するプレーヤーに焦点を当て、それらの相互関係としてエコシステムを記述する方法だ。自然の生態系は、植物、菌類、虫、鳥、魚、両生類、は虫類、哺乳類、微生物などから構成される。植物が生産者、それを食べる虫や動物が消費者、そして動植物の死骸や糞を分解して土に戻す菌類や微生物が分解者だ。この生産→消費→分解の流れを軸にしながら、捕食―被食関係や、寄生、共生などの生物同士の関係が複雑な網目のように張りめぐらされている。

ビジネスエコシステムにおいても同様だ。MaaSを成立させるために必要なプレーヤーを一覧にし、各プレーヤー間の大まかな関係を描くことでエコシステムを説明できる。本章では、まずこの方法でMaaSのエコシステムの見取り図を描く。

その上で、MaaSのエコシステムが、どのような機能の組み合わせから成り立つものなのかの説明が必要になる。MaaSのエコシステムは、ユーザーにとっては1つのアプリを通じたサービスとして体験される。従って、このアプリのシステムアーキテクチャを描くことで、MaaSのエコシステムを構成する機能を記述することが可能となる。これが、2つ目のアプローチだ。

アーキテクチャとは、システムの機能を実現するための設計思想であり、論理構造を意味する。システムを構成するサブシステム（ハードウエア、ネットワーク、ソフトウエアのモジュール）のそれぞれが分担すべき機能と、これらの間でのデータのやり取りの在り方を規定するものだ。

自然界のエコシステムを機能面で捉え直せば、植物が葉緑体上で光合成することで無機物を有機物に換え、それを細胞内のミトコンドリアでエネルギーに換えることで動物たちは活動を行い、分解者がそれをまた無機物に戻して植物と環境に返す。このようなサイクルとして描けるエコシステムはエネルギー、水、炭素などを循環させながら、水資源の涵養や気候の安定、大気の浄化など、様々な便益（生態系サービスと言われる）を提供してくれる。こうした目には見えないエコシステムの機能と、それを成り立たせている動植物の器官や、そこに埋め込まれている生命のプログラムを知ることで初めて、私たちはエコシステムについての理解を深めることができる。アーキテクチャとしてＭａａＳのエコシステムを描くことの意味はここにある。

しかし、アーキテクチャを描くことでＭａａＳを実装できるかと言えば、そう単純な話ではない。ＭａａＳを実装するには、ＭａａＳエコシステムを持続可能にするビジネスモデルが必要だからだ。エコシステムを捉える３つ目の視点とは、ビジネスモデルのことだ。

エコシステムが持続可能になるとはどういうことか。自然界では、太陽のエネルギーが光や熱の形でエコシステムに注ぎ込まれ、それを源にして生命は活動を行い、水や大気は運動を続ける。エコシステムは、太陽エネルギーが注がれなくなれば活動を停止する。つまり、外部からの絶え間なきエネルギーの投入が、エコシステムを持続可能にしているのだ。

ビジネスエコシステムも同じで、やはり外部からのエネルギー投入を必要とする。ただし、ビジネスエコシステムにおける外部からのエネルギーとは、ビジネスを回し続けるためのもの、すなわち資金や労力、アイデアなどだろう。これらが投入され続けるビジネスモデルを構築することが、ＭａａＳの実装には求められる。

2 MaaSエコシステムのフレームワーク

ＭａａＳのエコシステムとは一体どのようなものか。どのようなプレーヤーが、どのような領域で生きるシステムなのか。

ＵＣＬ(University College of London)のMaria Kamargianni氏とMelinda Matyas氏は、17年に発表した論文〝The Business Ecosystem of Mobility-as-a-Service〟（以下、ＵＣＬ論文）において、ＭａａＳのエコシステムを定義している。これは、ベルギーに本部があるＵＩＴＰ（国際公共交通連合）が19年4月に出したレポート「Mobility as a Service」でも引用されており、ＭａａＳのエコシステムを概観する上で有用なフレームワークだ（１０６ページ上図参照）。

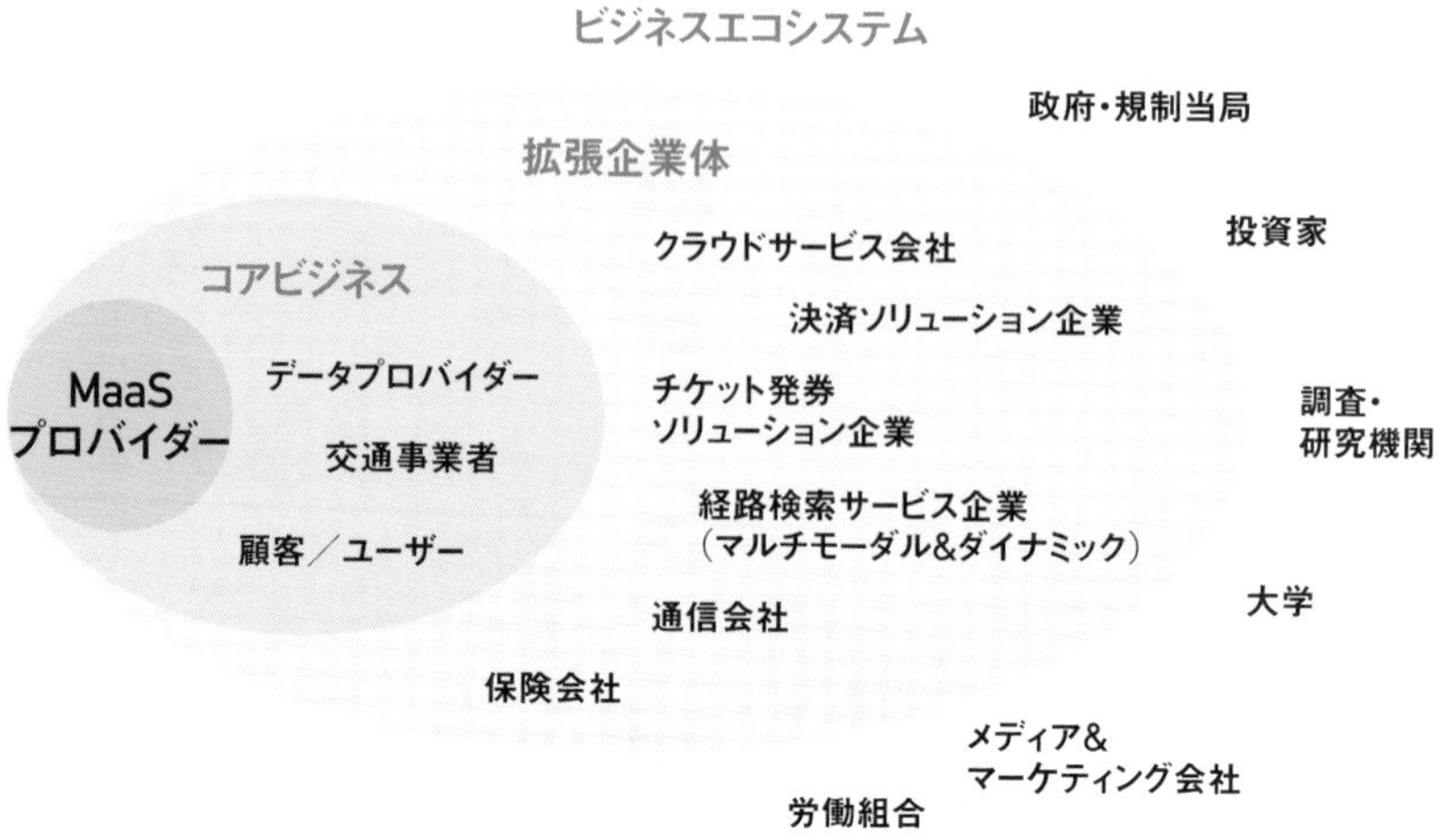

出典：Kamargianni,M., and M.Matyas 2017. "The Business Ecosystem of Mobility as a Service", 96th Transportation Research Board（TRB）Annual Meeting, Washington DC, 8-12 January 2017より作成。訳語は筆者らによる

ここでは、ムーアが提案したビジネスエコシステムがそのまま援用されている。ムーアは、エコシステムの中心に、そのサービスの価値提供の中核的存在を置き、その外側に関係する企業を配置する。UCL論文はこれをMaaSに適用して、中核にMaaSプロバイダーがいて、顧客／ユーザー、交通事業者、データプロバイダーと共にコアビジネスを形成するとしている（第1層）。その外側には、決済やチケット発券、経路検索などの技術やITインフラを提供する企業がいて、そこまでが拡張企業体（Extended Enterprise）と呼ばれる（第2層）。そして、さらに外側には政府・規制当局や調査・研究機関、大学、投資家などがいて、それらを含めた全体がビジネスエコシステムだと定義される（第3層）。

この3層構造のそれぞれは、どのような役割を持つのか。UCL論文に従って見てみよう。

【MaaSプロバイダー(MaaSオペレーター)】

MaaSエコシステムの中心にいるのは、MaaSプロバイダーだ。文字通りMaaSの提供者である。例えば、交通当局が資金を提供し、アプリの開発も行うが、実際のサービスの運営は民間企業に委託するというケースがあり得る(例えば、台湾のMaaSはこの方法を志向する)。この場合、厳密にいえば交通当局がMaaSプロバイダー、サービスの運営を行う民間企業がMaaSオペレーターとなる。この2つの言葉はUCL論文でもあまり明確な定義はなく、併用されている。図にはMaaSプロバイダーだけが表記されているが、以降本書では両方を包含する言葉としてMaaSオペレーターを用いて解説していく。

MaaSオペレーターには公的機関(交通当局)と民間企業の両方がなり得る。各種モビリティサービスの許認可権者であり、規制の立案者でもある交通当局がMaaSオペレーターとなる場合、公共交通を中心にマルチモーダルで統合するMaaSのスキームはつくりやすい。しかし、官僚制の非効率さは問題になり得るし、民間が主導する場合のように移動体験自体を豊かなものにしてゆくための創意工夫やサービス連携が進みにくいことも懸念される。

一番の問題としてUCL論文が指摘するのは、地域を越えた展開が難しくなることだ。成長を宿命づけられた民間企業であれば、グローバルな展開を可能にすべく、当初から地域や国境を越えて相互接続可能なオープンなモデルが志向される。しかし交通当局にはそういうインセンティブは働かないから、どうしてもその地域や国に閉じたクローズドなモデルに陥りやすい。

一方、民間企業がMaaSオペレーターになる場合の懸念点としてUCL論文が挙げるのが、公共交通との関係構築が難しくなりがちなことだ。事実、フィンランドのMaaSグローバルは、ヘルシンキ市交通局（ＨＳＬ）との関係構築に苦慮し、当初、ＨＳＬの1カ月定期を扱えなかったり、いまだにチケット販売の手数料を取れていなかったりといった問題に直面している。

【顧客／ユーザー】

まず、何よりもユーザーがいなければ、ＭａａＳは成立しない。スマホアプリを使ってモノの売り買いをすること、交通手段を利用することに慣れたユーザーが一定層育っていることが何より前提となる。そういうユーザーの中からＭａａＳのサービスを購入する層が一定のボリュームで出てくることで初めて、ＭａａＳは成立する。その意味で、ユーザーはＭａａＳのエコシステムにおける「土壌」と捉えるべきだろう。ＭａａＳの価値を享受したいと思うユーザーを土壌として、ＭａａＳのエコシステムは繁栄する。農業において土づくりが重要なのと同じく、ＭａａＳエコシステムを豊かにしたければ、ユーザーの基盤を拡大することが前提となる。

【交通事業者（モビリティサービスプロバイダー）】

その上でＭａａＳオペレーターは交通事業者（ここでは配車サービスのオペレーターなど、新しいモビリティサービスの提供者も含めて考えることとする）と良好な関係をつくる必要がある。交通事業者がＭａａＳオペレーターにチケット販売を許さなければ、ＭａａＳは成立しない。また、安全なオープンＡＰＩを通じて交通事業者がデータを提供することも不可欠となる。

交通事業者にとってＭａａＳオペレーターの存在意義は何か。ＭａａＳアプリは交通事業者に、より広い顧客基盤へのアクセスを保証する。欧州のＭａａＳはマイカーから公共交通へのシフトを目的とするものが多いが、これまでマイカーで移動していた人がＭａａＳによって公共交通を利用するようになれば、交通事業者の売り上げはアップする。外国人旅行者（インバウンドユーザー）の利用増による売上増加などは分かりやすい例だが、デジタルな販売チャネルを持つことで、今までは取り込めていなかったユーザー層を獲得できることが、ＭａａＳアプリへの期待としては大きいだろう。

一方で、ある交通事業者は収入が増えるが、別の交通事業者にとっては減収となるなど、ＭａａＳによって不利益を被る事態も発生し得る。

例えば、同じターミナル駅間を結ぶＡ鉄道とＢ鉄道の競合路線があるとする。Ａ鉄道はその駅間を20分で行くが、Ｂ鉄道の場合は30分かかる。ただし、料金はＡ鉄道が４００円、Ｂ鉄道が３００円で、時間と料金がトレードオフになっているとする。

このような場合、ＭａａＳのサブスクリプションモデルで定額乗り放題になると、ユーザーは料金のことを考えなくてよくなるから、時間の早いＡ鉄道を利用する人が増えるかもしれない。仮にＭａａＳのサブスクリプションに参加するに当たって、実際に利用した人数の比率で収入を配分する取り決めをしている場合、利用者がＡ鉄道に集中するとＢ鉄道は減収になる。逆に、事前に取り決めた固定比率で収入を配分する取り決めにすると、今度はＡ鉄道が困るかもしれない。売り上げは増えないのに混雑率ばかりが高まって、乗客の不満につながる恐れがあるからだ。

同じことは鉄道とバス、バスとタクシーなど、異なる交通手段の間にもいえる。月額定額のサブスクリプションモデルは、ＭａａＳ導入に当たって誰しもが考える。だが、上記のようなことがあるから、どこまで踏み込むべきかと悩みを抱えることになるのだ。

ただし、ＭａａＳオペレーターの側からすると、交通事業者とはまた違う見え方になる。取り決めにもよるが、MaaSオペレーターから交通事業者に支払う費用を利用者数と乗車券の料金に比例したものにする場合、MaaSオペレーターにしてみれば、料金の高いA鉄道を利用する人が増えるのは好ましくない。「仕入れ値」が上がってしまって収益を圧迫するからだ。従って、MaaSオペレーターは、何らかのインセンティブ（例えばポイントやクーポン）をつけてでも、できるだけ鉄道Bを使ってもらうように誘導するだろう。

そういう力学が働くから単純に時間が早いという理由でA鉄道に需要が集中することにはならない。仮にそうなっても、今度は車両の混雑度が高まり、利用者の利用価値は下がるから、A鉄道とB鉄道両方の混雑状況がリアルタイムで分かれば、多少時間がかかっても座っていけるB鉄道を選ぶという人も出てくるだろう。このように、公平にサービスの状態が可視化されることで、利用者も選択ができるようになる。だからこそ、MaaSにおいてはオープンデータが重要になるのだ。

いずれにせよ、MaaSによってマルチモーダルな統合が進めば、利用者の選択は影響を受けざるを得ない。今まで使ってくれていた人が使わなくなるかもしれないし、逆に、新しく使う人が増えるかもしれない。交通事業者にとって重要なことは、新たな競争環境の中でも自分たちが選ばれ続けるよう、利用者の目線に立ってサービスの内容を見直し、その品質に磨きをかけてゆくことだ。だからMaaSのオープンなエコシステムは、交通事業者のサービス品質向上に対する努力を促し、公共交通のさらなるレベルアップに寄与することが期待される。

【データプロバイダー】

交通事業者とともにMaaSオペレーターにとって重要になるのが、データの収集・提供を行うデータプロバイダーの存在である。地図情報や時刻表データはもちろん、リアルタイムの運行状況や駐車場の満空情報など、今はまだあまり流通していないデータも今後は必要になるから、その流通を担うプレーヤーの存在はますます重要になってゆく。鉄道関係の情報は交通新聞社、道路関係の情報はＪＡＲＴＩＣ（日本道路交通情報センター）やＶＩＣＳセンター（道路交通情報通信システムセンター）、地図情報ならゼンリンや米グーグルなど、既にデータプロバイダーと呼べるポジションにいる企業・団体は存在する。

また、これらの企業・団体からデータを仕入れて経路検索機能・アプリを提供している経路検索会社もデータプロバイダーと呼び得る存在になっている。というのも、経路検索会社は、自社で独自に調査したデータを豊富に持っているからだ。例えば、ナビタイムジャパンはトラックドライバー専用のカーナビアプリ「トラックカーナビ」を提供しているが、人気コンテンツの１つが、大型トラックでも駐車できる駐車場を持つ施設を検索できるサービスだ。有料アプリで利用者から直にお金をもらうビジネスモデルを確立しているナビタイムは、とりわけこのような独自データの収集に力を入れている。

ナビタイムのような企業にしてみれば、データそのものが競争優位の源泉である。だから、それをどれだけ他社と共有できるようにするかは、高度に戦略的な判断が求められる。独自データだからと高額なデータ利用料をＭａａＳオペレーターに要求しようとすると、ＭａａＳのエコシステムがいつまでも豊かにならず、結局、ＭａａＳが市場として花開かないという事態も起こり得る。そのようなＭａａＳ市場の全体に目配せした上での戦略的判断が、データプロバイダーには必要になってくる。データプロバイダーは、ＭａａＳの命運を握っていると言っても過言ではない。

【拡張企業体（Extended Enterprise）】

ＭａａＳアプリを提供するには、経路検索、チケットの予約・発券、決済に関する機能が最低限必要になる。ＭａａＳオペレーターがこれらの機能を独自に開発・提供してもいいが、経路検索１つを取っても、真にマルチモーダルな経路検索サービスを提供するには、そこに特化したデータ整備やアルゴリズムの開発が必要になる。そのため、必要機能はそれぞれ専門的なノウハウを持つ企業が開発したものをアドインで利用するほうが効率的だ。それらを統合して、ユーザーのニーズに寄りそったモビリティサービスのパッケージを開発・提供するのがＭａａＳオペレーターの役割といえる。

ＭａａＳオペレーターとこれらの拡張機能を提供する専門企業群とは、外部からは一体に見える。だからＵＣＬ論文では、この専門企業群を含めて「拡張企業体」と呼んでおり、クラウドサービスを提供する企業や、通信インフラを提供する企業もそこに含めている。ユニークなのは、保険会社にも同様の位置づけを与えていることだ。終始ユーザーの側に立ち、そのニーズに寄りそうべきＭａａＳオペレーターにとって、交通事業者が起こす事故や遅延などからユーザーを守り、リスクを最小化するのは当然のことだ。だからこそ、交通事業者がかける保険任せにするのではなく、ＭａａＳオペレーターとして保険をかける必要があるのだろう。事実、シンガポールでＭａａＳアプリ「Ｚｉｐｓｔｅｒ（ジップスター）」を提供するモビリティＸは、損害保険会社のアクサをパートナーに、ＭａａＳユーザーが独自の保険でカバーされる仕組みをつくっている。モビリティＸは、アクサを拡張企業体の構成メンバーとしているのだ。

【ビジネスエコシステム】

拡張企業体の外側には、政府・規制当局、調査・研究機関、投資家（公共交通を税金で支えている場合は、国や自治体も投資家に含まれる）、大学、メディアやマーケティング会社、労働組合といったプレーヤーがエコシステムの一員として存在する。UCL論文では、ここまでをMaaSのエコシステムとしている。

自動車業界のエコシステムとの違い

以上が、UCL論文が定義するMaaSのエコシステムだ。もうお気づきかと思うが、自動車メーカーはMaaSのエコシステムを形成するプレーヤーには入っていない。サービスドリブンで考えた時、重要なのは交通事業者（より広くはモビリティサービスプロバイダー）であり、自動車メーカーを含め、乗り物自体をつくる企業は二義的な存在と見なされている印象だ。中国の配車サービス大手DiDi（ディディ）は独自にクルマの仕様を決め、それをメーカーに発注する体制を取り始めている。モビリティサービスプロバイダーが自動車メーカーより上流にくる世界、それがMaaS時代のエコシステムの一側面なのだろう。

これまで自動車業界は、自動車メーカーを頂点に、ティア1、ティア2と呼ばれるサプライヤーがその下位を構成するピラミッド構造として描かれてきた。このエコシステムにおいて圧倒的な力を持ってきたのが自動車メーカーである。素材メーカーや部品メーカーが個々の価値を生み出すが、それを束ねて自動車メーカーが大きな付加価値を生み出すことで、自動車産業のエコシステムは成り立ってきた。

その意味で、モノ優位の時代のエコシステムがピラミッド構造で描かれたのは正しい。

だが、MaaSのエコシステムはこのようにはならない。MaaSのコアバリューを生み出すのはMaaSオペレーターだが、だからと言って自動車メーカーのように隅々まで統制し、支配することはできない。サービス業の宿命だが、サービスの品質はそれが提供される場面場面で変わる。モノのようにいつでもどこでも不変のものとは異なり、どうしてもコントロールできることには限界がある。

人間が提供するサービスは特にそうだ。MaaSのサービス体験には、アプリの操作だけでなく、個々のモビリティサービスを実際に使ったリアルの体験も含まれる。これは個々の事業者が提供するものだからMaaSオペレーターは関与できない。せいぜい協力を依頼するにとどまる。MaaSオペレーターとモビリティサービスの提供者は対等の関係であり、ピラミッド構造にはなり得ない。

コントロールできない相手が提供するサービスを前提にサービス設計しなければならないことは、品質第一でやってきた自動車メーカーにとって戸惑うことが多いだろう。また、モビリティサービスの提供者は、自動車メーカーにとっては自社の車を買ってくれるお客様でもある。強く出ることのできないお客様を相手に、どこまでサービスの品質に介入できるだろうか。サービスまで含めて、自社ですべて手がけるならいいが、そうでない場合、自動車メーカーは難しい舵取りを強いられることになる。

ピラミッド構造で自然の生態系を描く時、頂点にいる動物（熊や狼やワシなど）は、「キーストーン種」と言われる。数は少ないが、生態系に重大な影響を与える種のことだ。

しばしばキーストーン種は、その生態系において一番強くて偉大な生き物だと錯覚される。だが、ワシや熊が住むためには、豊かな自然の存在が前提となる。このため、自然破壊などの環境変化の影響を最も受けやすいのはむしろキーストーン種で、実はとても脆弱な存在だ。自動車業界のエコシステムにおいてキーストーン種だった自動車メーカーは、モビリティ市場においてMaaSの存在が大きくなった時、どういうポジションになるのだろうか。その辺りの論考については、第6章に譲る。

エコシステムに必要な「オープン性」

UCL論文と同じ17年に公表されたMaaSアライアンスの「White Paper」(17年9月)は、MaaSのエコシステムの在り方について、2つの点で重要な指摘をしている。

1つは、エコシステムのオープン性に関するものだ。UCL論文が提示する拡張企業体というコンセプトは、MaaSオペレーター自体が複数の企業との共生体を形成することを示唆する。しかし、この共生関係があまりに強固なものになると、他のプレーヤーに対して排他的な関係になるリスクをはらむ。いわゆる「ベンダーロックイン」の問題だ。

生物のエコシステムにおいては、共生関係が互いの進化を誘発し合うような関係になることがある。例えば、花の蜜を吸うハチドリのくちばしが、特定の花の蜜を吸いやすいように形を変えていく。これと並行して花の側も、まるでそのハチドリとの関係を強化するように、ハチドリのくちばしに合わせた形になっていく。そうして、他の種類のハチドリでは蜜を吸えない極端な形の花と、極端な形のくちばしを持ったハチドリの種が生まれる。これを「共進化」という。

このように互いに相手にとっての最適なパートナーになろうとカスタマイズを繰り返すうち、どこかの時点で他のプレーヤーが入り込めない排他的な関係ができ上がってしまう。White Paper

では、このような事態が起きることを強く戒める。そして、データやAPIを標準化することで、ベンダーロックインが起きないようにすることが重要だと主張する。

この主張は、ユーザーとの関係に置き換えると、特定の者を排除しないインクルーシブ（包摂的）なMaaSであるべきという主張につながるし、国や地域を越えて相互運用・相互接続可能（インターオペラブル）なMaaSであるべきという信念とも重なる。オープンで、インクルーシブで、インターオペラブルなエコシステムが、MaaSエコシステムの目指すべきものだという強固な信念がMaaSアライアンスにはある。

さて、White Paperのもう1つの重要な指摘は、MaaSのエコシステムをモビリティサービスに閉じたものでなく、それ以外のサービスを提供するプレーヤーも含めて考えるべきだというものである。MaaSは交通モードの壁を越えるだけでなく、業界の壁も越えてゆく。White Paperはそれを「Beyond transport」と表現する。交通業界を超えた広がりのあるエコシステムを築く中で、ユーザーが価値を享受できるようになるのだという主張である。

MaaSを産業ではなくエコシステムとして捉える意義は、まさにここにある。モビリティサービスは都市の血液のような存在で、あらゆるものをつなぐ。だからMaaSのエコシステムは必然的に多様な業種を取り込んだものとなってゆく。MaaSのエコシステムは本書で筆者らが提唱するBeyond MaaSとなることを宿命づけられていると言っていい。

3 求められるMaaSのアーキテクチャ設計

ＭａａＳはデータとシステムの連携で成り立つ。システム構築の面から見ると、異なるモビリティサービスを統合させる上で、データの仕様（フォーマット）や、設計方法が統一されていると、開発時、運用時、そして改良時においても大きくコストダウンが可能となる。逆に、それらの土台としての標準化がなされないと、鉄道は鉄道、バスはバスで独自にシステムを改良、変化していくことになるので、それらを統合するＭａａＳのシステムも影響を受け、対応コストが増大していく。システムのトータルの運用コストを抑えていくことは、ＭａａＳを行う上で非常に重要な観点である。

国土交通省は現在、バスデータの標準化や、ＭａａＳのデータ連携の検討を進めており、自動車技術会やＩＴＳジャパンといった各種業界団体においても、その連携方式について活発な議論が進んでいる。これらの取り組みが、将来のＭａａＳによる社会課題解決や、新しい産業育成につながるはずだ。

アーキテクチャ設計の重要性

アーキテクチャ設計は、複雑系を含むシステム（ITシステムのみならず、ビジネスとしての仕組みや関係性を含めたシステムの意）を考える上で、極めて重要になる。象徴的な例が、様々なパーツや機能が連携しながらも、部品点数とその接合部分が多く機能要求が高度なロケット開発である。機体強度や燃焼系、燃料の種類、姿勢制御などをそれぞれの専門家・開発会社が連携する中で、それぞれに与えられた機能要求を満たすだけだと、最後につなぎ合わせた時にずれが生じてしまう。そのことで、各自が予想していなかった不具合が起き、それに対して全体でどのように対応すればいいのか、検討が困難となる。

アーキテクチャ設計が重要なのは、それが機能の数字的な要求だけではなく、例えばこの機能はこういう構成になっていて、このような考えの下、このくらいの性能を生み出すものであり、その性能は別のこの部分に接続して連携して動作する、というように設計図だけでは記載されない機能を可視化する点にある。これにより、別のシステムの専門家でも、それぞれの部分がどのような思想と構成でつくられたものかを把握し、全体像とそれぞれの関係性を正しく共通的に理解し、全体の調和を図った上で最適な設計ができる。これは工学分野のみならず、複雑な社会システムにおいても用いられるようになっており、ＭａａＳのシステム設計に当たっても極めて重要な概念となる。システムの全体像を有機的に理解できるため、アーキテクチャがあることで、ＭａａＳエコシステムの理解が進む。筆者らも、ＭａａＳの機能マップやシステムを可視化するために、取り組んだ事例があるので簡単に紹介しよう。

左ページ上図は日本マイクロソフトが主体となり、ＭａａＳ Ｔｅｃｈ Ｊａｐａｎが協力して作成し

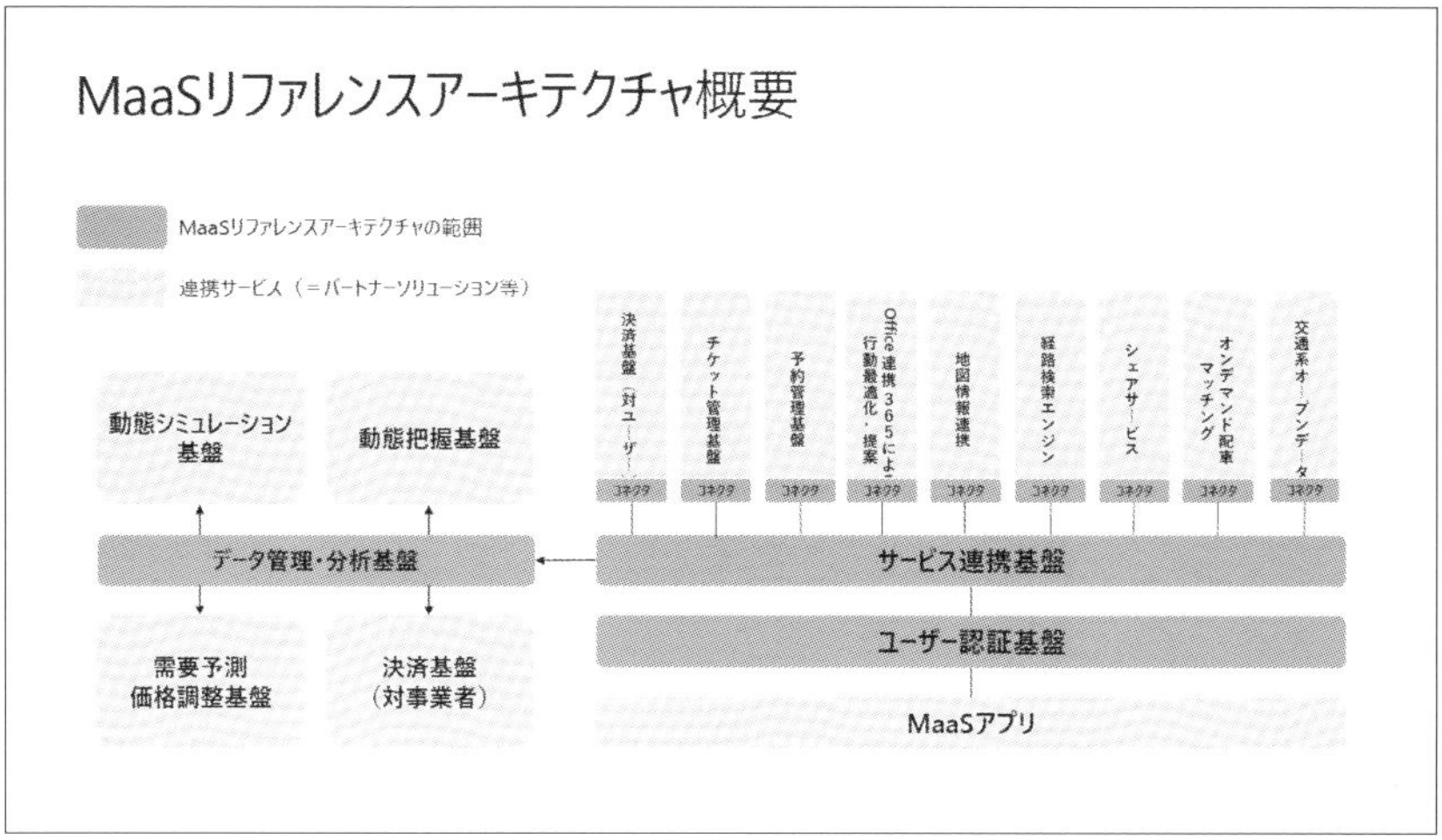

出典：日本マイクロソフト資料

たＭａａＳのアーキテクチャの概要だ。まず、現段階においては汎用的に用いられるユーザー認証やサービス連携機能、データ管理・分析などは共通部分と定義し、予約やオンデマンド運行などモビリティサービスや用途ごとに機能の違いがあることなどから、個別機能としてどのように連携していくかを整理した。それにより、移動の最適化や異業種連携などのＭａａＳの目的を設定すると、必要な要素を機能マップの中から把握し、開発計画や技術開発が求められる部分を定義しやすくする。そのことにより、ＭａａＳのシステム開発の迅速化やコストダウンが可能となる。

　このアーキテクチャはＭａａＳの標準的なもので、すべての可能性を網羅しているわけではないが、今後のＭａａＳの普及・発展を考えると適切なアーキテクチャ設計が重要である。アーキテクチャは、対象となるシステム内の改善や技術開発を促進し、また外部システムと接続する際にも重要となる。そのような状態ができると、多くのスタートアップや異業種プレーヤーもＭａａＳ領域に参入しやすくなっていく。

日本の成長戦略の柱の1つであり、ＡＩやＩｏＴ、ロボット、ビッグデータなどの革新技術で実現する未来社会「Ｓｏｃｉｅｔｙ5・0」を目指していく上でも、ＭａａＳのアーキテクチャは重要だ。別業界やＡＩエンジニアがＭａａＳに参入するためには、何がどうなっているかを可視化し、説明・加工可能なものにする必要がある。プロセスの暗黙知化を防ぐ必要がある。

今後は、ＭａａＳのみならず様々な産業のサービスやデータが流通し、その連携効果の重要性が増してくる。各社のシステムは個別に開発・運用しながらも、いずれ他のシステムとの接続の必要が出てくることを想定すべきである。その際に、標準的なアーキテクチャがあることのメリットは大きく、ＭａａＳの深掘りや異業種連携がしやすくなることで日本国内の産業競争力も大いに高まっていくだろう。

4
対話と権利と義務と
～エコシステムづくりの要諦～

生命が何十億年もかけて築き上げてきたエコシステムは、あらゆるシステムの中で最も優れた、究極のシステムだといえる。我々はＭａａＳエコシステムという新しい生態系が立ち上がる瞬間に立ち会っているが、バズワードとして連呼するだけでなく、自然界から本質的なことを学んで、それをＭａａＳエコシステムの成り立ちに生かしたい。そこで、本章を締めくくるに当たり、ＭａａＳエコシステムの生成・創発に際して、自然界のエコシステムから、政策担当者やＭａａＳのプレーヤーたちが学ぶべきいくつかのポイントについて述べる。

共通通貨「ATP」の存在

生物は姿も形も生活形態も違うのに、１つのエコシステムを形づくることができる。それはなぜかといえば、細胞レベルまで下りていけば、種の違いを超えて多くのものを共通にしているからだ。もともとは１つの生命の種が長い時間をかけて枝分かれし、今の多様性につながっているのだから当たり前だが、基本的な仕組みの部分で生命が共通のものを持っているということは、実はエコシステムの重要なポイントだ。

中でも注目すべきは、ＡＴＰ（アデノシン三リン酸）という物質の存在である。これは、およそあらゆる生命が細胞内に持つ物質で、物質の代謝・合成やエネルギーの貯蔵・放出過程において極めて重要な役割を果たしている。あまりに重要な存在のため、ＡＴＰは「生命のエネルギー通貨」と呼ばれるほどだ。ＡＴＰという物質と、それが機能する生命のプログラムをあらゆる生命が使うことで、自然界のエコシステムは、あらゆる生命に開かれたオープンで、インクルーシブで、インターオペラブルなシステムになっている。

では、MaaSエコシステムにおけるATP的な存在とは何だろうか。プレーヤーを超えて受け渡されていくものがデータであるとすると、標準化されたフォーマットに基づくデータのセットがATPに近い存在なのかもしれない。また、そのデータを使って移動手段の予約や販売、決済をする機能が標準化され、APIも標準化されていること。それがATPが種を超えて共通であることと重なるのではないだろうか。

生命と違って出自の違う企業が完全に共通のフォーマットでデータ交換でき、予約・販売・決済のAPIを公開できるようになるだろうか。膨大な労力と時間を要するだろうが、不可能とは思わない。まだMaaSのエコシステムが完全に立ち上がっていない今だからこそ、かつ、オープンデータやオープンAPIが遅れている日本だからこそ、できることではないだろうか。ATPに相当するものを埋め込んだエコシステムにすること。それが日本版MaaSを立ち上げるに当たっての大きな目標になる。

その時に重要なのは、第1に、データを使う側と出す側の繰り返しの対話であり、第2に、その双方の権利と義務を定めることだ。どういうことか。

データは出せばいいというものではない。使う側が使いやすいデータ、欲しいデータは、往々にしてデータを出す側が出しやすいデータとは異なる。使えるデータにするためには加工が必要になることもあるし、今は取れていないデータが得られるようになったら、MaaSアプリでこんなサービスが提供できるようになる、ということもある。逆に、実はこんなデータが取れているという出発点から、ならばこういうサービスがつくれる、ということもあるだろう。従って、出す側と使う側が腹を割って話し合うことで初めて、双方にとって有用なデータとは何かが分かるし、どんなデータをどういう形式で共有すべきかも見えてくる。APIについても同様で、今のオープンデータやオープンAPIの議論で欠けているのは、そういう丁寧なすり合わせのプロセスへの目配せであり、努力である。

同時に、データを出す側と使う側の双方の権利と義務を明文化することも重要だ。データを使いたい側は使う権利を主張するし、データを持つ側はデータの権利を主張する。これはどこまでを「私」(プライベート)とし、どこからを「公」(パブリック)とするかの線引きの問題だ。フィンランドがオープンデータを交通事業者に義務づける法令をつくったことを引き合いに出し、データを持つ側にデータ開示の義務を課そうと主張する向きもあるが、一方でデータを使う側の義務について語られることは少ない。データを取得するのにかかった費用を負担する、データを使って生み出した利益の一部を還元する、あるいはデータを使うことで提供できたサービスから得られるデータのうち、交通計画や都市計画に有用なものは国や自治体に無償提供するなど、データを使う側の義務についても検討することが必要だろう。権利ばかりを主張するのでなく、義務についても検討しながら歩み寄れるポイントを探り、双方の権利と義務として規定するのだ。

このデータを使う側の義務は、プラットフォーマーとの関係を考える時、ことのほか重要になる。今後、日本のMaaS市場に、グーグルやアマゾン・ドット・コムのような海外のプラットフォーマーが参入するかもしれない。ウーバーがたった数年で巨大なプラットフォーマーに育ったように、まだ見ぬプラットフォーマーが市場を席巻することがあるかもしれない。仮に少数のプラットフォーマーの寡占が進むような状況になったとしても、日本市場で利益を生み出す限りは、税金を払うのと同様、必要なデータは供出してもらう。それを通じて「公」の利益を守る。そういう断固たる態度が国や自治体には求められる。

日本的な「棲み分け」という概念

MａａSエコシステムはオープンでインターオペラブルであるべきで、そのためにオープンデータとオープンAPIを進める必要がある。そう言うと、そんなことをしたらGAFAのようなITの巨人たち、とりわけグーグルマップという強力な武器を有するグーグルにMａａSのプラットフォームを支配されてしまうのではないか。そういう危惧が表明される。実際、第1章で述べたように、グーグルがMａａSに参入する気配は濃厚だ。

海外勢に限らず、少数のプラットフォーマーが市場を寡占するような事態にどのように対処すべきか、少数の「私」の利益のために、「公」の利益が毀損されるような事態が起きないよう、何を譲り、何を守るべきか。国が周到に戦略を練るべきことは論をまたない。

ただ、現実的に考えると、仮にグーグルが日本全国の交通事業者と契約を交わし、日本全土を網羅するMａａSのサービスを展開し始めたとして、彼らがMａａSのシェアの大半を握る、ということになるだろうか。確かに現時点、グーグルマップを超える地図アプリはなく、それがそのまま交通手段の手配までできるMａａSアプリに進化すれば、それ1つあれば事足りるという人はいるだろう。

だが、移動の手間を減らすのだけがMａａSの付加価値ではない。人が移動に求めるものはそれぞれだし、観光のような非日常的な移動と日々の日常的な移動とは求めるものも違う。介助が必要など特別なニーズを抱えた人もいるだろう。〝グーグルMａａS〟がそれら多様なニーズのすべてを網羅するようなサービスを提供することは不可能だ。だから、全国を網羅する基本的なMａａSアプリとしてグーグルMａａSが存在したとしても、それとは違うところに強みを持つMａａSを提供すればいい。私鉄の沿線に住む人向けには、やはりその沿線を知り抜いた会社が提供するＭａａＳのほうが便利だと感じてもらえればいいのだ。それができないなら、それは単純にサービスのレベルが達していないということだ。すなわち、オープンな条件の下でサービスの品質を競い合うしかない。

生態学には棲み分けという概念がある。生活様式のほぼ等しい異種の生物群が、生活空間や時間・時期を分け、競争を回避しながら共存する現象のことをいう。スギとヒノキなら、乾燥に強いヒノキは山の尾根に近い側に、そうでないスギは谷筋に近い側に生える。ヒノキとスギの特性の違いというより、棲み分けるためにそれぞれの特性を進化させたと、棲み分け理論では考える。それを提唱したのは京都大学の可児藤吉と今西錦司だ。自然選択の結果として適者が生き残ったというダーウィン流の進化論に対し、生物の主体性と競争・協調の種間関係の結果として進化が起きたとする点で、極めて日本的な進化論といえる。

この日本人が発想した棲み分けのイメージがＭａａＳにも当てはまる。互いに他と競争しながらも、あえて他と違う存在になることで共存することを目指すのである。その結果できる独自のＭａａＳエコシステムが、日本版ＭａａＳが到達すべき地平なのだろう。グーグルのエコシステムもあれば、沿線のエコシステムもある。それぞれが互いに他を排除せずに共存する。そういうイメージだ。利用者はいちいちＩＤを変えるのは面倒だから、同じＩＤで、その時々のニーズに応じて使い分けられるのがいい。ＩＤ連携した時のレベニューシェアの方策や、データの帰属・取り扱いについては、話し合いながら双方が歩み寄れる解を見出すしかない。そこで求められるのは、やはり対話だ。競争相手と対話しながら、最適解を見出すのである。

棲み分けの結果、ＭａａＳアプリが乱立するのか、いくつかに統合されていくのか。それは分からない。ＭａａＳグローバルのサンポ・ヒータネンＣＥＯは、全くの私見としながら、「その国に流通しているクルマのブランド数と同じくらいに収束していくのではないか」と述べた。それくらいは人の好みの違いがあるということだろう。私鉄が強い日本は、もっと多くのＭａａＳアプリが生き残るかもしれないが、そのためにも、アーキテクチャで協調領域とした共同機能の部分をできるだけ増やしたほうがいい。すべてを個別でやろうとしたらコストがかかりすぎるからだ。ほとんどの部分は協調し、アプリの使い勝手とサービスの内容で競争する。そういう状態になれば、多種多様なＭａａＳアプリが生き残る余地が生まれるのだ。

ダブルループの「善循環」

ビジネスエコシステム論の創始者であるムーアは、エコシステムの生成過程において決定的に重要な概念として「ダブルループの善循環（Virtuous Cycle）」を提唱している（左ページ上図参照）。

ビジネスエコシステムが立ち上がるには、コアビジネスに価値がなければならない。ＭａａＳで言えば、アプリを使って交通手段をドアツードアでシームレスに利用できるようになるという点が価値と感じてもらえなければ始まらない。そしてコアビジネスに価値を感じてもらえて、売り上げが増えてくれば、コアビジネスに磨きをかけるための投資ができる。投資によってより多くの人を満足させられる質と量のサービスを提供できるようになれば、それだけまた売り上げが増え、さらなる投資ができるという善循環に入る。

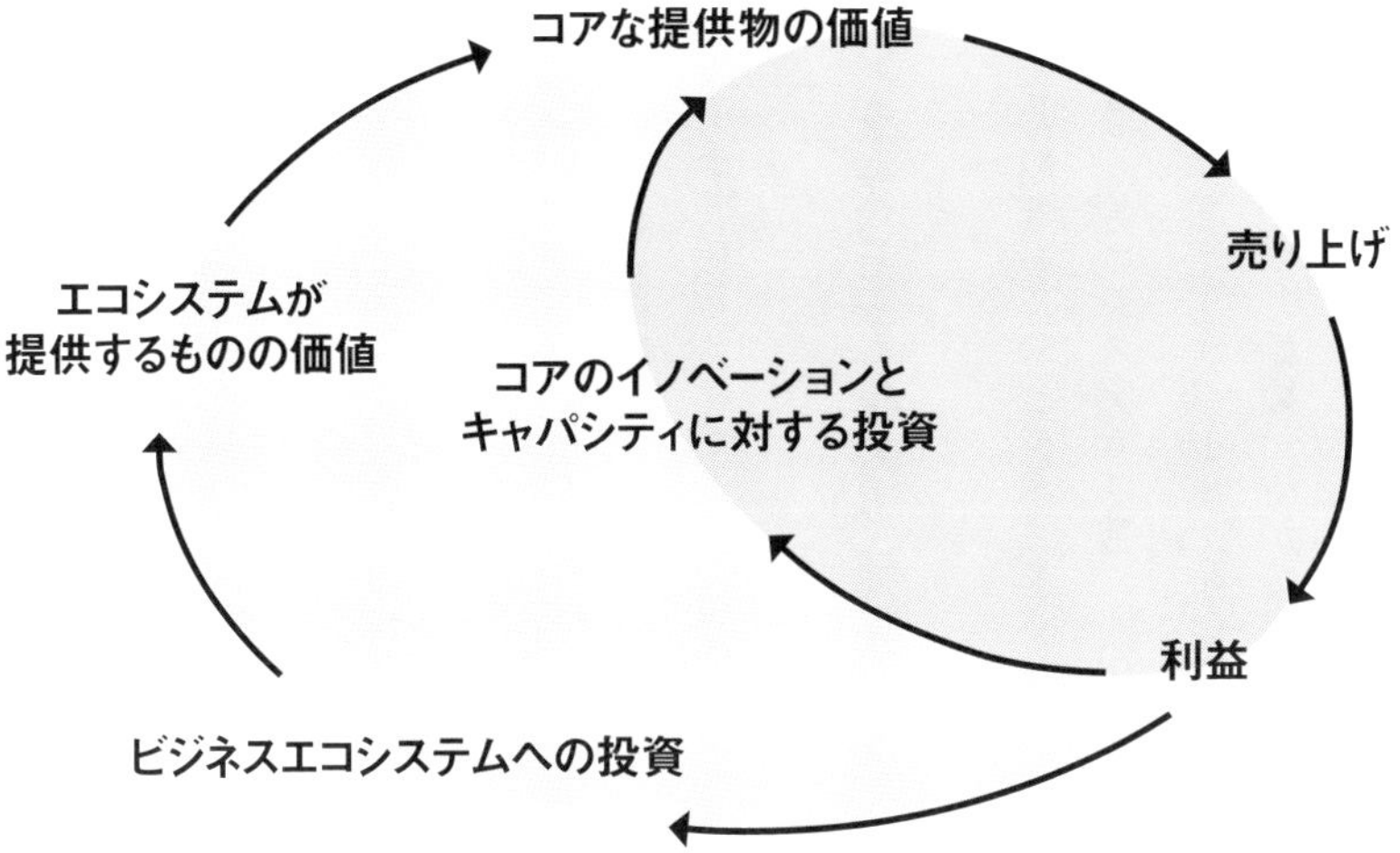

出典：James F. Moore, "The Death of Competition: Leadership and Strategy in the Age of Business Ecosystems", Harper Paperbacks; Reprint版 (1997/4/11). より作成。訳語は筆者らによる

普通のビジネス戦略では、これでいい。しかし、エコシステムとして考えるには、これだけでは不十分だ。コアビジネスだけではなく、エコシステム全体に対して投資が行われるようにしなければならない。その投資は、コアビジネスを提供する会社がすべて行う必要はない。呼び水としての投資は必要かもしれないが、後はエコシステムの構成員が自発的に投資をして、エコシステム自体を豊かにしていくような仕組みをつくればいい。アップルのｉＰｈｏｎｅは、アプリやｉＰｈｏｎｅの付属品の開発をサードパーティーに委ねている。多くの事業者がアプリや付属品を開発し、それがｉＰｈｏｎｅの魅力を高め、ｉＰｈｏｎｅ自体の販売増とアプリ市場や付属品市場の売り上げ増の両方に寄与する、ダブルループの善循環が成立している。

このダブルループの善循環を創発する上で、重要なのが補完的なパートナーの存在だ。ＭａａＳで考えれば、既存の交通事業者や新しいモビリティサービスを提供するプレーヤーは皆、コアビジネスを構成するメンバーである。そして、ＭａａＳにおける補完的なパートナーとは、交通・移動業界以外でビジネスをしている企業たちだ。小売りや不動産、その他の各種サービス業、およそあらゆる業態業種が補完的パートナーとなり得る。これらと積極的に連携しながら、補完的パートナー自身がＭａａＳのエコシステムを広げ、質を高めるべく投資をする。そういう状態になって初めて、ダブルループの善循環が回り出す。

Ｂｅｙｏｎｄ ＭａａＳと筆者らが提案することの意味はここにある。ＭａａＳは必然的にＢｅｙｏｎｄ ＭａａＳになる。逆に言えば、交通業界以外を巻き込んでエコシステム全体を豊かにするようなエネルギーが注がれなければ、ＭａａＳはコアビジネス周辺の広がりのないエコシステムに終わる（Ｄｅｅｐ ＭａａＳとしての深化・進化はある）。そうならないためにも、補完的なパートナーと互いに価値を生み出す、Ｂｅｙｏｎｄ ＭａａＳのビジネスモデルを数多く生み出す必要があるのだ。

ビジネスモデルの〝発明〟はこれから

次章からＭａａＳのビジネスモデルの検討を行うが、それに先だって最後に1つだけ付言しておきたい。それは、エコシステムは常に変化している、ということだ。先述した通り、エコシステムは遷移する。最初は荒涼とした大地だったところに一年生の草が生え、それから2、3年すれば、ススキのような多年生の草が育ち始め、やがて鳥や風が運んできた種から木が育つようになり、森となる。森も最初の段階は明るい環境で旺盛に育つ木々（陽樹）が繁茂するが、次に育ってくるのは暗い環境でも育つ木々（陰樹）だ。陰樹が育ち始めると鬱蒼とした森となり、森は安定期（極相）に入る。その森を住み処とする様々な動植物が集まって、豊かな生命世界ができる。

ＭａａＳエコシステムについて考える時、この遷移というプロセスは決定的に重要だ。新しい市場が立ち上がる時、皆、そこに「森」を見ようとする。だが、鬱蒼とした森になるまでには時間がかかる。まだ草むらの状態の市場を見て、「マネタイズができない」と判断するのは早すぎるということだ。どういう森になるかは誰も分からない。それでも今見ている風景は必ず変わり、やがて多様な生命が暮らす森になる。ＭａａＳエコシステムは、今はまだ、その遷移のプロセスの緒についたばかりだ。

ＭａａＳが儲かるものには思えないと多くの人が言うが、儲かるようなビジネスモデルが、現時点ではまだ見出されていないというほうが正しいだろう。本当の意味で儲かるビジネスモデルは、色々なプレーヤーが参入し、試行錯誤を繰り返す中で、発明されてゆくはずだ。そうやって発明されたビジネスの種は、利用者の数が増え、十分なポテンシャルを市場が持つに至った時に初めて収益性の高いビジネスとして花開く。そしてその発明は、そう遠くない将来に起きるはずだ。

なぜそう断言できるかと言えば、インターネットの歴史がそうだったからだ。インターネットは「つながるパソコン」の世界で起きたイノベーションといえる。その歩みになぞらえれば、ＭａａＳは「つながるモビリティ」の世界で起きるイノベーションだ。パソコンとモビリティを同列に語ることはできないが、スタンドアローンだった機械が、つながることで価値をもたらすという意味で、インターネットのビジネスがどう離陸していったかは参考になる。

そこでインターネットビジネスの歴史をレビューしておく。インターネットの商用利用が全面解禁されたのは93年のことだ。その翌年にはアマゾンが設立され、95年にはマイクロソフトの「Ｗｉｎｄｏｗｓ95」が出てインターネットとパソコンの爆発的な普及のきっかけとなった。同じ95年には、ヤフーや

ｅＢａｙ（イーベイ）が創業している。

意外にもグーグルは少し遅れて98年の創業だ。ページランクに基づくアルゴリズムの優秀さで、当時、検索エンジンの雄と言われていたＡｌｔａＶｉｓｔａ（アルタビスタ）やＩｎｆｏｓｅｅｋ（インフォシーク）、Ｌｙｃｏｓ（ライコス）などを追い抜いて、あっという間に検索エンジンのデファクトスタンダードとなった。

だが、ビジネスとしては、90年代のグーグルはまだまだ弱かった。同社がブレイクしたきっかけは、検索連動型広告というビジネスモデルとの出会いである。２０００年のことだ。余談だが、検索連動型広告のアイデアを聞いた時、当時のグーグルのＣＥＯエリック・シュミットは、その価値を理解できなかったという。本当に新しいモデルとはそういうものだ。最初は誰も思いつかないし、アイデアを聞いても、その価値も分からない。検索連動型広告のポテンシャルに気づいてからのシュミットは、ビジネスパーソンとしての本領を発揮し、グーグルを高収益の企業につくり替えていった。その結果、グーグルは巨大な広告収入を稼ぐようになり、プラットフォーマーへの道をひた走るようになったのだ。

現代におけるインターネットビジネスの覇者であるグーグルが、鉄板のビジネスモデルと出会ったのは２０００年。インターネットの商用利用開始からは7年、Ｗｉｎｄｏｗｓ95の発売から5年である。01年にはＩＴバブルが弾けたが、グーグルが本格的に成長するのはそれ以降のことだ。

このようなインターネットビジネスの発展過程を見ると、ＭａａＳも同じような歴史をたどるのではないかと思えてくる。インターネットの黎明期同様、これから多くの企業がＭａａＳ市場に参入する。しかし、大きく儲かるビジネスモデルはなかなか見つからない。各プレーヤーによる様々な試行錯誤が繰り返される中から、グーグルのようにカギとなるテクノロジーを持ったプレーヤーが出てきて、「本当に儲かるビジネスモデル」を見つけ出すはずだ。新しい市場が生まれ、ティッピングポイントに達するまでには、やはり最低でも5年くらいは見ておくべきなのだろう。利用者の数が増え、サービスに対する社会のリテラシーが高まるのには、どうしてもそれくらいの時間が必要なのだ。

フィンランドで本格的にMaaSが始まったのは17年のこと。これをインターネットの商用利用が全面解禁された93年に相当すると考えれば、その5年後から7年後の22年から24年くらいまでの間にグーグルのような次の覇者が現れ、鉄板のビジネスモデルが立ち上がるのではないか。日本の「MaaS元年」は19年といえるが、それをちょうどWindows95が発売された95年頃になぞらえてみればいい。MaaSにおけるグーグルが誕生するのは3年後の22年、検索連動型広告という鉄板のビジネスモデルに出会うのは5年後の24年という計算になる。

95年頃、インターネットには無限の可能性があるように思えた。だが、バナー広告のビジネスモデルがあったくらいで、そこでどう稼ぐかはまだ見えていなかった。MaaSはまだ始まったばかりでフロンティアは広がっているが、「本当のビジネスモデル」は見出されていない。すべての企業にとって等しくチャンスが開けており、今、勢いのあるプレーヤーが3年後もそうであるとは限らない。彼らが地ならしをした後に芽吹くもの。それが本当の未来の種なのだろう。

Interview

MaaS=手数料モデルは大間違い トップランナーが語るビジネスの肝

MaaSグローバル　CEO

Sampo Hietanen

サンポ・ヒータネン

MaaSという概念の「生みの親」として知られる。月定額のサブスクリプションモデルを取り入れた世界初のMaaSアプリ「Whim（ウィム）」をフィンランドなどで展開。欧州を中心にMaaSに関する法整備のガイドライン策定などを進めるMaaSアライアンスの理事も務める

MaaSの先駆者であるフィンランドのMaaSグローバル。同社には17年にトヨタファイナンシャルサービスや、あいおいニッセイ同和損害保険、デンソーが相次いで出資。19年には三井不動産、三菱商事も出資。三井不動産との協業により、千葉・柏の葉で「MaaSシティ」実現に向けたプロジェクトを開始した。CEOのサンポ・ヒータネン氏に話を聞いた。

(聞き手は日本総合研究所 創発戦略センター 井上岳一)

――Whimは英バーミンガム、ベルギー・アントワープで既に導入され、シンガポールやオランダ・アムステルダム、オーストリア・ウィーン、そして日本の柏の葉でも始まりますね。それぞれ人口規模が違いますが、MaaS導入に最適な都市のサイズはあるのでしょうか?

それを判断するのは、時期尚早です。ただ、こうは言えます。MaaSにとって一番大事なのは、すべての移動ニーズに応えることです。そのためには十分な量と種類のモビリティサービスの供給がなければいけません。そうなるには十分な人口が必要で、欧州の場合、それは50万人規模くらいではないでしょうか。一方、車社会の米国では、500万人規模にならないときめ細かな公共交通が存在しないので、それくらいのサイズの都市が対象になるのかもしれません。

――交通手段が整備されていることが条件ですか?

その通りです。個々の交通事業者がいて、それを束ねるＭａａＳオペレーターがいるという構造は変えられません。我々自身がモビリティサービスを手がけることはありません。そこは厳格に線を引いています。交通事業者から信用してもらえなくなるからです。

――現状、日本ではＭａａＳグローバルのような独立的な立ち位置ではなく、交通事業者が提供するＭａａＳの構想が中心です。

最初の段階でそうなるのは仕方ありません。でも、それでは機能しないことに、いずれ交通事業者自身が気づくはずです。

ＭａａＳが始まるには時間がかかります。交通事業者にＭａａＳの話をしても、最初は何も起きません。第２段階になると、「ＭａａＳはなかなか興味深い。我々もできるだろうか」となりますが、その時は自分たちだけで排他的に始めようとします。そして、第３段階になると、自分たちはＭａａＳオペレーターにプラグインするベストな接続先になればいいと理解するのです。

世界中を回っていると、多くのプレーヤーが、独占、唯一のＭａａＳオペレーターになりたいと言います。そう聞くたびに、「そんなわけないだろう」と内心思います（笑）。自動車メーカーが１社しかなくてユーザーは喜びますか？　みんな選択肢を求めているんです。

ＭａａＳの市場をつくりたければ、従うべき３つの原則があります。

１つ目は、いろいろな交通手段があって、それをワンストップショップで選べるようにすること。２つ目は、ＭａａＳオペレーターを選べるようにすること。そして３つ目は、ローミングができて国内の

MaaSグローバルが展開するMaaSアプリの「Whim（ウィム）」。都度払いの他、月額59.7ユーロ（約7100円）で公共交通が乗り放題、1回30分までの自転車シェア利用、5km以内なら1回10ユーロ（約1200円）の固定料金でタクシーに乗れるサブスクリプションモデルなど、ユニークな料金体系を持つ（出典：MaaSグローバル）

どこでも使えるようにすることです。スマートフォンはどこに行ってもローミングで使えます。それと同じで、Whimのように定額サブスクリプションモデルを用意するとしても、ローミングできないと意味がありません。「シティMaaS」（街ごとのMaaSの意）は、きっと数年でなくなるでしょう。

――そうは言っても、独占を志向するプレーヤーが多いように思います。

エンドユーザーのことを考えずに市場を独占できると考えるのは残念なことです。米国的なプラットフォームエコノミー論は、もはや古い話。交通の世界ではプラットフォームという考え方が機能しないことが理解されていません。この市場は1社が支配するには大きすぎます。

既に時代は、APIを公開して他社のサービスも活用することで経済圏が広がっていく「A

PIエコノミー」に変わっています。それなのに、プラットフォームが築かれてしまえば追随プレーヤーの参入は難しくなるから、最後は2~3社の寡占になるだろうなどと、プラットフォームエコノミーの理屈でMaaSが語られてしまいがちです。そして、その2~3社になりたいから皆、独自のエコシステムをつくろうとし、その結果、縦割りでクローズドなMaaSが乱立する形になります。

しかし、ここに大きな間違いがあります。**MaaSはFacebookなどと違って、実際に物理的な人間の移動の世界の話です。規模もとても大きい市場ですから、20社ぐらいは平気で入ってくることができるはずです。**その20社が相互利用できないまま、それぞれにタクシーシェアやライドシェア、自転車シェアリング、スクーターシェアを囲い込んだら、ユーザーにとっても街にとっても不幸な結果となります。だから最初からプラットフォーム独占などという考え方は捨てたほうが良いのです。

——同感です。APIエコノミーの時代に重視すべきことは何でしょう?

エンドユーザーの目線で考え、その権利を保障することです。彼らが手に入れたいのは移動の自由です。MaaSをシンプルに定義すると、〝anywhere, anytime on a Whim〟。どこでもいつでも移動ができる。我々のアプリ名(Whim=気まま、気まぐれの意)もここからきています。**マイカーが提供したのは自由です。その自由を代替するものがない限り、人々はマイカーを手放しません。自社の都合だけを考えた縦割りの独占エコシステムで、果たしてマイカーが提供している自由を代替するものとなれるでしょうか。**

また、既存の公共交通が利用者の奪い合いを続けていても、そもそも利用者のパイを拡大しない限り、売り上げも利益も増えません。オープン化して我々のようなＭａａＳオペレーターに任せてくれれば、今はマイカーで移動しているような人たちを公共交通に取り込めます。もっと広いユーザーにアクセスできるようになるのです。

――交通事業者の多くは、高齢化と人口減少で乗客が減る一方と考えていますから、そうは言ってもなかなか信じないですよね。どう説得するのですか。

実際にそうなることを見せることでしか納得はしてもらえないでしょう。我々の戦略の基本は、エンドユーザーにできるだけ近づくことです。好んで使ってもらわなければサービスもビジネスも始まらないので、ユーザーの利益を最優先にします。

しかし、同時に、パートナーである交通事業者にもできるだけ近づきたいと考えています。というのも、我々が生きるも死ぬも彼ら次第だからです。彼らがオープンにならなかったら我々は利益を生み出すことはできません。ですから、我々は彼らにとって善き存在になる必要があります。

その時、我々がモビリティサービスを一切手がけないことが重要な意味を持ちます。我々は彼らの競合ではなく、彼らの役に立つ存在であると信頼してもらえるよう、時間をかけて信頼関係を構築するしかありません。ＡＰＩエコノミーにおける価値の源泉は「信頼」です。

――19年3月末に、18年1年間のヘルシンキにおける利用実績の分析レポート「WHIMPACT（ウィムパクト）」が公表されました。このレポートを一読して、①高齢者が想定以上にWhimを使っていること、②Ｗｈｉｍの利用者は公共交通の利用率が高いこと、③タクシーや自転車シェアを公共交通と組み合わせて使う人が多い傾向があること。この３つが特に印象的でした。

このレポートは本当に初期のデータに基づくもので、Ｗｈｉｍユーザーとの比較に使ったデータも不完全なものです。Ｗｈｉｍの本格展開は17年11月に始まったばかりで、その導入効果に関して確定的なことはまだ何も言える段階にありません。それでも「Ｗｈｉｍユーザーは公共交通とタクシーを平均的市民よりも多く使っている」ことと、「複数の交通手段を組み合わせての移動が多い」ことは確認できる事実です。

――マイカー利用から公共交通などへのシフトについては、どうでしょうか？

Ｗｈｉｍユーザーは、マイカーを使わないで済ます傾向があるとは言えそうですが、マイカーからのシフトがどれだけ起きているかはまだ分かりません。

今の段階で言えることは、**Ｗｈｉｍユーザーの我々に対する信頼は思った以上に大きかったということ、モーダルスプリット（交通手段ごとの分担率）は期待した以上に良いバランスになって、公共交通・徒歩・自転車を選択するようになっていること。そして、複数の交通手段を組み合わせて使うマルチモーダルな移動の傾向が出ている**ことです。

そもそもたった1年で街が様変わりするなどとは想像もしていません。ファンダメンタルな変化が起きるまでは、3～5年はかかると思っています。なぜなら、人々のマインドセット、思考がついてこな

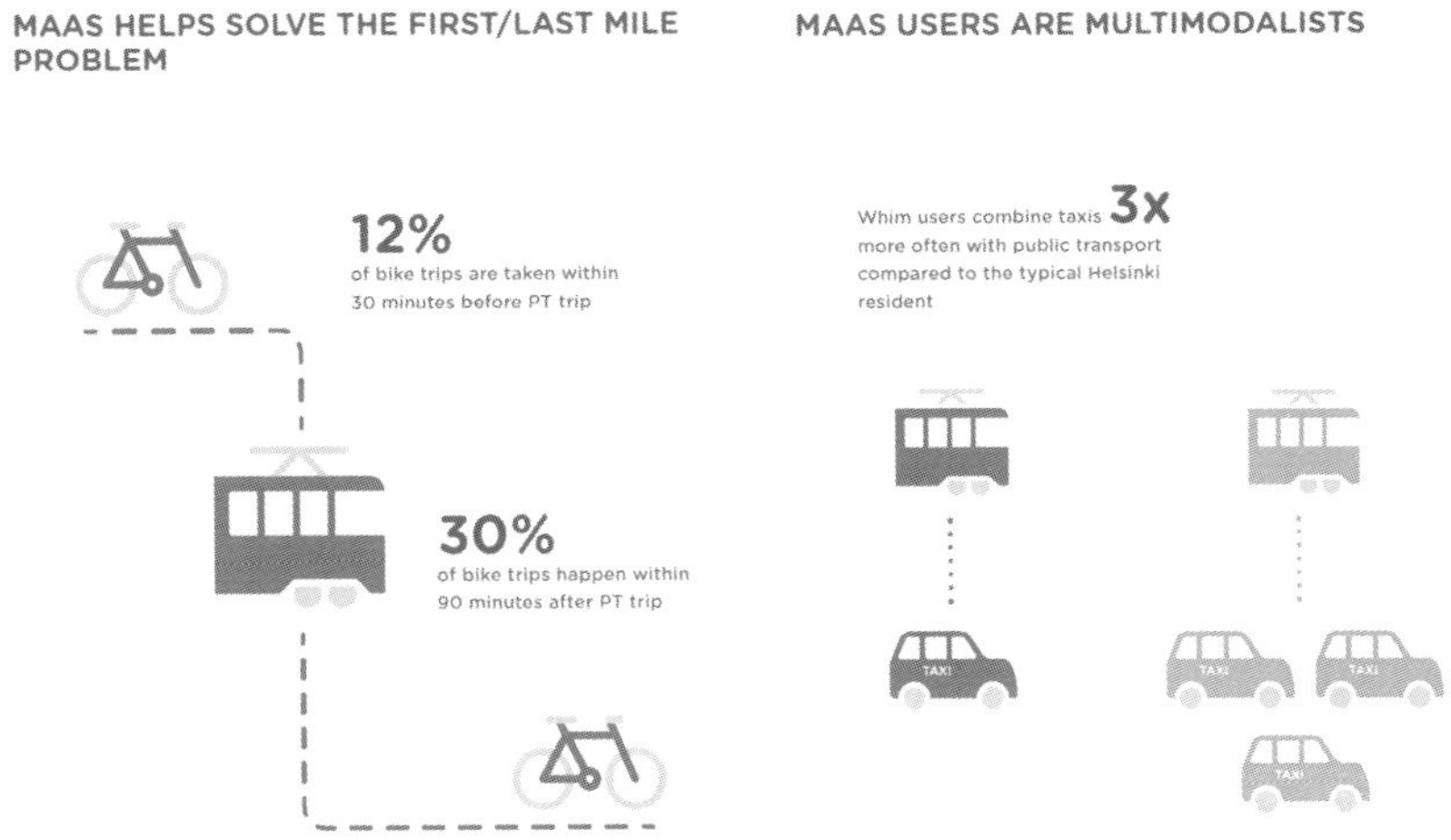
MAAS HELPS SOLVE THE FIRST/LAST MILE PROBLEM
12%
of bike trips are taken within 30 minutes before PT trip
30%
of bike trips happen within 90 minutes after PT trip
MAAS USERS ARE MULTIMODALISTS
Whim users combine taxis 3x more often with public transport compared to the typical Helsinki resident
TAXI

Whimユーザーは公共交通と、タクシーや自転車シェアなどを組み合わせた移動をする傾向（出典：「WHIMPACT」）
※2019年3月に公開されたWhimの報告書。調査・コンサルティング会社のRambollがMaaSグローバルの委託を受けてまとめた

いからです。ただ、Whimをきっかけに「マイカーがなくとも生活できるのではないか」という議論がなされるようにはなっています。

──新しいコンセプトが生まれた時、確かに私たちは、すぐに劇的な効果を求めてしまいがちです。

ビジョンとしては先を見据えることが重要ですが、現実は一足飛びにはいかないものです。私たちはこれから段階的にマジックを起こしていきたいと思っています。まずは複数の交通手段をワンストップで提供する世界をお見せしました。2つ目のマジックとしては、交通分野の定額サブスクリプションモデルが移動に関するトータルコストを下げるということを証明したいと思っています。そして、3つ目として、いつでも好きなところに連れていきますという約束を実現したいと思っています。

我々のサービスの理想は、〝We will get you there, let us worry about how〟です。とにかく私たちはあなたを目的地までお届けするので、その手段についてはお任せくださいということです。これを実現するために必要なユーザーとの信頼関係は、一夜にして獲得できるものではありません。

MaaSが「手数料ビジネス」ではないワケ

――Whimの象徴的なプランとして、月額499ユーロ（約6万円）の「Whim Unlimited」があります。公共交通や自転車シェア、カーシェアリングが無制限に使え、タクシーも1回5kmまでは使い放題というものです。しかし、今回のWHIMPACTの分析では、「Unlimited のユーザー数は少ないため、省いている」とありました。

実はWhim Unlimitedは、あえて限定したユーザーにしか使ってもらっていません。なぜかと言えば、このパッケージは我々にとって非常にリスクが高いからです。Unlimitedでは、料金（Price）と交通手段の利用（Usage）とをデカップリング（切り離し）しています。ユーザーにしてみれば、料金を気にせず無制限に乗れることが価値です。

ただ、動画配信サービスのネットフリックスであれば無限に動画を見られても何も問題ありませんが、我々の場合はそうはいきません。例えば10万人ものユーザーがUnlimitedのパッケージでタクシーを使いまくれば、我々はタクシー会社への支払いに追われて1日で破産します。

本当はUnlimitedのパッケージを多くの人に提供したいですし、こういうサービスを実現できるのだということを証明したいのですが、一体、どれだけ使われるのか、どれくらいの価格設定にすべきかもまだ分からないので、今は限られたユーザーに使ってもらってデータを集めているところです。

——なるほど。もう1つの月額プラン「Whim Urban 30」(59・7ユーロ、約7100円で公共交通乗り放題、1回30分までの自転車シェア利用、5km以内のタクシー利用が1回10ユーロ、約1200円)と、都度払いの「Whim to Go」のユーザーの割合はどうなっていますか?

現状のユーザー数で言えば、都度払いのWhim to Goが8~9割と圧倒的です。Whim Urbanは1~2割程度ですが、これは想定通り。最初から月額プランで契約するのは難しいと分かっていたので、とりあえず都度払いの従量課金で使い始めてもらい、そこで信頼を得て、サブスクリプションへと移行してもらう流れを考えていました。

ユーザー数では1~2割ですが、サブスクライバーによるトリップが全体の8割を占めています。

——MaaSグローバルにとっては、サブスクライバーが100%になる状態が理想なのでしょうか?

絶対にそうです。サブスクリプションが常に一番良いソリューションです。ビジネスとしてのゲームのルールは、サブスクリプションを増やせということです。サブスクリプション契約をしてもらえれば離反低減につながりますし、月次でまとめて精算できるので経理上の効率も良くなります。より上位のサービスに誘導するなどアップセルを狙うことも可能です。

――交通事業者のチケットを販売するに当たって手数料は取っていますか。特に鉄道事業者には、MaaSオペレーターに対して手数料を取られるのはかなわないと考えている企業が多いようです。

そういう質問が出ること自体、我々がMaaSの説明をきちんとできていない証拠です。我々は、公共交通の再販モデルではなく、MaaSを提供しています。つまり、手数料ビジネスではないということです。公共交通事業者からのマージンは、世界中でほとんど取れていません。ゼロではないですが、少なくとも我々の利益の源泉ではありません。

確かに手数料はあるに越したことはないです。というのも、ユーザーにサブスクリプションへの移行を促していく前段階として、従量課金でとにかく試して使ってくださいというステップが必要で、その場合、どうしてもトランザクションコストがかかるからです。それをまかなうのに必要な手数料は欲しい、というのが正直なところ。ただ、それは赤字にならないためで、利益を得るためではありません。

MaaSのビジネスモデルは、ユーザーが交通費にどれだけお金を使っているかを考えるところから始まります。例えば、東京では月1000ドルが交通費だとします。およそ、その半分がマイカーの維持費で、残りが鉄道やバスやタクシー代。この状態からマイカーを手放してMaaSに移行してもらうわけですが、我々はサブスクリプションの月額料金をできる限り1000ドルに近づくように設定します。これがMaaSオペレーターの収入源ですから。

一方、MaaSオペレーターのコストは交通事業者への支払いで、これはできるだけ下げたいわけです。それには、**できるだけ単価の低い交通手段を使ってもらうのが望ましい。レンタカーより鉄道、鉄**

道より自転車という具合です。この単価の違いから得られる差益は、手数料収入などよりずっと大きなもので、これがMaaSオペレーターの利益の源泉となります。

これは、ユーザーが支払う月額料金と、利用する交通手段とを切り離している（デカップリング）からこその収益構造です。デカップリングによってMaaSオペレーターのリスクは高まりますが、利益もまた大きくなります。

このようなビジネスが正当化されるのは、モビリティ市場における最大の価値が〝自由という考え（Idea of Freedom）〟にあるからです。東京で1週間に一度も乗らない自動車を、それでも半数以上の人が持つのは、マイカーが自由を与えてくれると信じているからですよね。MaaSはそれと同等以上の自由を提供するので、マイカーに使っていたのに近いお金をこちらに回してくださいということです。

マイカーは住宅に次いで2番目に大きな買い物。それだけ大きな支出をしているのに、1日のたった1〜2％しか活用されていない「遊休資産」になっています。我々はこの遊休資産と同様の便益をサービスとして提供することで、収益を得ようと考えているのです。

（日経クロストレンド2019年5月15日掲載、一部改編）

Chapter

4

MaaSビジネスの創り方

～「サービス深化」と「異業種コラボ」2つの答え～

この章で分かること

- ◉3つの観点で整理するMaaSの導入価値
- ◉交通分野のサービス深化「Deep MaaS」の世界
- ◉異業種連携で新たな価値を創出する「Beyond MaaS」

1 MaaSが生み出す価値とは?

本章は、これまで紹介した国内外の事例を踏まえて、MaaSビジネスを展開するに当たって重要なポイントを紹介する。MaaS自体はあらゆる移動手段を扱う広い概念なので、利益を生み出す新しいビジネスモデルとされることもあれば、社会課題の解決手段とされることもある。MaaSを手がけるプレーヤー像や目的は多様であっても、最終的に到達すべきは「ユーザーにとってより自由で快適な移動を、多様なモビリティサービスの統合によって実現する」ということに変わりはない。MaaSといっても、その置かれた地域や事業環境の要因1つでその有り様は大きく異なる。そのため、これまで紹介した事例や、今後も出現する新たなMaaSについて適切に評価し、そこから得られる知見を選択してMaaSの持つ要素をしっかりと使いこなすことが非常に重要になる。では、以下で具体的に解説していこう。

MaaSのプレーヤー定義

まず、ビジネスという観点で説明を進める上で、MaaSのステークホルダーの定義をしておきたい。なぜなら、それをイメージしないと同じ情報でも全体が見えてこないからだ。

ステークホルダーとしては、下記の4者が挙げられる。

①　移動する人（ユーザー）
②　移動させる主体（交通事業者）
③　MaaS事業を行う人（MaaSオペレーター）
④　地域の周辺事業者や自治体

それぞれに関係性があり、例えばユーザーと交通事業者はMaaSオペレーターがいなくても既に関係が存在している。MaaSオペレーターはユーザーと交通事業者の両方をつなぐ役割となる。地域の周辺事業者や自治体は、直接的なステークホルダーではなくとも、連携を考えることでMaaSの多面的な理解がしやすくなる。

例えば、鉄道会社がMaaSを展開する場合は、MaaSオペレーターと交通事業者が一致する形だ。MaaSオペレーターについては、予算を出す主体（自治体や交通事業者など）と、その運用する主体（システム会社や委託を受けた主体）の違いはあるが、ここでは、それを分かりやすさのため一体としてMaaSオペレーターと表現する。

MaaSオペレーターがMaaSのサービスを提供する際には、ユーザーの利便性を向上させることに加えて、交通事業者の経営効率化や、交通事業者自体のサービス向上のためにMaaSを展開することもある。また、周辺事業者や自治体を巻き込んで地域課題解決のために行われるMaaSもある。このようにMaaSを始める上ではステークホルダーを可視化し、特にMaaSオペレーターはそれぞれの立場や考え方をよく把握していることが望ましい。より革新的なサービスであればあるほど、与えるインパクトは大きいものの、その反発や一部からの誤解が生じやすくなる。そのため、より一層、交通事業者、地域関係者の理解を得て、その後押しを受けながら取り組みを進めていくことが望ましい。

MaaSの定義と基本機能

次に、ＭａａＳの基本的な機能を確認する。ユーザー向けの機能構成としては、「ナビゲーション機能（地図、経路検索、運賃や所要時間表示）」「予約機能」「決済機能」「メッセージ機能などの付属機能」が一般的である。それに加えて、事業者や行政機関向けには、「データの可視化機能」「交通分析機能」「交通制御機能」が挙げられる。これらは、後述するＭａａＳにおけるコントローラー機能となる。ＭａａＳに他のサービスが連携した場合にはさらに機能が追加されることもあるが、大きく分けると以上の構成となる。

次に、スウェーデンのChalmers University of Technology(チャルマース工科大学)のJana Sochor氏らによる5段階のＭａａＳレベル定義を見てみよう（左ページ上図参照）。

まず、「レベル０（No Integration)」は、それぞれの事業者が個別に行うモビリティサービスであり、既存の公共交通やカーシェアリングなどがここに該当する。続いて「レベル１（Integration of Information)」は、事業者の情報を統合して提供するサービスで、既存の経路検索サービスなどが当てはまるイメージだ。

そして「レベル２（Integration of booking & payment)」は、単に経路検索ができるだけではなく、

MaaSのレベル定義（統合や機能面）

出典：Jana Sochor et al(2017):A topological approach to MaaS, November 2017より作成。訳語は筆者らによる

複数のモビリティサービスの予約や決済も可能な統合型のプラットフォーム。さらに「レベル３(Integration of the service offer)」になると、予約や決済ができるだけではなく、月額サブスクリプションプランといった専用の料金体系を持つなど、シームレスなモビリティサービスが実現される段階となる。最後に「レベル４(Integration of societal goals)」は、これまでの段階を踏まえつつ、さらに政策との融合、官民連携を進めた状態としている。

ＭａａＳレベル４の政策目標や社会課題解決に向けては、ユーザー向けＭａａＳアプリの機能だけではなく、事業者や自治体向けのデータの可視化や分析、制御機能があるとより達成しやすくなる。それをＭａａＳコントローラーと定義して、その機能について紹介しておきたい。

都市を制御する「MaaSコントローラー」

MaaSコントローラーは、その呼び方自体は分析機能部分をMaaSシミュレーターと呼んだり、MaaSの一部と定義づけられたりすることもあるが、ドイツのシーメンス・モビリティやPTV、リトアニアのTrafi（トラフィ）、シンガポールのモビリティXなどが同様のコンセプトでサービスを計画している。MaaSアプリを提供するだけではなく、その裏側にデータ分析と、それを活用したアクション機能を盛り込むことでユーザーとモビリティの関係を改善し、ユーザーの利便性をさらに向上させる。海外でも既に開発競争が活発化しており、都市への導入実証が進んでいる。

MaaSコントローラーの持ち得る機能としては、モビリティとユーザーの行動をデータに基づいて、それぞれ調整していくものだ。例えば、ユーザーがMaaSアプリで経路検索をした際に、そのルート上に他のユーザーの検索数の傾向や過去のデータ分析から混雑や渋滞が予想されたとしよう。そこでMaaSコントローラーの機能を使うと、ユーザーに別の交通手段を推薦したり、交通事業者に増便をリクエストしたりなど、需給の平準化を図ることができる。この仕組みを用いてイベント時の混乱回避、災害時の対応など、広く応用することが可能だ。

こうしたMaaSコントローラーの基本機能は3つに大別される。「①データ収集、分析・予測機能」「②モビリティ連携機能」「③MaaSアプリ（ユーザー）連携機能」となる。それぞれ、解説していこう。

①　データ収集、分析・予測機能

モビリティ系のデータと、ユーザーのデータを統合的に収集し、必要な分析を行う機能となる。過去のユーザー群の移動実績データと、地域で提供されるモビリティサービスのデータに加えて、イベント情報やエリアの人口統計、天候データなど各種関連データを用いる。そこから統計的にユーザーとモビリティサービスの関係性を示すモデルを構築して、それを用いてシミュレーションモデルを作成する。そのモデルを使って仮想的にこのようなイベントが行われた時に混雑がどのくらいになるか、ダイナミックプライシングを導入すると、どの程度の行動変容が起こるかなどを予測することが可能となる。

② モビリティ連携機能

分析・予測機能でシミュレーションができるようになることで、モビリティ事業者側に最適なアクションを促せる。例えば、タクシーであれば乗車見込み客が多いエリアや時間帯などの需要予測をドライバーに示すことや、鉄道やバスであれば増便やダイヤの変更リクエストを行っていく。

このようにユーザーの移動データから事業者にメリットを生む需給調整機能をMaaSオペレーターが持つことで、MaaSで連携するモビリティサービス事業者の経済的メリットを創出できる。

③ MaaSアプリ（ユーザー）連携機能

こちらは、ユーザーに対する制御機能となる。例えば、モビリティ側の調整が可能であれば、混雑時にはより多くの車両を供給すれば混雑は緩和される。「需要（乗りたい）＞供給（乗せる）」の関係の中で、供給を増やすことで「需要（乗りたい）＝供給（乗せる）」とするイメージだ。

だが、車両数（供給量）に限界がある場合には、需要側（ユーザー側）を時間的に、経路的に分散することが必要となる。例えば、MaaSアプリのユーザーに対して別経路を促すことや、時差通勤や混雑を避けた場合にポイントがもらえるといった施策を実施することが、それに当たる。ＭａａＳアプリで行うことのメリットとしては、ユーザーを特定してポイント付与することができることだ。誰がどの時間帯にどの経路で移動しようとしているかという情報を基に必要なユーザーに対してポイントを付与することで、必要最小限のポイント原資で交通の需給調整が可能となる。また、その施策に対してどの程度のユーザーが行動変容したのかがデータ連携できることから、インセンティブ量が適切であったのかなど、施策の妥当性を評価することも可能となる。

以上、ＭａａＳの基本機能を紹介してきた。次に、それらをどのような目的のために行っていくかという導入価値の考え方を紹介する。

3つの観点で見るMaaSの導入価値

ＭａａＳのアプリおよびコントローラー機能などを用いた際の価値については、日本政策投資銀行の産業調査部、石村尚也氏らがまとめたレポートが非常に詳しい（「ＭａａＳ（Mobility as a Service）の現状と展望」今月のトピックスNO.291-1、18年11月15日）。これによると、ＭａａＳの推進によってもたらされるインパクトは「利用者のメリット」「交通事業者のメリット」「都市・周辺事業者のメリット」と分類されている。これを基に筆者らが一部再編集すると次のようになる。

【利用者のメリット】

- 検索・予約・決済機能などの統合により、各交通手段の利用が容易になる
- 都市部では移動手段の最適化により混雑の緩和が図られ、有効に活用できる時間が増える
- 地方部では移動手段の最適化により、より少ないコストで交通手段が維持される

【交通事業者のメリット】

- 運営効率が向上することで、運賃収入などの増加につながる期待がある
- データの蓄積・分析により、利用者に精度・効用の高い行動提案が可能になる

【都市・周辺事業者のメリット】

- 収集した人流・交通データの活用・連携ができれば、スマートシティの推進につながる
- データの活用により、買い物・住宅・保険など周辺領域でも利便性の高いサービスが提供できる

日本では、人口減少や都市部への人口の一極集中、若年層のクルマ離れ、高齢者の外出手段の確保など、様々な社会問題が山積しており、それらを解消するためにMaaSを活用するのは〝課題大国・ニッポン〟特有の環境かもしれない。ユーザー目線で利便性の高いサービスをつくり出しながら、複数の交通事業者が連携して運行の効率化を図ることも、ドライバーなどの人手不足に悩む日本においては求められる要素だろう。MaaSに取り組む際には、先述したステークホルダーをイメージした上で、それぞれのメリットのどの部分に注力するか、その導入価値を定義することから始める必要がある。

2 3つの領域で考えるMaaSビジネスの要点

ここからは具体的にMaaSのビジネスの創り方を以下の3つの領域に分けて解説していきたい。

①MaaSの基本構築領域:情報提供、予約決済機能などを備えたMaaSアプリの提供
②Deep MaaS領域:交通分野の経営改善への貢献、都市・地域交通の最適化、先端技術や新しいビジネススキームの導入
③Beyond MaaS領域:交通と異業種との連携、スマートシティ

3つの領域の関係性としては、情報提供(経路検索・運行情報)や、予約・決済機能を備えた、いわゆるMaaSアプリを提供する領域を「①MaaSの基本構築領域」とする。どの方向に進むにしても①は必要な領域だが、重要なのはこの部分だけでは事業性が生まれにくいことだ。そのため、できるだけコストをかけずに既にある機能群をうまく活用することや、連携しやすい事業者と組んでコストを抑えていくことが必要になる。特に地域ごとにMaaSアプリをゼロから開発するようなことが起こると、

予算をそれだけに消費してしまい、時間もかかる。ＭａａＳのサービスを実現するだけではなく、ＭａａＳプラットフォームを他社に展開するなら個別に特色をもって開発してもいいが、それ以外なら、既存のシステムをうまく活用し、予算や時間のリソースは他の２つの領域に使うようにするのが望ましい。

これを前提に、重要な新モビリティの導入や、移動の効率化、快適性の向上などモビリティサービスの深化や先進的な取り組みを「②Ｄｅｅｐ ＭａａＳ領域」、他産業を巻き込んでビジネス展開をする領域を「③Ｂｅｙｏｎｄ ＭａａＳ領域」とした。では、それぞれを詳しく見ていこう。

① MaaSの基本構築領域

ユーザー向けのＭａａＳの基本機能は前述した通り、ナビゲーション機能（地図、経路検索、運賃や所要時間表示）、予約機能、決済機能、メッセージ機能などの付属機能がある。

こうしたＭａａＳの基本機能だけでも、今まで知られていなかった、あるいは新たな移動手段の情報が広くユーザーに提供されることで、ユーザーの移動総量が増加したり、手数料ビジネスによって事業性が生まれたりするケースもある。しかし、この領域ではサービスが模倣されやすく、多くのユーザーを獲得して事業性が垣間見えたとしても、すぐに別のプレーヤーからの脅威にさらされる。ＭａａＳの基本機能だけでは、優位なポジションを維持し続けることは困難だろう。ただし、ここで挙げたＭａａＳの基本機能がすべての出発点であり、ユーザーとの接点となるので、その重要性がないわけではない。

- 鉄道・バス・タクシーの連携
- 快適性の向上、付加価値の創出
- 地域交通マネジメントの効率化
- コスト削減、経営効率化
- 交通の持続可能性、交通弱者対策など

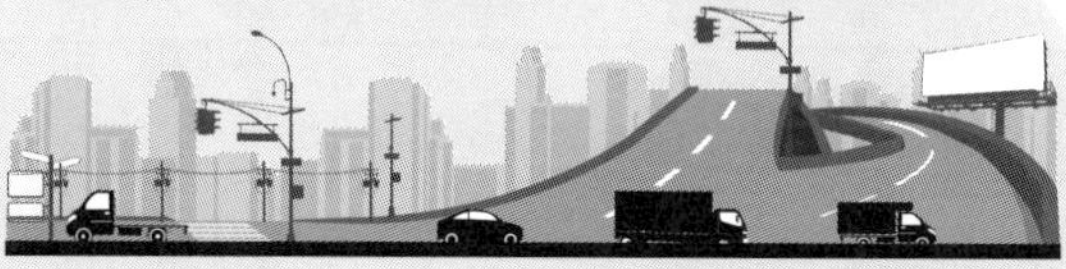

Deep MaaS

交通分野でのサービス深化や効率化、価値創出

主な実現手段

- 交通事業者の経営改善
- MaaSコントローラー
- マッチング技術の応用（ユーザー、モビリティ）
- 遊休資産の活用
- 新モビリティの追加（自動運転、オンデマンドモビリティなど）
- サブスクリプションやダイナミックプライシングなど
- AI、IoTなどの先端技術の活用

主な機能

- ナビゲーション（地図、経路検索など）
- 予約、決済機能

- 新規事業開発
- オープンイノベーション
- クロスインダストリー
- 都市や生活のDX
- スマートシティ、Society5.0

メリット大

Beyond MaaS

異業種との連携、まちづくりや社会課題の解決

主な連携先

- 住宅・不動産
- 観光
- 医療・介護・ヘルスケア
- 小売り
- 電力（エネルギー）
- フィンテック・金融
- 広告・プロモーション
- ゲーム・イベント
- シェアオフィス・働き方改革
- 物流
- 災害・防災
- まちづくり
- 行政課題　など

メリット小

MaaS基本機能

ユーザー接点をつくる出発点

② Deep MaaS領域

ＤｅｅｐＭａａＳとは、根深い課題（ディープイシュー）をテクノロジーで解決することを示す近年注目のキーワード「ＤｅｅｐＴｅｃｈ（ディープテック）」になぞらえた筆者らの造語だ。ちなみにディープテックとは、以下の４つの要素を含んだ製品・サービスのことを指すとされている。

- ●最先端の科学技術、または研究開発を基礎とした技術がある
- ●実現までに高いスキルと非常に多額の投資額と長い時間がかかる
- ●多くの場合、具体的な製品・サービスが見えていない
- ●成功した場合のインパクトが非常に大きく、破壊的ソリューションとなり得る可能性を秘めている

これをＭａａＳで考えてみると、新たなモビリティサービスの導入や料金制度を変えていくこと、データを活用したオペレーションの最適化などの要素は、その技術開発、関係者の調整、法律の改正が必要となるケースも多い。また、ＡＩやＩｏＴ、自動運転、オンデマンド型乗り合いサービスの普及によって、ＭａａＳ本来の効用を発現するビジネスモデルもある。そこで、次に挙げる4項目をＤｅｅｐＭａａＳの特徴とし、ＭａａＳの深化と進化のプロセスを紹介する。

①先端技術や工夫された革新的なビジネススキームを開発している

②研究開発やインフラ整備など基盤整備を実施している
③実現までに一定の時間がかかる
④成功した場合のインパクトが大きい

それでは、その要素を順に紹介していこう。

【ユーザーメリットの追求】

ユーザーは、より安全に快適に、さらにいえばより速く、より安く移動したいものだ。鉄道やバスなどの混雑は多くのユーザーにとってストレスであり、輸送障害などで運転見合わせが発生すると、「何とかならないか」という不満も抱く。毎日の乗り換えも、できれば直通運転をしてほしいし、席にも座りたい。また、料金については少しでも節約したいと思っており、マイレージ制度などできるだけお得な仕組みが充実することを期待している。

一方で、これらのユーザーの要望を全て叶えながら、モビリティサービスの収入と費用のバランスを取り、事業として成立させるのは簡単ではない。こうしたユーザーが実は強く求めているのに普通の経営努力や事業開発ではなかなか実現できないことを、MaaSの仕組みを用いてテクノロジーや革新的なビジネススキームで解決する。それが、Deep MaaS領域におけるユーザーメリットの追求だ。

前述の料金的な観点での例としては、MaaS発祥の地、フィンランドにおけるMaaSグローバルのMaaSアプリ「Whim（ウィム）」で提供されているサブスクリプションモデル（定額制）がある。

これまでも、定期券やエリア周遊パスという考え方はあったが、広範なエリアで日常の生活移動を前提としてあらゆるモビリティサービスを定額使い放題としたことは画期的だ。

象徴的なプランは、月額499ユーロ（約6万円）の「Whim Unlimited」で、これは公共交通や自転車シェア、カーシェアリングが無制限に使え、タクシーも1回5kmまでは使い放題というものだ。他には、都度払いの「Whim to Go」と、月額59・7ユーロ（約7100円）で公共交通乗り放題、1回30分までの自転車シェア利用、5km以内ならば1回10ユーロ（約1200円）の固定料金でタクシーに乗れる「Whim Urban 30」（ヘルシンキ郊外までを対象にしたプランは月額96・7ユーロなど）もそろえている。

当初のサービス体系に加えて、MaaSグローバルは19年7月に「Whim Weekend」という新しいモデルを追加している。これは、月249ユーロ（約3万円）で金曜の15時から月曜の14時までの間、レンタカーを自由に利用でき、公共交通や1回30分までの自転車シェアは1カ月乗り放題、タクシーは距離無制限で15％オフで乗れるというものだ。週末にしか乗らないマイカーを所有している層に対して、より魅力的でスイッチが起こりやすい料金水準と交通手段の組み合わせを探り当てようとしている。

この料金やサービス体系が適切かどうかは、まだ模索段階にあるのが現状だ。しかし、既にMaaSグローバルのスキームを発展させていく動きも出てきている。MaaSアプリ「Zipster（ジップスター）」をシンガポールで展開するモビリティXは、オフィスビルと組んで、複数のテナントの従業員向けにサブスクプランを提供することを計画している。同社の構想は、マイカー通勤者向け、駅近の住民向け、駅から離れた場所で暮らす住民向けといった細分化したサブスクプランを設定するというのがユニークだ（詳しくは182ページのインタビュー参照）。

このようにサブスクモデルをユーザーカテゴリーや就労条件などに合わせてカスタマイズすることで、ユーザーメリットを追求しながら事業としても成立させられるだろう。また、このモデルをさらに進展させると、ユーザーにとっては見かけ上のコスト負担がなくなる「無料のモビリティサービス」を実現することも可能となる。

その好例が、18年12月にDeNAがタクシー配車アプリ「MOV（モブ）」の利用拡大マーケティング施策として行った「0円タクシー」だ。これは、広告主が乗車賃を肩代わりすることで、MOVユーザーが対象のタクシー50台を無料で利用できる企画。当時の広告主は日清食品で、同社はカップうどん「どん兵衛」のプロモーションとして、どん兵衛仕様にカスタマイズしたラッピングタクシーを用いて車内のサイネージへの広告配信、商品サンプリングを行った。約1カ月の実施期間で、0円タクシーの乗車回数は数万回に上るほどの人気を博し、メディアの報道やSNSなどで話題が拡散されたことで広告の費用対効果としても十分な評価を得たという。モビリティサービスと広告を組み合わせることで移動コストを低減する、究極のところ0円にする方向性は確かなものだろう。海外においても、環境負荷を低減するために公共交通の利用を促進する無料デーや、公共交通の認知拡大のための一部無償化キャンペーンなどが行われている。

また、マルチモーダルかつあらゆるモビリティサービスと連携するMaaSオペレーターだからこそ生み出せるサービスも多い。例えば、タクシーで待ち時間が長い場合には、別のバス経路を推奨することができる。ユーザーが乗車しているモビリティサービスで遅延が発生していたら、乗り継ぐ先のモビリティサービス事業者に情報を共有し、乗り換えが完了するのを待つようなきめ細やかな運行サービスも可能となる。アプリ上のサービス連携だけでなく、実際のモビリティサービス上のオペレーション連携で大きなユーザーメリットを生み出せるということだ。これは、車いすの利用者や小さな子供連れ、大きな荷物があってサポートが必要なケースなどでも有用だろう。

また、ユーザーが予定していた経路が運転見合わせとなった場合には、それ以外の移動手段の状況を加味して、適切に目的地まで行ける経路を推奨し、自動的に必要な予約や配車を行うことも可能となる。そこにリアルタイムのデータや、ＡＩによる予測と最適化技術を用いることで、より精度高くユーザーのニーズを満たせる。今後、交通手段の乗り換えをせずに直通で移動したいというニーズが高まれば、そうしたユーザー群に対してオンデマンド型乗り合いサービスなどを配備することもあるだろう。

このように交通事業者の収益性はそのままに、ＭａａＳオペレーターの様々なビジネスアイデアや、あらゆるモビリティサービスを扱い、広く第三者と連携することでイノベーティブなビジネスモデルが生まれてくる。Ｄｅｅｐ ＭａａＳ領域においては、技術やビジネスモデルをＭａａＳオペレーターが使いこなすことで、単一の事業者だけでは成し得ない、移動におけるより深いユーザーメリットを実現することが可能となる。

【モビリティサービス事業者メリットの追求】

DeepMaaSには、ユーザーメリットの追求で満足度が上がり、移動量が増える可能性に合わせて、それらを担うモビリティサービス事業者側にも経営的なメリットを生む方向性がある。うまくコストを抑えられると利益を増加させることや、赤字経営が黒字化する可能性もある。順にその機能を説明していく。

①ユーザーマッチング

モビリティサービス事業においては、1台の車両（席数）に対して、より多くの乗客がいる状態を保てると収益性を担保しやすい。マッチング機能とは、ユーザーの位置情報や予定経路の情報を統合して、相乗りや乗り合いの状態をつくり出すことだ。主にバスやタクシー事業でオンデマンド型乗り合いサービスによって効率化する文脈が多い。日本国内でもスタートアップのNearMe（ニアミー）がタクシーの乗車前に同じ方向に行くユーザー同士をマッチングする相乗りアプリ「nearMe.」を提供しており、海外では米Via Transportation（ヴィア トランスポーテーション）や米ウーバー・テクノロジーズの「UberPool」といった乗り合いサービスが出現している。

新しい動きとしては、地図ソリューション会社のHEREテクノロジーズが19年に発表したMaaSアプリ「SoMo（ソーモ、Social Mobility）」がある。これはソーシャル系MaaSアプリと呼ぶべきもので、友人や知り合いと相乗りする「ソーシャルライドシェアリング」、イベントなどの目的を共有する他人と1回限りの同乗を行う「ギャザリング」という2つの機能が特徴的だ。

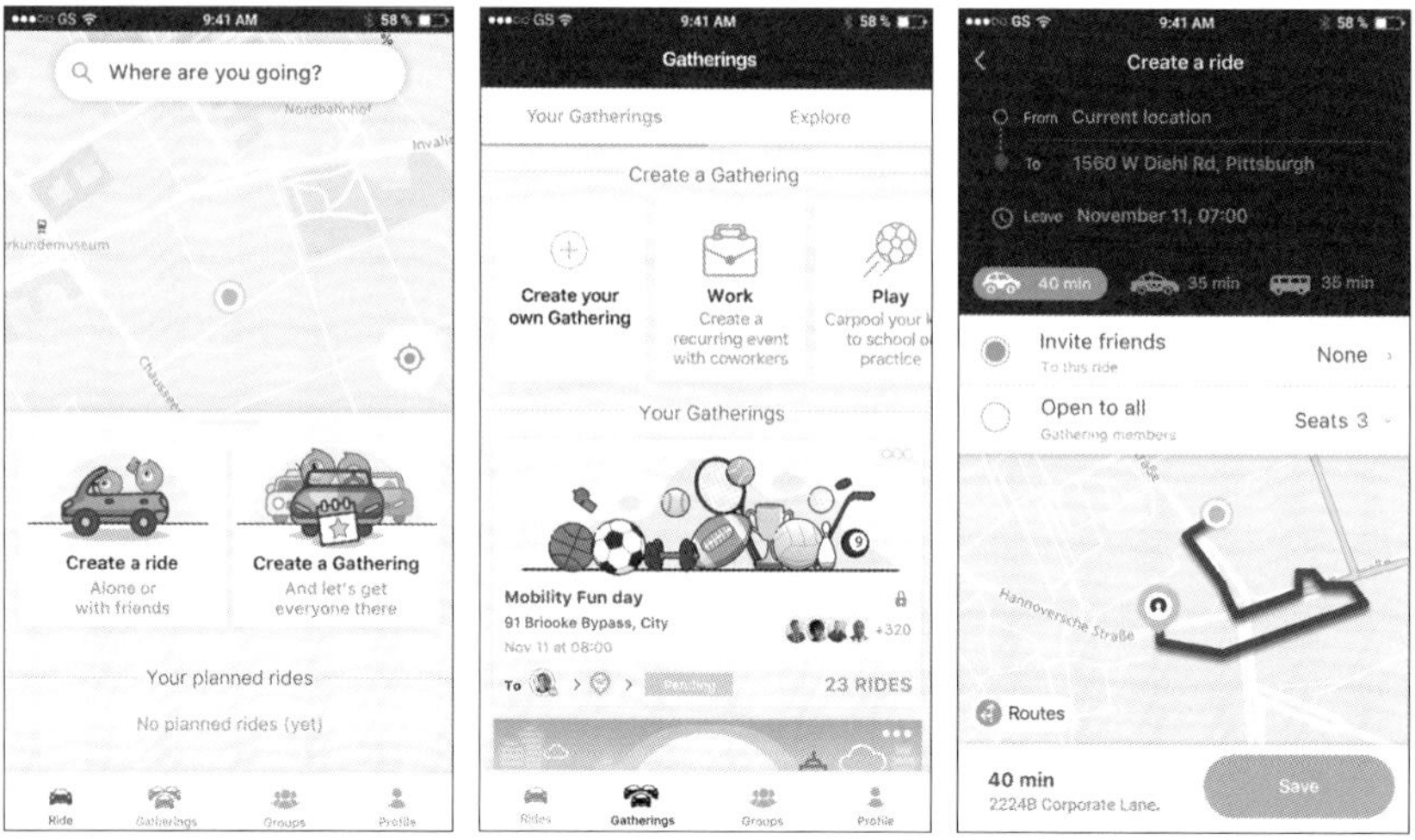

コミュニティーを軸としたユニークなMaaSアプリ「SoMo（ソーモ）」（出典：HEREテクノロジーズ）

ソーモのユーザーは、アプリ上でソーシャルなサークルを構成することが可能。好きな歌手のコンサートやスポーツイベントといった非日常の移動ニーズの他、職場への通勤、サッカーの練習といった、日常的な移動にまつわるグループも作成できる。グループは一般に開放することも可能で、このソーシャルコミュニティーを通じて一緒に移動する人（乗車シェア）をマッチングしたり、メンバー全員が移動するのに最適な手段を示したりすることが可能。モビリティサービス事業者にとっては、同じ目的や経路を共有するグループを把握することで、効率的なモビリティの運用ができる。

これはスマートフォンやSNS、チャットツールが発達・普及したからこそ有効なサービスといえる。ユーザーが自発的に将来の移動ニーズをシェアする仕組みをMaaSアプリに組み込むことで、新たな移動機会を生み出すことも期待できる。

②〝遊休資産〟の活用

MaaSアプリでは、多様なモビリティサービスを組み合わせてマイカー以外の手段でユーザーの移動ニーズを満たすことができる。それを裏返して見れば、ユーザーの移動ニーズさえ満たせば、その手段は別のものに転換してもいいということになる。例えば、ユーザーがA地点からB地点の移動経路を検索した際に、「この時間帯なら1本後の車両は空席が多いのでそちらに乗ってほしい」「このカーシェア車両が空いているので料金を割り引くから使ってほしい」といったオーダーをし、ユーザーの合意の下で事業の効率が上がるように誘導することもできる。

厳密な意味での遊休資産とは少し異なるが、使われていない車両の活用を促進することは、その資産を保有するプレーヤーにとっては収益の向上に直結する。このようなシェアリングエコノミー文脈をMaaSの中にうまく入れていくと、事業性を担保しやすくなる。

遊休資産の例としては、自動車ディーラーや中古車販売店の展示車両、週末に全く稼働していない社用車、都心に向かう鉄道の上り線とは対照的にガラガラの下り線、平日の日中の新幹線や飛行機など、いくつも考えられる。それらは、もともと空いている状況であるから、通常の料金より大胆にディスカウントできるだろう。そうすることでユーザーの移動ニーズとマッチさせやすくなり、新たな収益を生み出すことも可能となる。

また、貨客混載のようにモビリティの用途を多様に設定することで、〝遊休〟の状態を打ち消すこともできる。しかし、日本国内においては様々な業法が関係し、事業者間のレベニューシェアをどのように設計するかなど、多くの解決すべき課題が残る。貨客混載については現在、関係する各省庁が連携して未来の移動社会の実現に向けた検討が進められており、課題を丁寧に解消した先には、交通と物流を合わせた移動全体の最適化を実現できるようになるだろう。

この他にも、移動実績を分析することで運行ダイヤを見直し、ユーザーの満足度を落とさないようにしながら車両数を減らしてコストダウンすることや、コストのかかるモード（鉄道や大型のモビリティなど）からコストのかかりにくいモビリティに転換させることなども挙げられる。

③モビリティとユーザーの関係性最適化

ＭａａＳアプリが複数の交通モードを統合し、ユーザーとの接点を持つことを生かして、移動の需給バランスを最適化することが可能になる。こちらは前述のＭａａＳコントローラーの活用である。この機能によって過度な混雑や渋滞を解消したり、十分に使われていないモビリティを活用するよう促すことでデマンドとリソースを一致させ、交通事業の収益性を改善することが可能になる。

鉄道やバスなどは供給量が決まっている。タクシーやオンデマンドバスなどは比較的柔軟にユーザーのニーズに応じられるが、それらを単一のモビリティサービスで最適化するよりも、モビリティ全体を俯瞰してユーザーのデマンドとサプライを合わせるほうが効率的だ。

混雑緩和の可能性については、三菱総合研究所が19年6月に行った関東1都3県の１５００人を対象としたアンケート調査でも、それを裏づける結果が出ている。「混雑率の低いルートで移動した時にポイントが付与される」ような定額制モビリティサービスが実現した場合、「混雑率の低いルートに経路の変更を検討する」と考える人は全体の67％を占めた。ポイントをためることに利用者は一定のモチベーションを持っており、インセンティブをうまく設計すれば需要の平準化による公共交通機関の混雑緩和や道路の渋滞解消といった都市問題の解決も期待できる。

そうなれば、よりコストをかけずに地域交通を維持することや、東京五輪のような大規模なイベントの開催時に柔軟にモビリティサービスを拡充させることができる。もちろん、ある程度前もって分かっていないと、車両数やドライバー数は簡単に増やしたり減らしたりできるものではない。それでも、どのエリアでどのくらいの需要があるかが予測できると、経験や勘で判断するよりも稼働率を向上させられる。このようなリソース最適配分の機能は、公共交通機関にとっては乗車機会の創出となり、大規模イベントや商業施設にとっては効率的な誘客につながるため、大いなる収益源となる可能性が高い。

これまで解説してきたＤｅｅｐ ＭａａＳは、現状の制度や既存システム、ビジネスの連携・組み換えでできることもあれば、今後の技術革新や法改正などによって、大きなインパクトを生むものも多い。その実現までには、技術開発段階においても広く事業者間で連携して進めることが重要である。それには時間、コスト、人材、何より実現に向かうモチベーションも必要となることから、ステークホルダー間の信頼関係を醸成・発展させていくことが求められる。

また、データ収集に当たっては、ユーザーの移動行動やモビリティの移動実績などを同じデータプラットフォームに載せ、過度にコストをかけずに維持・運用ができるようにする必要がある。その際には、データの標準化やデータ自体が誰のものかという所有権、利用における制約は、個別の事業者間の関係性だけではなく、行政側で法律やガイドラインが設定されると実装も促進されるだろう。

これらがＭａａＳの基盤として協調領域的に社会インフラ化されると、ＭａａＳで行えることの幅が一気に広がる。そのため、交通事業者やＩＴ系企業、実務者と研究者、各省庁が一丸となって産業政策として実現していくべき課題だ。

③ Beyond MaaS領域

Beyond MaaSは、MaaSのビジネスモデルと、そのインパクトを語るに当たって最も重要な観点だ。これまで単一の交通モードで事業やサービス、システムがつくられていたものが統合され、1つになるというMaaSの概念は確かに画期的だが、交通手段の統合と最適化だけがゴールかといえばそうではない。筆者らは、あくまでその先にある、あらゆる産業やまちづくり、社会への波及効果が発現される段階を目指すべきだと考える。詳しくは第7章で紹介するため、ここではその要素を説明する。

インターネット黎明期を経験した有識者らとの意見交換でMaaSの現状を話すと、2020年現在のMaaSの状況は、インターネット黎明期に似ているという。新たな概念が出ては期待が増し、理想と現実のギャップに失望することを繰り返すが、その過程を経た現在ではインターネットはあらゆる産業のコア要素となった。

実際に、GAFA（Google、Apple、Facebook、Amazon）や米動画配信大手のネットフリックスなどのように、インターネットを〝土壌〟として発展したメガサービスは多数ある。同じように、交通版のデジタルプラットフォームともいえるMaaSの上に、他産業のいくつものサービスが連携し、発展する姿は自然だ。インターネットによって情報（文字、絵や動画、音楽など）が流通したことで、これだけ人々の生活を変えたことを考えると、リアルな人の移動分野で生活に密着するMaaSには大きな可能性がある。

そもそも移動という行為は、場所の性質の違い、差によって発生する。今ここにないから、その場所に移動する。今ここにいないから、会いに行く。今ここではできないから体験をしに行く。このように、人の移動には必ず何かしらの目的がある。それらの場所の問題でいえば、不動産業界や小売り業界が最も影響があるだろう。

また、移動する手段として自家用車の利用からMａａSに移行することもそうだが、シームレスなサービスを行う上では、リスクを事業者間でどのように負担するかが問題となる。その点では、保険業界の新たな事業展開や、MａａS専用の保険商品が求められる。さらに、決済や融資に当たっても、従来のように個別かつ固定された形式ではなく、サービス単位、MａａSオペレーター経由の支払い・課金となることから、そのスキームの変化に対応できたプレーヤーは新市場を切り拓くことも可能である。

今後、貨客混載の物流網などが実現された際には、人の移動の最適化やサービスとの連携でモノの移動もセットに扱える。既存の自動車や鉄道、バスを多目的利用することで、より効率的な業態が生まれる可能性もある。

働き方に与える影響も大きい。これまでは決まった時間に決まった場所で働くことが求められたが、テレワークやシェアオフィスなどが普及し、パソコン1つあればどこでも仕事ができる状況が生まれると、移動の自由とセットで働き方の自由が担保され、働く側も雇用側もその取り得る選択肢は多様となる。その時に、MａａSの仕組みでより利便性高く働き方改革を推進していくことが可能となる。

医療・介護分野でも、今は指定された時間に病院に行って診療を受ける形だが、病院予約とオンデマンド交通による送迎サービスをセットにして全体の効率性や予約管理の手間を削減することや、診察を受ける人の到着遅れで医師の稼働時間が損なわれることも解消できる。

広告分野でもグーグルが提出した特許を例に取れば、興味のある店の情報を見て、そこから予約すると無料の自動運転車の送迎がセットになるなど、小売りや体験、エンタメなどの広告の在り方もモビリティサービスとの組み合わせで大きく変化していく。

より大きなまちづくりの観点でも、２０２０年１月に国土交通省の交通政策審議会交通体系分科会地域公共交通部会の中間とりまとめ案によれば、移動その他の地域課題を解決するためのＭａａＳの円滑な普及促進に向けた措置が求められるなど、地域交通やまちづくり観点でもＭａａＳが取り入れられていく傾向にある。行政課題解決として、これまで以上に官民で連携して事業性と社会課題解決を両立するような取り組みが期待される。

Ｄｅｅｐ　ＭａａＳによる深化については、基本的に交通事業者に近いプレーヤーの領域だが、Ｂｅｙｏｎｄ　ＭａａＳはＭａａＳの基本機能ができ上がっていれば、新規のスタートアップや他業界のプレーヤーにも参入のチャンスが大きい。人が移動しやすい状態になると、前述したような他産業のサービス・システムにとっても利用者が獲得しやすい理想的な連携状態が可能となる。

このようにＤｅｅｐ　ＭａａＳとＢｅｙｏｎｄ　ＭａａＳが合わさって社会実装されると、これまでの鉄道は鉄道、バスはバス、タクシーはタクシーという分断状態ではなく、民間と行政、社会インフラに関係するあらゆる組織とシステムが理想的に連携する状態となる。これはモビリティ領域からのスマートシティの実現でもある。社会課題を解決し、時代の変化にそぐわない形態や事業を新しい産業に生まれ変わらせていくこと。スマートシティとは何かという１つの理念と具体的なアクションの一翼を担うことは、モビリティ業界に課せられた１つの使命であり、大きなビジネスチャンスでもある。

米グーグル、リフトも頼る リトアニア発・Trafiの秘密

Trafi マネージングディレクター

Christof Schminke

クリストフ・シュミンケ

マッキンゼー・アンド・カンパニー、オンライン企業やECスタートアップなどのマーケティングエグゼクティブを経験し、Trafiに参画。ベルリン市交通局(BVG)やグーグル、フォルクスワーゲングループ、Lyftなどのクライアントビジネス拡大を担当

欧州のバルト海東部に位置するリトアニア。人口300万人足らずのこの国に、世界のMaaS関係者を驚かせたスタートアップ、Trafi（トラフィ）が本拠を構える。2019年9月に独ベルリン市交通局（BVG）が正式リリースしたMaaSアプリ「Jelbi（イェルビ）」の他、その技術力は米国の配車サービス大手・Lyft（リフト）も認める。マネージングディレクターを務めるChristof Schminke（クリストフ・シュミンケ）氏に話を聞いた。

（聞き手は、日経クロストレンド勝俣哲生）

――まず、トラフィ設立の経緯を教えてください。

トラフィはリトアニアの首都ヴィリニュスに本社があり、2007年に設立されました。これまで、インドネシアのジャカルタやブラジルのリオデジャネイロ、トルコのイスタンブール、ロシアのモスクワなど、非常に大きな都市で複雑な公共交通のデータを改善するプロジェクトを担ってきました。

そして約2年前、我々は都市やモビリティサービスの民間プレーヤーに対して、ホワイトレーベルでMaaSソリューションを提供し始めました。ロンドンのベンチャーキャピタル、オクトパスベンチャーズが主要株主で、独立系プレーヤーであることが1つの特徴です。フラットな立場なので、都市や民間プレーヤーとの連携がしやすいと言えます。

――トラフィの象徴的な取り組みとして、BVGが19年9月に本格展開を始めたMaaSアプリ「Jelbi（イェルビ）」があります。

ベルリン市はＢＶＧが展開する地下鉄や路面電車、バスといった公共交通に加え、米ウーバー・テクノロジーズのようなライドヘイリング、ＢＶＧと米Ｖｉａ Ｔｒａｎｓｐｏｒｔａｔｉｏｎ（ヴィアトランスポーテーション）が組んで提供しているオンデマンド型乗り合いサービス、カーシェアリング、自転車シェアリング、電動キックボードなど、新たに生まれてきた様々なモビリティプレーヤーを連携させたいという強い意志がありました。実際、彼らは20以上のプレーヤーと話し合いを進め、最後の段階で、世界中の80社近くのＩＴプロバイダーを審査する中で、それらを統合するＭａａＳプラットフォームの提供会社としてトラフィが選ばれたということです。

ＭａａＳアプリのイェルビでは現在、約12の異なるモビリティサービスが統合されていて、それらの組み合わせによりＡ地点からＢ地点への最適なトリッププランをユーザーに提供できます。もちろん、それだけではありません。ユーザーは最初に免許証とクレジットカード情報を登録したら、地下鉄チケットの決済も、配車サービスの予約・決済も、すべてがイェルビアプリだけで完結します。

また、購入した公共交通のチケットはアプリにＱＲコードで格納されていますから、Ｗｉ－Ｆｉがなくても乗る際にアプリ画面を見せるだけですし、自転車シェアの鍵を開けることまでも可能。そして、利用した交通手段のすべての決済履歴がアプリで確認できます。

現在、**ほとんどのＭａａＳアプリと呼ばれるものが、例えば配車サービスの予約・決済をするにはウーバーのアプリにリンクから飛ぶ必要がありますが、イェルビはディープな連携により１つのアプリで完全な顧客体験を実現しています。**

これはベルリン市の強いリーダーシップがあるからこそ。民間のモビリティプレーヤーにとっても、約４００万人に及ぶベルリン市民にアクセスできる可能性があるわけですから、使い勝手を良くして参加するモチベーションが生まれます。市民にとっても、都市にあるモビリティのほとんどが1つのアプリで使えるので、個々のアプリは必要なくなります。

実は、当初ベータ版でテストした時は、公共交通と3つのモビリティプレーヤーしか参加していませんでした。その後、タクシーや電動キックボード、カープーリングなど、交通モードが増えるに従って、ユーザーの利用率が上がってきました。やはり多くの選択肢を用意するということが、MaaSアプリにとっては重要なことです。

――ベルリン市が主導しているので、イェルビのアルゴリズムは基本的に公共交通優先ですか？

公共交通であれ、民間のモビリティプレーヤーであれ、A地点からB地点への移動において、安く行きたいのか、時間を節約したいのかなど、ユーザーの目的に応じて最適なオプションを提示しています。少し細かな話になりますが、例えば公共交通から自転車シェアに乗り継ぎたいというニーズはあると思います。しかし、今はそれができません。自転車シェアなどの会社にとって、何分後かの予約を取ることは使用率の低下につながりますから、契約上できないのです。技術上の問題ではないので、今BVGはパートナーのモビリティプレーヤーと交渉している段階です。

長期的なビジョンなのですが、ゆくゆくは都市がリーダーシップを取って、リアルタイムでどの交通モードを推奨するか微調整できるようになるといいと思っています。道路の渋滞が発生しているから、適切なインセンティブを与えて公共交通や自転車シェアなどに誘導するといったことです。MaaSアプリでほとんどの交通モードを一元管理し、かつユーザーの利用率が高い状態であれば可能なはずです。

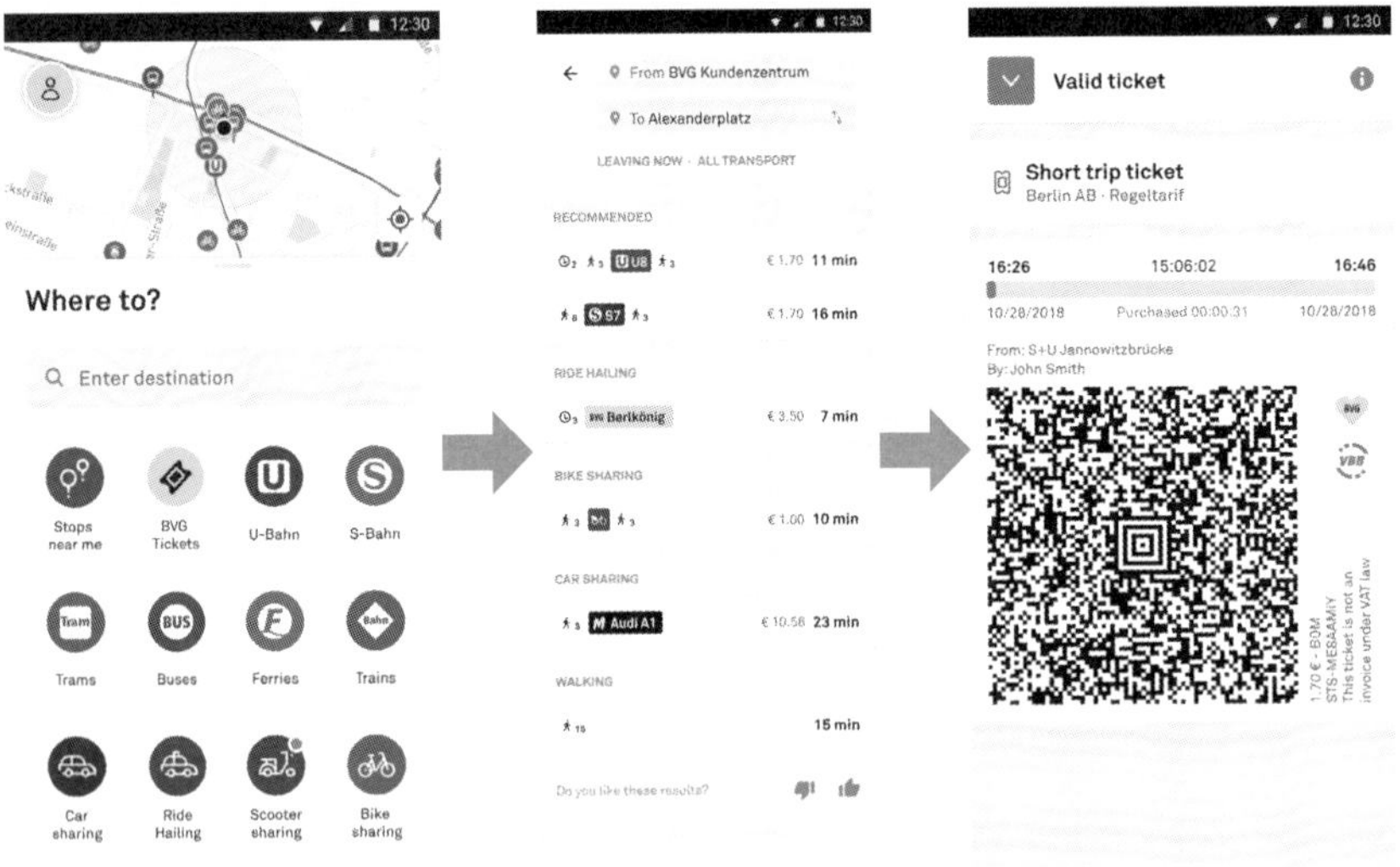

Jelbiのアプリ画面。約12のモビリティサービスを統合しており、ルート検索、予約、決済が1つのアプリで完結する（出典：Trafi）

グーグルマップの進化は脅威ではない？

――MaaSアプリでは、MaaSグローバルが展開する「Whim（ウィム）」のように、月定額のサブスクリプションモデルが1つのアイデアとして挙がります。イェルビでも検討されていますか？

我々のプラットフォームは、既に技術的にはサブスクリプションプランをサポートできるようになっています。それは簡単なことなんです。公共交通が乗り放題で、カーシェアを何分使えるなどと決めればいいだけですから。そうした中で、我々がある国の公共交通機関とつくろうとしているのが、企業向けの「モビリティバジェット」という定額プラン。欧州の企業は社用車を何台も運用しているのですが、これを複数の都市間をまたいで様々なモビリティを使えるMaaSの定額プランに切り替えることで予算を大きく削減できるというものです。

――トラフィは、米国のライドヘイリングのリフトにも技術を提供しています。BVGの取り組みとは何が違うのですか？

BVGに対しては、フルワイドのホワイトレーベルテクノロジーを提供しました。リフトに対しては、その中のいくつかをライセンスしています。約2年前、リフトから彼らのライドヘイリングアプリの中に全米の公共交通の情報を統合したいという相談がありました。米国のすべての都市において公共交通のデータソースはそれぞれ異なりますが、それを改善して統合できるようにする技術をトラフィは有しています。これを活用して、最初のステップとしてリフトは自社アプリに公共交通の情報を加えました。

２つ目の取り組みとしては、我々のマルチモーダル・ルーティング・アルゴリズムもリフトにライセンス提供しています。それによりリフトは今、同社が展開するライドヘイリングや自転車、電動キックボードと公共交通を組み合わせて、最適なトリッププランを提供できるようになっています。

──グーグルにも技術提供をしていますね。グーグルマップは多くのMaaS事業者にとって脅威にもなり得る存在だと思いますが。

グーグルはワールドワイドではなく、マドリードやジャカルタ、イスタンブール、リオデジャネイロなど都市単位の取り組みです。グーグルはデータに興味があって、信頼できるデータを求めています。グーグルマップで鉄道やバスの正確な運行情報を表示するために、トラフィが異なるデータソースを抽出して、それをリアルタイムできれいに改善してグーグルに提供しているわけです。

グーグルがMaaS事業者にとっての脅威になり得るかという点ですが、それはどうでしょう。**現時点で、グーグルマップではルート検索ができるものの、チケッティング・決済まではできませんし、イェルビのように１つのアプリで予約・決済まで完結するディープな統合はできていません。だから消費者にとって、それほど利便性はないと思います。**

もちろん、長期的にグーグルが予約・決済を統合しようと動くこともあるかもしれません。そうなると、全体的なモビリティネットワークの微調整を民間に委ねることになるわけですから、都市にとってはリスクと言えます。　しかし、少なくとも欧州の公共交通オペレーターはチケッティングの部分を他

BVGは自転車シェアなどのポートや、ライドヘイリング、カープールなどの乗降場所として使えるJelbiステーションを整備していく計画(出典:BVGホームページ)

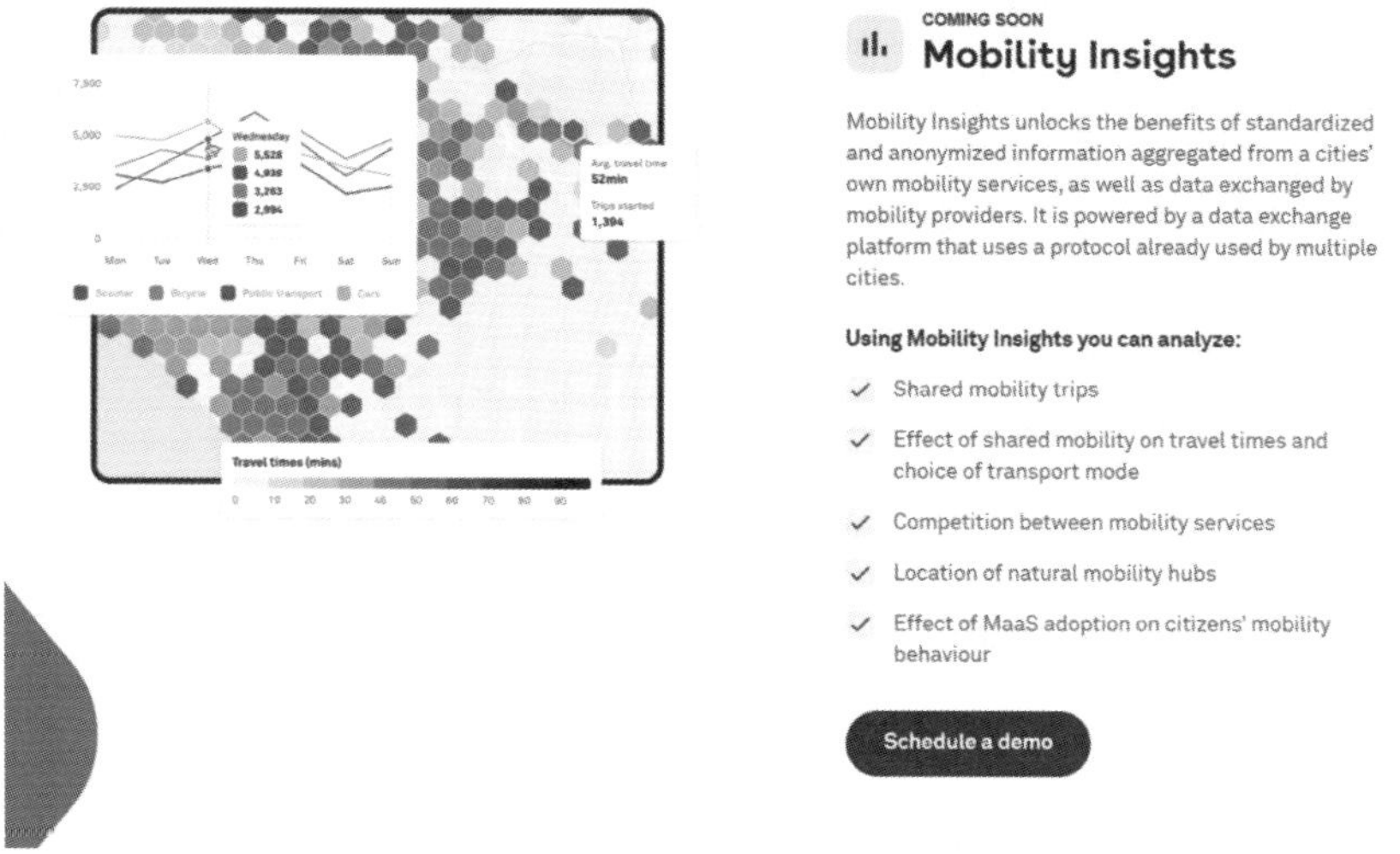

Trafiの「モビリティインサイト」のシステム画面イメージ(出典:Trafiホームページ)

のプレーヤーに委ねることには消極的です。これは良い機会なんです。確かにグーグルマップにチケッティングまで統合されれば、生活者にとっては利便性が高く、パーフェクトかもしれません。でも、それは極めて短期的な見方です。

MaaSは、やはり人々がどう動くかを解析し、生活者にとっても都市にとってもメリットがあるように行動を変えることまでできるのが本当の価値です。先ほども言いましたが、例えば道路の渋滞に関しては料金を徴収し、それを原資に渋滞を回避できる交通モードを選択した人にインセンティブを与えるといったことです。このMaaSの潜在性の高さを都市や公共交通オペレーターは早く理解しなければなりません。グーグルは、得られた移動データを都市と共有することには興味を持っていませんから。

――なるほど。都市モビリティのコントローラーとして活用することがMaaSの真価であると。ここが、トラフィが今後目指すところですか？

その通りです。我々のビジョンとしては、都市の中で人々がどう動くかを理解し、それを変えることで渋滞を減らし、温暖化ガスを削減していきたいと思っています。そのための最初のステップとして、様々な交通モードを組み合わせるMaaSアプリがあり、自家用車を使わずに自由に移動できるようにしていきます。そして**次のステップが、モビリティインサイトです。すべての匿名化された移動データから、どの交通モードが使われていて、都市のどこにホワイトスポット（交通空白地帯）があるのかを理解し、改善していくということです。**これはベルリン市でテスト的な取り組みが始まっています。

さらに我々は、都市のポリシーメーキングもサポートしていきたい。というのも、例えばある都市が

「渋滞を減らしたい」と考えたとすると、実際には駐車料金にダイナミックプライシングを適用したり、渋滞に対して罰金を科したり、電動キックボードのようなマイクロモビリティを導入したりと、多くのことをやらなければなりません。電動キックボーダー1つをとっても、どこに駐車させるべきか、制限速度は時速何kmにするかなど、決めることはいくつもあります。これについては、3つの都市で実証実験を始めています。

――最後に、トラフィは日本市場をどう見ていますか？

もちろん、日本のマーケットで働きたいと思っています。なぜならば、我々は東京のような大都市に興味がありますし、特に渋滞に悩んでいる都市、複雑なモビリティインフラを持っている都市と仕事をしたいからです。国際連合によると、2050年までに世界人口の68％が都市部に住むと予測されています。ですので、都市に住む人々の移動ニーズを早く理解することが重要です。それなのに公共交通は非常に老朽化したレガシーシステムで動いていて、都市もきちんとした政策決定ができていません。公共交通を民間企業が運営している日本は事情が異なるかもしれませんが、誰が交通のデジタル革命をけん引するのかというと、その答えは都市だと思います。機会があれば、日本のプレーヤーとも対話をしていきたい。そう考えています。

（日経クロストレンド2019年11月15日掲載、一部改編）

Interview

居住エリアに応じたサブスクMaaS提案
シンガポール発・モビリティXの戦略

モビリティX　CEO

Colin Lim

コリン・リム

シンガポール運輸省からキャリアをスタートし、IBMでITS（高度道路交通システム）ビジネスの立ち上げを経験。その後、シンガポールのLTA（Land Transport Authority：陸上交通庁）に移り、SMRTコーポレーション子会社の社長を経て、モビリティX設立

モビリティXは、シンガポールで鉄道やバスなどを運営するSMRTコーポレーションから出資を受け、2018年2月に設立されたスタートアップ。同社には18年12月に豊田通商が豊田通商アジアパシフィックを通じて出資しており、MaaSのサービス開発に加えて海外展開の支援を行っている。

モビリティXは19年4月からシンガポールでMaaSアプリ「Zipster（ジップスター）」のテスト展開を始め、9月に本格ローンチした。公共交通機関（鉄道、バス）に加え、ライドヘイリングの「Grab（グラブ）」「GOJEK（ゴジェック）」、自転車シェアリングの「Anywheel（エニーウィール）」、電気自動車（EV）シェアリングの「BlueSG（ブルーエスジー）」など、交通手段を組み合わせた最適な経路を複数提案するものだ。モビリティXは、今後どのようにジップスターを進化させていくのか。

（聞き手は、MaaS Tech Japan 日高洋祐）

――初めに、コリン・リムCEOが考えるMaaSは、従来の交通体系とどんな違いがありますか？

従来のトランスポーテーション（交通輸送）とモビリティでは、視点が大きく異なります。トランスポーテーションは、どちらかというとインフラやアセット（資産）のことを指す言葉ですが、モビリティは人を中心に据えて、どういうサービスを届けるかが問われます。世界中どこでも同じですが、鉄道、バス、タクシー会社があり、それぞれがサービスを展開している。しかし、生活者にとっては、それらの個別事情は関係なく、行きたいところにいかに安く、早く、利便性高く移動できるかが重要なのです。

モビリティX設立前のことですが、17年から18年にかけてMaaSの取り組みの1つとして南洋理工大学（ＮＴＵ）と実証実験を行いました。学生に話を聞くと、キャンパス内の移動に利用しているシャトルバスがいつ来るのか分からないという悩みがありました。そこで我々は、バスにセンサーを付けてリアルタイムの運行情報をアプリで可視化し、車内の混雑状況も分かるようにしました。それにより、学生は徒歩かバスか、最良の選択ができるようになりました。

この実証実験を進める中で、新たな交通手段として電動キックボードも追加しました。一般に自転車やキックボードのシェアリングサービスにおいて、1日1台当たり2～4トリップあれば成功の部類と言われますが、ＮＴＵでは最終的に1日20トリップもありましたので、明らかな成功事例でしょう。

ここで重要なのは、生活者のニーズに応じて交通手段を用意し、選択できるようにすること。そして、アプリで得られる移動データを活用することです。例えば、我々は電動キックボードの利用パターンを分析しました。すると、通常の朝、夕のピーク時間の他に、夜19～22時の間で想定外の需要があった。一体何が起きているのか。シャトルバスの利用データと比較すると答えが出てきました。実はその当時、バスは19時で便数が減り、22時にはサービスを終了していたのです。しかしＮＴＵの学生の4分の1に当たる1万２０００人ほどはキャンパス内に住んでいて、バスの営業時間外にも満たされていない移動ニーズがあったわけです。

これは、生活者向けのＭａａＳアプリとしてモビリティＸがローンチしたジップスターも同じです。ＭａａＳというと、多くの人は交通手段のシームレスな統合、ルート検索機能だけにフォーカスしがちですが、**ＭａａＳが目指すところはもっと大きな話。得られた移動データを解析して足りない交通手段を加えたり、スムーズな移動が可能になるよう交通の最適化をしたり、都市全体に関わる輸送のプランニング、モデリングの能力が重要になります。**

モビリティ Xが展開するMaaSアプリ「Zipster」。2019年10月末時点で、アプリのダウンロード数は4万5000件に達しているという

シンガポールの公共交通決済カード「Ez-Linkカード」と連携した「Zipsterカード」とアプリをひもづけると、公共交通の決済が可能となり、アプリ上で利用履歴を確認できる（カード券面はITS世界会議2019参加者向けに配布されたもの）

MaaSが目指すのは「CAR LIGHT」

――モビリティXの取り組みは、シンガポール政府の交通政策とはどのようにリンクしていますか。

シンガポール政府のLTA（Land Transport Authority：陸上交通庁）が13年10月に発表した「陸上交通マスタープラン 2013」は、40～50年先の都市計画に基づいて設定された方針ですが、その柱の1つに自家用車使用の削減、つまり〝カーライト政策〟があります。要は人々により公共交通を使ってもらい、自家用車の保有をやめるか、自家用車の利用を減らすということです。自転車シェアのようなアクティブモビリティの活用を促すことも盛り込まれています。

2030年までの具体的な目標としては、①シンガポールの8割の世帯が、徒歩10分以内に鉄道駅にアクセスできる②20㎞に満たない公共交通による移動の85％は、1時間で目的地に到着できる③ピーク時間帯の交通のうち、75％を公共交通機関がまかなう、という3点が挙げられています。現在、朝7～9時のピーク時間における公共交通の利用率は65％と言われていますから、意欲的な目標です。

我々の活動は、この政府が掲げる目標に合致していて、公共交通の利用を促す役割を果たすと期待されています。特に若いミレニアル世代を中心にシンガポールでも運転免許自体を取得していない人が増えています。彼らや、自家用車を保有する強力な動機がない人に対して、公共交通を交じえた都市での効率的な移動をサポートするのがMaaSの役割です。

また、国土が狭いシンガポール独特の政策だと思いますが、例えば現在、2階建ての住宅を10階建てのビルに建て替えようとした場合、新しい建物の全世帯分の駐車場を用意しようとすると建築認可が下りません。つまり、不動産会社が高層化によって土地の価値を上げるためには、自家用車を持たなくても快適に暮らせるようMaaSとの連携が求められるというわけです。

ただし、シンガポールは自家用車の保有コストが世界で一番高い国ですが、それでも自家用車を持つ人はいて、そこには相応の正当な理由があります。高齢者や小さな子供がいる家庭などにとって、自家用車は便利な移動手段として現実的です。だから、MaaSは「CAR ZERO」ではなく、「CAR LIGHT」を目指すものと理解しています。

例えば、2020年にリリースする予定のジップスターの月額サブスクリプションプランの1つとして、「ドライブプラス（仮称）」を考えています。シンガポールでは、自家用車でオフィスに通勤する人がいまだに多いのですが、中心街の駐車場料金は非常に高くて月350シンガポールドル（以下SGD、約2万8000円）程度もします。この方々に提案するのが、月250SGD（約2万円）くらいのプラン。平日の利用期間25日のうち15日間は駐車場利用が可能で、10日間は鉄道やバスが乗り放題になるというものです。

これにより、自家用車ユーザーにとっては駐車場コストを減らせますし、都市にとっても朝・夕の渋滞削減が期待でき、公共交通の利用も促進できます。これは複数人で駐車場をシェアする仕組みのため、実は駐車場の稼働率が上がるパッケージにもなり得る。ですので、不動産会社や個人の駐車場オーナーにとってもメリットがあります。

――自家用車ユーザー向けのサブスクプラン「ドライブプラス（仮称）」は非常に面白い発想です。他にもサブスクプランを導入する予定はありますか？

ＭａａＳにおけるサブスクモデルは、公共交通の乗り放題に加えてタクシーも1回５㎞まで使い放題といったプランが欧州で提案されています。しかし、これは私見ですが、これだけではユーザーの移動ニーズを満たすことはできないでしょう。

というのも、例えば鉄道駅から近いところに住んでいる人か、それとも遠いところに住んでいる人か、こんな簡単な違いでも求める移動スタイルが異なることは想像できるはずです。そして、それに応じたサブスクプランが必要になることも。**鉄道駅の近くに住んでいるなら公共交通をベースにしたサブスクプランが適していますし、駅から遠い人はグラブやゴジェックのような配車サービス、タクシーをもっと利用しやすくなるプランを組むのが妥当だと考えています。**

そこで現在、複数のオフィスビルが集積するビジネスパークを運営する大手不動産会社と話が進んでおり、２０２０年には入居企業の社員向けに４つのサブスクプランのテスト展開を始めます。構想中のプランの１つが、先ほど紹介した自家用車ユーザー向けの「ドライブプラス（仮称）」なのですが、この他に主力プランが３つあります。

１つ目が、お試しプランの「エコ（仮称）」です。月額40～50ＳＧＤ（約３２００～４０００円）で、例えば鉄道やバスに30ＳＧＤ分乗ることができ、残りの10ＳＧＤ分をタクシーや配車サービスに使うことができる。それに加えて自転車シェアなどが利用可能で、個別にチケットを買うよりも割安な料金になります。２つ目は公共交通をメインに使う人向けで、より頻繁に移動できる「アクティブ（仮称）」プラン。月額80～１００ＳＧＤ（約６４００～８０００円）で公共交通は無制限に乗ることができ、タクシーや配車サービスは20ＳＧＤ（約１６００円）分使えるというものです。

そして、３つ目のプランは名称未定ですが、鉄道の駅から遠いところに住んでいる人向け。これはグラブなどと連携して、月額料金の中で配車サービスやタクシーの比重を大きくする形になります。

――MaaSアプリを提供するオペレーターとしては、ルート検索・予約機能だけだと「グーグルマップ」に勝てませんから、地域ニーズに合わせたサブスクプランで違いを出すということですね。

やはり**MaaSアプリは、単に旅行計画ができるだけでは不十分ということです。旅行計画に加えてモビリティの予約ができ、そしてさらに支払いまでできる。この3機能が統合されて初めて、大きな価値が生まれます。**現在、MaaS領域では世界でも多数の会社が存在しますが、既に消費者のほとんどがグーグルマップを使っているのが現実でしょう。でも、彼らは旅行計画の機能は充実しているものの、モビリティの予約や支払いについてはまだ十分な対応ができていません。

また、MaaSをめぐっては世界中で1つのビジネスモデルが存在することはあり得ません。それぞれの都市で異なる構造があり、これらの違いをどう見つけ、どのようにビジネスモデルを組み立てていくのか。その1つのチャレンジが、先ほどお話しした大手不動産会社と取り組むサブスクプランです。

――ルート検索機能でいえば、19年4月にグラブが「トリッププランナー」機能を実装しましたね。その意味で、グラブとは競合関係なのでしょうか。

それは、今日の自動車産業と同じですね。パートナー企業と組みながらも、また一方では競合であり続けるという関係です。もう1つ、スマートフォン業界でよく言われることですが、米アップルのようにすべてのサービスを自社のプラットフォームで保有するのか、それともグーグルのAndroidのようにサードパーティーに門戸を開くのかという戦略の違いがあります。グラブの優位点としては、アップルのように様々なサービスを統合しやすいことがありますが、そのシステムに入っていない企業は参加できないということでもあります。

その点、我々はユーザーの利益を第一に考えているので、あらゆる企業と連携することを前提にしています。また、モビリティXはSMRTが主要株主ですが、他のモーダルに比べてSMRTが運営するモビリティを優先するようなことも決してありません。

ゲーミフィケーションで行動変容

——ジップスターユーザーのカーボンフットプリント（温暖化ガス排出量）を追跡して、環境に配慮した行動を促す取り組みも考えていると聞きました。

「モビリティ・カーボン・カリキュレーター」というプロジェクトで、南洋理工大学（NTU）と試験的に取り組んでいます。移動前と移動後の情報提供という2つの視点があります。まず、移動前ですが、ジップスターユーザーがA地点からB地点に移動する場合、経路検索で料金や時間、乗り換え数などに応じたルートを示していますが、それに加え、カーボンフットプリントを削減できるルートが分かるようにスコアを提示します。利用者の意思決定に役立つ情報提供です。

また、移動後については、ジップスターカードを通じてユーザーの利用履歴がアプリに蓄積されますので、例えば銀行の口座明細と同様に、月の終わりに1カ月間でどれだけカーボンフットプリントがたまってしまったかを提示することができます。シンガポールでは水道や電気料金の明細書に国全体の使用料の平均値や、近隣世帯の中で最も低い値を記載することで、使いすぎている人に行動変容を促しているのですが、これと同じことをカーボンフットプリントでもやりたい。**いわゆるゲーミフィケーションの要素をＭａａＳに取り入れて、カーボンフットプリントの削減率が最も高かった人にはポイント付与をするなど、大企業とも連携できないか探っている段階です。**

——最後に今後の海外展開について教えてください。

海外進出としては、まずオーストラリアのクイーンズランド大学と組み、２０２０年に学生向けのサブスクプランを含むＭａａＳの取り組みを始めることで合意しています。また、パートナーである豊田通商グループの力を借りて日本の鉄道会社とも話をしてきました。それが、19年10月30日に発表された小田急電鉄の共通データ基盤「ＭａａＳ Ｊａｐａｎ」とジップスターのデータ連携、サービス検討に向けた動きです。ツーリズムの観点から考えると、私たちは航空券の購入やホテル予約にインターネットやアプリを利用していますが、国をまたいで移動体験をデジタル化している例はほとんどありません。ですから、今後ツーリズムにおけるＭａａＳの価値も注目すべきだと思っています。

（日経クロストレンド２０１９年11月12日、13日掲載、一部改編）

Chapter

5

MaaSで導く交通業界の成長戦略

この章で分かること

◉鉄道、バス、タクシー、航空業界のポジショニング

◉交通業界の課題と、MaaS時代のアクションプラン

◉公共交通の連携によるサービス価値創出の道筋

1 既存交通プレーヤーの活路とは？

本章では、第４章で解説したＭａａＳを取り入れたビジネスモデルを活用し、ＭａａＳが広く社会実装していく際に鉄道や路線・高速バス、タクシー、航空といった交通事業にどのような可能性と変化が訪れるのか、その中で、交通事業者はどのようなポジションを担うべきなのかを解説する。

前作『ＭａａＳ～モビリティ革命の先にある全産業のゲームチェンジ～』でも触れたが、ＭａａＳの実証実験が国内各地で行われ、第１段階のアクションが見えてきた現状を踏まえ、さらにブラッシュアップした。また、航空業界のプレーヤーに対しても、新たに記載した。それぞれＭａａＳ時代の「役割」「課題」「アクションプラン」という３つの構成で説明していく。

① MaaS時代の役割

鉄道はＭａａＳを構成するモビリティサービスの中では、大きな輸送力と安定的な輸送サービスの供給、速達性を有するのが特徴だ。また、安価かつ時間に正確に移動できることはユーザーにとってメリットがある。

鉄道には中長距離の高速輸送を担う新幹線や特急列車もあれば、路面電車や在来線といった地域内・地域間移動に用いられる近距離をつなぐサービスもある。ＭａａＳの中での役割としては、前者の新幹線などの中長距離輸送サービスは、エリアごとに構築されたＭａａＳをつなぐ形となる。また、近距離をつなぐ鉄道は、エリアで構築されたＭａａＳの中でも基幹交通を担う。

鉄道はＭａａＳ時代においても日常的に利用され、多くのユーザーを担う輸送サービスであり、ＭａａＳを構築する上では重要なプレーヤーとなる。また、広域な地域の輸送サービスの改善においてもリーダー的な役割を担う。主要駅のように、様々な鉄道事業者やバス、タクシーなどの交通手段が集約する機能は、人とモビリティをつなぐ場所として、その有り様がより一層問われる。

② MaaS時代の課題

鉄道サービスの抱える課題として、安定的な移動を提供する一方、その特徴から他の交通モードに比べてダイヤや運賃などを柔軟に変更しにくく、固定的な運用となりやすい点が挙げられる。ＭａａＳ時代には、特に自動車系サービスにおいて移動ニーズに対応して輸送効率を向上させることや、運行計画を適応させることが可能となるが、鉄道については路線や停車駅、ダイヤは車両や乗務員数、運転設備の制約、1つの運行計画が多くの二次交通に影響を及ぼす特性などから、頻繁にサービスを変えにくい。それゆえ、ＭａａＳでユーザーの移動デマンドが把握できたとしても、その変化に柔軟に対応しにくいという課題がある。

また、鉄道だけで行える範囲の問題もある。鉄道は駅間輸送が基本となるので、駅から出発地や目的地までの交通手段との連携が必要となる。将来、自動車の自動運転サービスが一般的となり、ドアツードアのサービスやドライバーの削減効果、効率的な運用が可能となると、これまですみ分けられていた自動車系のサービスが鉄道のライバルとして出現し、ローカル線や都市間をつなぐ鉄道にとっては脅威となる可能性もある。それゆえ、従来の鉄道の安全・安定輸送は担保しながらも、サービスとしては駅と駅をつなぐサービスを軸として、さらにドアツードアのモビリティサービスに、いかに転換していくかが重要な施策となる。

③ MaaS時代のアクションプラン

鉄道業界が他のモビリティサービスと連携できると、固定化されやすい鉄道サービスに対して、ラストワンマイルのタクシーやオンデマンド型乗り合いサービスと連携したシームレスなサービスが実現できる。その状態となれば、サブスクリプションモデル、ダイナミックプライシングによる新たな収益機会の獲得、インセンティブ付与や運行計画の柔軟な連携による混雑緩和、輸送力確保を効果的に行うことが可能となる。また、駅と駅の輸送を軸として、出発地から駅までのファーストワンマイル、駅から目的地までのラストワンマイルの輸送と組み合わせることで、ユーザーの利便性の向上や総移動時間の短縮なども実現できる。

特にインバウンド旅行者や国内利用者でも、見知らぬ土地への観光では駅名や路線名が分からないため、チケットを買うことなどが面倒になる。それに対して、ＭａａＳアプリでワンタップで鉄道を使った経路が分かりやすく表示され、そこから予約や決済ができたり、割安感のある周遊パスを購入できたりすれば、利用促進につながる可能性もある。

これまでマイカーに依存していた旅行地においても、鉄道ネットワーク＋二次交通や、新しいモビリティサービスの導入によって運転免許がないユーザーに対してもドアツードアでサポートできれば、より鉄道・公共交通利用を促進できる可能性がある。

また、ＭａａＳは鉄道沿線の都市開発にも影響を与える。駅を中心とした沿線経済圏の中でより住民の移動を促進し、快適な暮らしを提供できれば、購買需要の創出やエンターテインメントなどの商業をより活性化させられる。ＭａａＳアプリで提供できる機能群としては、買い物のポイントカードや移動行動に対するインセンティブによるマーケティングを組み合わせて利用者にメリットを還元していくことで、鉄道や駅を中心とした新しい生活圏・経済圏をつくり出すこともできる。

鉄道は生活に密着した交通手段であり、これまで安全・安定輸送や地域の交通インフラを維持し続けてきた信頼感は絶大だ。その環境やアセットをうまく生かしながら、ＭａａＳや新しいモビリティサービスを積極的に導入することで、安心してユーザーが移行できるＭａａＳエコシステムを築ければ、事業としては沿線の不動産価値の向上や、グループの商業施設への誘客などのメリットが見込めるだろう。

さらに、鉄道サービス自体の発展の可能性もある。鉄道は需給に応じた運用制御が難しいと前述したが、鉄道のオペレーションシステムの改良や、運行管理システムの技術革新によって、それが解消される可能性もある。トラブル時の対応要員を考えると、一概に無人であることがいいかは検討の余地があるが、国内外でも新交通サービスとして無人運転や運行指令による遠隔制御が実現されている。ここまでくると、鉄道事業に与える経営効果も大きなものとなり、今後都市の最適化やＭａａＳコントローラーの実現においては鉄道がリードする可能性もある。

実際に国内の多くの鉄道事業者がＭａａＳ領域に進出しており、鉄道事業者間や他の交通事業者との連携が進んでいる。そのようにＭａａＳの「軸」としてリードするケースもあれば、自社では主体的にＭａａＳに進出しないという判断もある。後者の場合には、うまく他社のサービスや外部サービスにデータや予約決済の権限を連携させることで、あまりコストをかけずにＭａａＳ時代の恩恵を享受できるような形を取ることが望ましい。

従来、鉄道事業は自社や自社グループ内でサービスが完結しやすいため、外部との連携が必須となるＭａａＳ時代においては、ユーザーや都市・地域視点でのサービス構築に向けた検討体制と、社内外と連携を行う窓口的な組織体制が必要となる。特に、自社サービスの予約やチケッティングなどを外部のＭａａＳオペレーターに委ねることへの不安やノウハウの不足から二の足を踏みやすいので、鉄道事業者間での情報交換を行い、他社の好事例を参考にしながら、組織体制や経営方針の変革についても積極的に検討していく必要がある。

バス（路線バス・高速バス）×MaaS

① MaaS時代の役割

バス事業者は、鉄道と同じくMaaSを担う重要なプレーヤーである。鉄道と並んで公共交通としての使命を担っている存在であるが、バス事業は細かに地域に移動手段を提供していく役割を担う。鉄道が都道府県をまたぐ交通ネットワークを構築し、バスはそれよりは比較的小さいエリアに特化して、地域に密着した市町村単位の交通ネットワークを担っていく。

日常的な移動の足を提供する路線バスは、安価で誰でも使いやすい公共交通サービスだ。一方、中長距離の高速バスについては、路線バスとは用途が異なり、移動需要の高い地方の中核都市と都心や観光地などを比較的安価にダイレクトに結ぶ輸送サービスを担っている。

バスは鉄道に比べると線路と運転設備の制約が少ないので、路線の経路や目的地の設定など、サービスの柔軟性が比較的高いのが特徴だ。併せて自家用車やタクシーと異なり、多くの移動ニーズが発生しても、より輸送力のあるバスであれば駅近辺に渋滞を引き起こすことなく、都市におけるスムーズな輸送を支えていることは忘れてはならない。海外でもスマホをワンタップで迎えに来て、目的地まで連れて行ってくれる配車サービスの利便性の半面、時間帯やエリアによっては渋滞の要因となり、結果的に都市やユーザー全体の最適化からは離れてしまうケースもある。その中で、バスはその柔軟性と輸送力の高さから、ＭａａＳ時代にも欠かせない輸送サービスとなる。

高速バスについては路線バスと役割が異なり、長距離を移動する際に、新幹線やエアラインの国内線に並んで地域間をダイレクトにつなぐ輸送手段として、ユーザーの選択肢となり得る。移動時間はかかるものの、安価に地域間移動を提供し、また乗降場所が駅や空港に固定されないことから、目的地付近まで行くことができるメリットもある。

② ＭａａＳ時代の課題

路線バス事業は、地域に密着した事業であることがメリットになる一方、地域において人口減少が進行した際には、その経営に及ぼす影響も大きい。特に生産年齢の世代の住み替えや、ライフステージの変化に伴う通勤スタイルの変化などによって、利用者が減じる可能性については、先行した対応が求められる。地方によっては既に収益性を担保できず、補助金などの行政支援を受けながら、いかに持続的に地域公共交通としてのバスを維持するかという経営方針を取るケースもある。

また、都心部、地方部、総じてドライバーの担い手不足の問題が深刻化している。免許取得の難易度の高さだけではなく、安全運転規範を遵守し、さらに顧客サービスや各路線特有の状況などを身につける必要があり、人材養成にはかなりのコストと時間がかかる。そこに少子化や生産年齢人口の減少、地方部ではマイカー依存が進行することでバスの利用率が落ちると、雇用確保の原資がまかないにくくなるという側面もある。

移動手段としてのユーザビリティ（使いやすさ）の観点も重要だ。バスという地域に密着したサービス・交通手段であるからこそ、地域住民に特化した情報提供やサービスとなりやすい。そのため、バスに乗り慣れていない人や、その地域で初めて乗るユーザーにとっては、そもそもどこにバス停があり、どこまで行けるのか、また、料金や経路の調べ方も分かりにくくなりやすい。さらに、その地域特有のルールなどがあると、ユーザーが戸惑うケースもある。バスは鉄道に比べて路線数や停留所数が多くなりやすく、その名称も住所（〇〇三丁目など）であると、読み方が分からなかったり、降りる場所を間違えてしまったりする。これを解消するには系統番号や行先を分かりやすく示すこと、停留所を数字で表す方式（ナンバリング）も可能性があるが、そのルール自体の認知を進めるには、バス特有のものにするのではなく、他の鉄道や航空などとメンタルモデル（ユーザーが情報を見た際に想起するルールや仕組み）を一致させないと、逆に混乱を生む可能性もあるだろう。

③ MaaS時代のアクションプラン

先に示した地域に密着したバス路線の使い方や、停留所などの情報が新規ユーザーには分かりにくくなりやすいという構造的な課題の対策として、ＭａａＳアプリを通じてドアツードアの移動経路に分かりやすく乗り場や料金を提示することが挙げられる。日頃から使うアプリの中に、自宅や自分のいる場所の近くのバス停がルート検索時に表示されることで、「実はバスでも行ける」と認知されることは、バス事業者にとってもメリットとなる。バスサービス全体の利用のしやすさを向上させることに加え、他の交通手段と連携したＭａａＳアプリで、ユーザーに分かりやすい表示をどのようにするかという検討は重要だ。特に系統番号や停留所、運行形態が鉄道や航空よりも複雑になりやすいので、ユーザー目線でデザインする体制が必要となる。それをできるだけ標準的なものとして、地域によってバラバラな情報にならないようにする工夫が必要となる。

そうしてMaaSアプリに実装され、バス路線が適切に扱われるようになると、これまで乗っていなかった自家用車ユーザーや、新たに引っ越してきた住民、観光で訪れた人などに対して、その地域における移動手段の選択肢にバスをスムーズに加えてもらえる。

また、地域に密着した移動インフラを担ってきた路線バス事業者にしかできないアクションとしては、地域交通の主役として地域全体の交通マネジメントを再構築することがあるだろう。MaaSによって、地域全体で自動車ユーザーや徒歩、自転車など、様々なモビリティによる移動実績と、検索履歴などから潜在的な移動需要が分かるようになることで、需要開拓を行うことも可能となる。その際には既存の路線バスにこだわらず、固定の拠点間を結ぶシャトルサービスやレンタサイクルなど、新しいモビリティをどう生かすかという観点も重要だ。

そうして地域密着型のMaaSが完成すれば、バス事業の改善に結びついてくる。例えば、バスの利用頻度や利用パターンを定点観測することで、乗り換えの課題や乗車頻度を増やすためなどの利用促進施策、あまり使われていない路線や時間帯のダイヤ改善に生かすことも可能となる。

新サービスとしてオンデマンド型乗り合いサービスを導入する時も、その仕組みが効果を生む。乗り合いサービスの経営効率を考えると、できるだけ少ない車両でなるべく多くの人を早く目的地に届けることがミッションとなるが、これは公共交通機関として獲得してきた移動実績のデータや、バス事業で培ってきた効率的かつ安定的な輸送サービスの構築ノウハウを地域分析、需要予測と組み合わせることで実現できる。単なるユーザー同士をマッチングするだけの相乗りサービスでは成し得ない、地域にと

西日本鉄道と三菱商事は、福岡市東区のアイランドシティを中心としたエリアでオンデマンド型乗り合いサービスの「のるーと」を展開。有料サービスとして着実に浸透している（出典：西日本鉄道）

って本当に有用で「公共交通」となり得るオンデマンド乗り合いサービスは、パーソナルとマスの間を埋めてきたバス事業者が、その一翼を担うだろう。

ここで、タクシー事業者との連携にも触れておきたい。地域内の交通では、エリアや時間帯によってはバスとタクシーが競合となるケースもある。だが、MaaS時代にはサービス競争はあれども連携効果を生みやすいことから、タクシー事業者との間で連携する領域を広げていくことが望ましい。例えば、タクシー待ちの行列ができた時は、同じ方向に行く利用者をまとめてオンデマンドのバスで運ぶことや、路線バスの運行が停止していたり、過度な混雑が予想されたりする場合には、タクシーなど他の交通手段での救済策を検討するといったことだ。利益分配スキームを整備するために、地域行政などとも連携しながら検討していく必要がある。

また、生活交通だけではなく、地域の資源を再度見直して、ツアーバスのように目的地と一体のサービスを提供することで、地域に新たなユーザーを呼び込む起爆剤となる可能性もある。路線バスではまかないにくい多様化したエリアの移動を自転車や電動キックボードのシェアリングや、オンデマンドな小型車両の乗り合いサービスを組み合わせることなど、まとまった移動需要の多い幹線的な路線・エリアと、移動需要が多様になりやすい支線的なエリアについてモビリティの特性を生かしてマネジメントしていくことが可能となる。また、さらに地域の不動産や商業施設と連携することで、グループや連携先のアセットをうまく生かすこともできる。

今後はオンデマンド型乗り合いサービスなど、多くの新規サービスと、新規プレーヤーが地域でも出現していくことが予想される。「自分の地域は多くの利用者がいるから当分大丈夫」という発想は捨てたほうがいい。特に配車系サービスは車両にスマホを取りつけるだけで実現するケースもあり、デジタル領域のサービス展開は交通事業者の思いもよらない速さで進展する。今のバス事業より利便性が高く、ユーザーも支持する地域交通サービスが早晩現れるかもしれない。その中では、前述したように地域の中で単なる利用者の奪い合いではなく、地域の交通を積極的に連携させ、最適化していくためのテクノロジーや仕組みを導入した上で、持続性のあるバス事業の在り方について検討を深めていく必要がある。

まとめると、バス事業者を軸とした地域密着型のＭａａＳにおいては、タクシーや新モビリティサービスとの連携により、地域にとってユーザーにとって理想的な交通体系を構築することも可能となる。その先にはマイカーからバス利用へ切り替えることや、免許返納後の高齢者の足が適切に確保できること、これまでマイカーでないと移動しにくかったところに、路線バスとプラスアルファのシームレスなサービスを提供することで、地域内全体の交通改善を行うことができる。また、ＭａａＳアプリの中に経路や運賃などが分かりやすく表示され、チケット購入の機能なども併せて展開することで、これまで路線バスで行けることを知らなかったユーザーが認知し、利用促進につながる。その状態こそ、地域間をつなぐ鉄道事業やその地域の住宅不動産、商業施設などの活性化に結びついていく。

鉄道同様、このような取り組みをバス事業のノウハウだけでは実施しにくいことから、他の交通事業者およびＭａａＳオペレーターや地域行政とタッグを組んでいく必要がある。これまでのバス事業が担ってきた地域密着の移動の足の提供や、安全安定輸送の方向性と変わるわけではなく、ＭａａＳ時代の地域公共交通の主役として、よりその領域を広げていくことが求められる。

タクシー×MaaS

① MaaS時代の役割

タクシーは、ＭａａＳのモビリティサービスの中では最もパーソナライズ化された公共交通と位置づけられる。エリア内の乗車可能車両の台数や乗り降り可能な場所に制限があることを別とすれば、基本的にいつでもどこにでも移動可能だ。公共交通の中でも、その柔軟性とドアツードアで移動できるメリットは、ユーザーにとっては非常に大きい。

その半面、鉄道やバスに比べると、同一距離に対して料金が比較的高くなりやすい特徴がある。だが、拠点間を担う交通手段のラストワンマイルとして自宅や駅、空港、商業施設などからの移動手段となることや、アプリや電話で配車予約ができることから、ユーザーの指定した時間にモビリティサービスを提供することが長所となる。最も柔軟性と利便性を担保した交通手段といえる。

② MaaS時代の課題

バス事業と同様に、タクシーにおいてもドライバーの担い手不足の問題がある。特に地方部では深刻であり、ドライバーの平均年齢が毎年1歳以上（新規採用がなく、若手が転職するケースなど）も上がっていたり、平均年齢が60歳を超える地域も存在したりという調査結果もあるなど、今後、新規採用や担い手を確保する方法を模索する必要がある。また、安全性の担保や免許取得、車両整備など、厳しいルールを守ることが求められ、コスト構造の問題だけではないが、自家用有償旅客運送のような仕組みとどのようにすみ分けていくのかも検討課題となる。

さらに台数やドライバー数の制限から、突発的に増える需要に対応しにくいことも挙げられる。例えば、突然雨が降ってきたり、大規模イベントが開催されたりなど、タクシー需要の急激な増加に対してスムーズに配車できないことによる機会損失や、ユーザーの待ち時間が長くなってしまうなどの課題がある。

③ MaaS時代のアクションプラン

既に一般化しつつあるタクシー配車アプリのログデータや、乗車実績データ、外部のイベント情報などを用いた需給予測、ユーザーとドライバーへの巧みなインセンティブ設計により、車両の稼働率を高められる可能性がある。この領域は、AIなどのテクノロジーの進化により、今後大きな恩恵を受けられる可能性がある。

バスと同様に、MaaSアプリを通じた一次交通（鉄道）との情報連携による効率化・稼働率向上も見込まれる。例えば、鉄道の混雑情報や遅延情報、改札機の乗降データなどから分析し、駅に電車が到着した後にどのくらいタクシー利用がありそうかを予測できれば、機会損失を減らすことが可能だ。そこに天候データやイベント情報（集客人数や開始・終了時刻など）を組み合わせると、さらに精度を向上させられる。

また、MaaSアプリを使った経路検索においてタクシー予約機能が一般的になると、その乗車ニーズをリアルタイムにまとめて相乗りタクシーに誘導するなど、少ない車両で多くの移動を担保することも可能になる。特に、タクシーは鉄道やバスのように路線が固定されていないという特徴があり、そのぶん多様な移動ニーズをさばける。時間短縮の価値を高く見積もるユーザー層が高頻度に利用することもあれば、交通弱者や妊婦などにとっては乗り換えの不便さがないドアツードアのサービスとして重宝される。もちろん、降雨時や公共交通機関が停止している時なども、うまく空車に出合えれば代替の移動手段として便利だ。

将来的には、ユーザーの移動デマンドに対してタクシー車両が足りない場合でも、すべてをタクシー

Japan TaxiとDeNAは、タクシー配車アプリ事業を2020年4月に統合。新会社の会長は日本交通ホールディングス代表取締役の川鍋一朗氏（写真左）、社長はディー・エヌ・エー 常務執行役員オートモーティブ事業本部長の中島宏氏が担う（出典：ディー・エヌ・エー）

で運ぶのではなく、移動の一部を鉄道やバスに担ってもらい、タクシー車両をマッチングできる別の場所までユーザーに移動してもらうことができるかもしれない。実際に海外の配車サービスでは、配車する車両のピックアップポイントを、混雑エリアを避けて設定するケースもあるから、これをマルチモーダルで適用するイメージだ。配車パターンの計算量や連携スキームは複雑になるが、異なるモビリティが連携すれば、個々のモビリティで運行するよりも価値を出せる。

また、タクシーはより利用者に密着してサービスを展開できることから、高齢者や子供の見守り機能や買い物代行、物流などとセットにして、そのインセンティブをＭａａＳパッケージに流していくような、よりパーソナライズされたサービス連携を担う役割も期待される。また、日本国内で多くのタクシー事業者が自主自立経営を行い、個別に発展してきたため、多くの事業者がバラバラに経営を行っている状況である。経営の独立性は担保しながらも、ユーザー目線に立って配車アプリやそのオペレーションを連携・統合していくことなどが、今後求められるだろう。

こうしたきめ細やかなＭａａＳは、多様な移動ニーズを担保してきたタクシー業界が主導し、他のモビリティサービスと連携していくモデルが考えられる。

航空×MaaS

① MaaS時代の役割

航空事業は、基本的に鉄道やバスよりも距離の長い輸送を速達性高く提供する手段といえる。もちろん、空を飛ぶこと自体や契約方式、条件が異なる面もあるが、運行の固定化（決まったダイヤの下に安定運行する）の度合いは鉄道やバスよりも高く、天候不順などの影響を受けやすい特徴がある。

航空各社は自社のＷｅｂサイトやスマホアプリなどによる情報提供、マイレージプログラム、割引制度などのサービスプランを既に完成させており、顧客満足度向上の取り組みには積極的である。輸送サービスとして見ると、その速達性や快適性から比較されるのは新幹線くらいであって、競争優位性は高い状態にある。ＭａａＳ時代においては、あらゆる移動手段の中で距離の長い移動手段を短時間で輸送する主要プレーヤーとして引き続き重要なポジションを担う。

②　ＭａＳ時代の課題

航空ルートはユーザーの旅程の中で大きな割合を占めるが、空港までのアクセスは鉄道やバス、タクシーといった多様な手段があり、すべてをコントロールしたり、連携したりすることが難しい状況だ。そのため、航空便が遅延、欠航した際の対応や、エアライン利用の前後の空港アクセスとの連携がなかなか進みにくい状況にある。今後はそれを解消し、飛行機の遅れや予定変更時などのイレギュラー対応、予約や支払いなどの一括化、空港からシームレスに二次交通に接続するといった、移動のハブ機能の役割が求められる。

③　ＭａＳ時代のアクションプラン

航空サービスは、利用に当たってユーザーＩＤや予約・決済が前提となるため、不特定多数が乗車する鉄道やバスに比べてユーザー接点を持ちやすい。さらに、海外路線を中心に飛行時間が長くなりやすく、そのぶん着席しているユーザーとコミュニケーションする時間を長く取れるので、その接点をうまく利用してパーソナライズ化されたサービスを提供しやすい特徴がある。

また、空港から空港への輸送で完結するのではなく、ＭａａＳアプリやオンデマンド型乗り合いサービスのような二次交通との連携で、ユーザーが自宅や空港からシームレスに移動できる体制を整えることにチャンスがある。

実際に、「ＣＥＳ　２０２０」において航空会社として初めての基調講演を行ったデルタ航空は、ＤＸ

（デジタルトランスフォーメーション）戦略として、ライドヘイリングの米Ｌｙｆｔ（リフト）との連携拡大を表明し、他のモビリティ事業者との取り組みにも意欲を示した。さらに、空港の手荷物検査場をフリーゲートとすることや、天候不順の対応などを１つのユーザー接点に集約して体験価値を高めていくと発表した。

このように、航空業界がモビリティ統合、ＭａａＳの世界に入り、地域間・業種間でのＩＤ統合やサービスアライアンスの重要な一翼を担うことで、ミクロからマクロまでのモビリティサービスが連動するハブとなり、人の移動はよりダイナミックに変わっていくだろう。また、日本版ＭａａＳが海外サービスと連携する際には、航空業界がその仲介を担う可能性もある。

2 公共交通全体のアクションプラン

ＭａａＳ時代においては、公共交通機関の関係性は「競争」から「共創」へ変化していく。これまでは同一地域の競争関係の中で切磋琢磨しながら、互いのサービスを向上させてきた。いわゆる競争関係である。今後は、良い意味での緊張感のある状況で、共創関係をどのように構築するか、エコシステムをどのように構築するかがポイントとなる。それは同一地域においても、遠く離れた地域でも同じような課題を抱えている事業者間や、同じシステムを活用できる場合には積極的に連携メリットを模索していけるといい。

都市全体の視点から、また利用者の視点から、MaaSという新しい産業を育成するプレーヤーの一翼を担うのは公共交通事業者だ。そこからカーシェアリングや自動運転サービスといった効率的な新モビリティを連携させるなど、いかに自社サービスのみの視点だけではなく、MaaS時代を想定した、交通全体を仮想的に1つの事業体とみなした際の事業戦略を構築できるかが勝負となる。

ただし、乗車実績データの共有は、逆にいえば利益の出る路線やエリアを相手企業に示してしまうことであり、互いに利用者を奪い合う競合関係においては、自社の事業リスクを生じさせる可能性がある。バスの収益性が高いところにタクシーを走行させること、タクシー利用の多い地点間にバスを新規で運行させることなどが起こり得る。その状態を越えて連携するためには、既存のパイの取り合いを心配するよりも、連携による収益向上策を検討することや、レベニューシェアの方法を模索していくことが必要となる。現代の日本が置かれている少子高齢化、人口減少フェーズにおいては、互いの連携によってコストを抑えながら、全体の利便性と効率性を担保するスキームが求められる。

また今後、自動運転などの新モビリティサービスの導入が予想される中で、それらが快適に車内で仕事ができたり、エンタメを楽しめたりするものになると、公共交通が持つ速達性の優位性が崩れるケースも出てくるだろう。さらに無人の自動運転によるオンデマンド型乗り合いサービスが展開されることで1人当たりの輸送コストが減ると、鉄道やバスと同じような料金でよりフレキシブルかつ快適なサービスが実現する可能性もある。そうなると、固定化されやすい鉄道やバスの収益性に影響が出ることは明らかなので、先んじてそれらのモビリティサービスを取り込むことが求められる。

また、リモート会議システムの充実などによって、移動をしないで目的達成する場合も出てくるだろう。例えば、VR（仮想現実）を活用したサービスが充実し、実際に現地に行くよりも体験価値が高まる「スマートツーリズム」が普及してくると、移動する人自体が減る可能性もある。そのため、移動中の体験価値をもう一段引き上げるサービス改善の努力が必須になるとともに、「移動の目的」をつくり出すことや、目的となる産業との積極的なコラボを進めることが必要だ。

公共交通に求められる安全・安定輸送や、社会インフラとしての持続性への期待は、MaaS時代においても変わることはない。MaaSによる移動全体の利便性向上に伴って、個々のモビリティサービスへの期待はさらに高まる可能性もある。これまで事故や天災に対する対策を繰り返し、世界一安全で時間に正確な輸送サービスを実現したノウハウや、その体制は世界に誇るべきものだ。その進化の方向性として、新しくMaaSという連携モデルを推進することで、さらに「世界一の交通インフラ」として注目されるだろう。

公共交通をめぐっては、事業者が資本的に分離し、競争関係に置かれてきた経緯から、連携することへの障壁も少なからずある。しかしながら、各交通事業者が自社の利益に固執することなく、ユーザー視点・都市視点で最適化する方策を模索することで、公共交通ひいてはモビリティサービス全体で大きな発展が見込めることも事実だ。これまで人々の移動を支え続けてきた公共交通機関の次なる「競争と共創関係の再定義」こそが、MaaS時代の1つのイノベーションとなる。

Chapter

6

自動車業界激変！
CASEの出口としてのMaaS

この章で分かること

◉自動車業界のバリューチェーンを破壊するCASEの威力
◉生き残りをかけた自動車業界におけるBeyond MaaS
◉トヨタ自動車が「未来都市」を創るワケ

1 今、自動車業界で何が起こっているのか

第3章でも述べたように、自動車産業がこれまで形成してきた自動車の製造をめぐるエコシステムは、MaaSが普及した社会では、モビリティサービスプロバイダーが自動車メーカーより優位な立場になり、これまでのエコシステムは通用しなくなる。まさに、「生きるか死ぬか」の事態だ。

その発端は、自動車産業で「CASE」（コネクテッド化、自動運転化、シェア&サービス化、電動化）に代表されるパラダイムシフトが起こっていることにある。CASEという用語自体は、ダイムラーが2016年のパリ・モーターショーで中長期戦略として掲げたものだが、今では世界中の自動車メーカー各社がCASEを意識した戦略を掲げ、この大変革期を象徴するキーワードとなっている。そして、その影響する範囲は自動車製造だけにとどまらず、販売・整備・保険といった自動車と関連する分野、さらにはエネルギー、IoT、公共交通、観光、金融までをも巻き込み、まさしく「100年に一度」と呼ぶにふさわしい広大な規模で変革を迫っている。

それほどまでに、CASEがもたらすインパクトは大きい。CASEが企業や業界の枠を超えて共通の概念となったのは、自動車産業の核心を突いていたからだ。自動車産業は、これまで内燃機関を中心にクルマを製造し、系列のディーラーを通じてクルマを販売、自動車保険を提供し、販売金融会社がリースやローンを組み、クルマを消費者に届けてきた。

ダイムラーが打ち出したCASE戦略が、大きなインパクトをもたらした。写真は東京モーターショー 2017での発表のもよう（出典：ダイムラー）

また、ユーザーが使用している期間は点検や修理などのアフターマーケットがあり、その後、ユーザーが手放しても中古車市場があり、最後にはリサイクル部品となる長大なバリューチェーンが存在している。このバリューチェーンを転換し、再構築するほど強力なエネルギーを帯びているのが、まさにＣＡＳＥだ。

しかし、このバリューチェーンを、一度に書き換えることはたやすいことではない。自動車メーカーなどの動きを見ても、部分的に試行錯誤を繰り返しながら転換を図っている段階といえる。そもそも、バリューチェーンの転換は諸刃の剣であり、自動車産業にとっては既存の事業が破壊されるリスクを伴っている。ＣＡＳＥのＥ（Electric）、電動化を例に取ると、電気自動車（ＥＶ）はエンジンなどの内燃機関を搭載したクルマより、部品点数が３分の１ほど減少するといわれている。それにもかかわらず、自動車メーカーや欧州のメガサプライヤー各社は、２０２０年代から２０３０年頃にかけて、ＥＶの生産比率を大幅に上げることを発表している。そうなると、内燃機関に関わる仕事が減少することは避けられない。特にサプライヤーは、企業間で事業部門の統廃合を進めている。日立製作所とホンダが発表したサプライヤー4社の統合や、デンソーとアイシン精機が設立した電動駆動モジュールの開発会社「ＢｌｕＥ Ｎｅｘｕｓ（ブルーイー ネクサス）」などは記憶に新しいところだ。

「この2〜3年が勝負」とダイムラー

そして、ＣＡＳＥへの対応という難局を打開する一手が、従来の自動車製造販売のような「売り切り」のビジネスから、自らサービスを提供する姿へと変革し、ＭａａＳの世界に飛び込むことだった。16年にダイムラーがＣＡＳＥ戦略を発表した後、18年にラスベガスで開催された家電・ＩＴ見本市「ＣＥＳ２０１８」に登壇したトヨタ自動車の豊田章男社長は、「モビリティカンパニーになる」と宣言した。トヨタが目指す新たなモビリティサービスを自動運転とＭａａＳを融合させた造語「Ａｕｔｏｎｏ－ＭａａＳ（オートノマース）」と表現し、それを具現化するためのコンセプトモデル「ｅ－Ｐａｌｅｔｔｅ（イーパレット）」を発表。そこから堰を切ったように、日本でも自動車や交通に関する企業を中心に各社がＭａａＳ事業部を設置した。そして現在でも、自動車分野のみならず、全産業を巻き込んだＭａａＳ市場の熱量は高まり、かつては考えられないような大企業同士の提携が相次いで発表されている。

その中でも、特に大きな衝撃をもたらしたのが、共にライバルとしてしのぎを削ってきたダイムラーグループとＢＭＷグループの提携だ。両社は19年2月、モビリティサービス分野の統合を発表し、10億

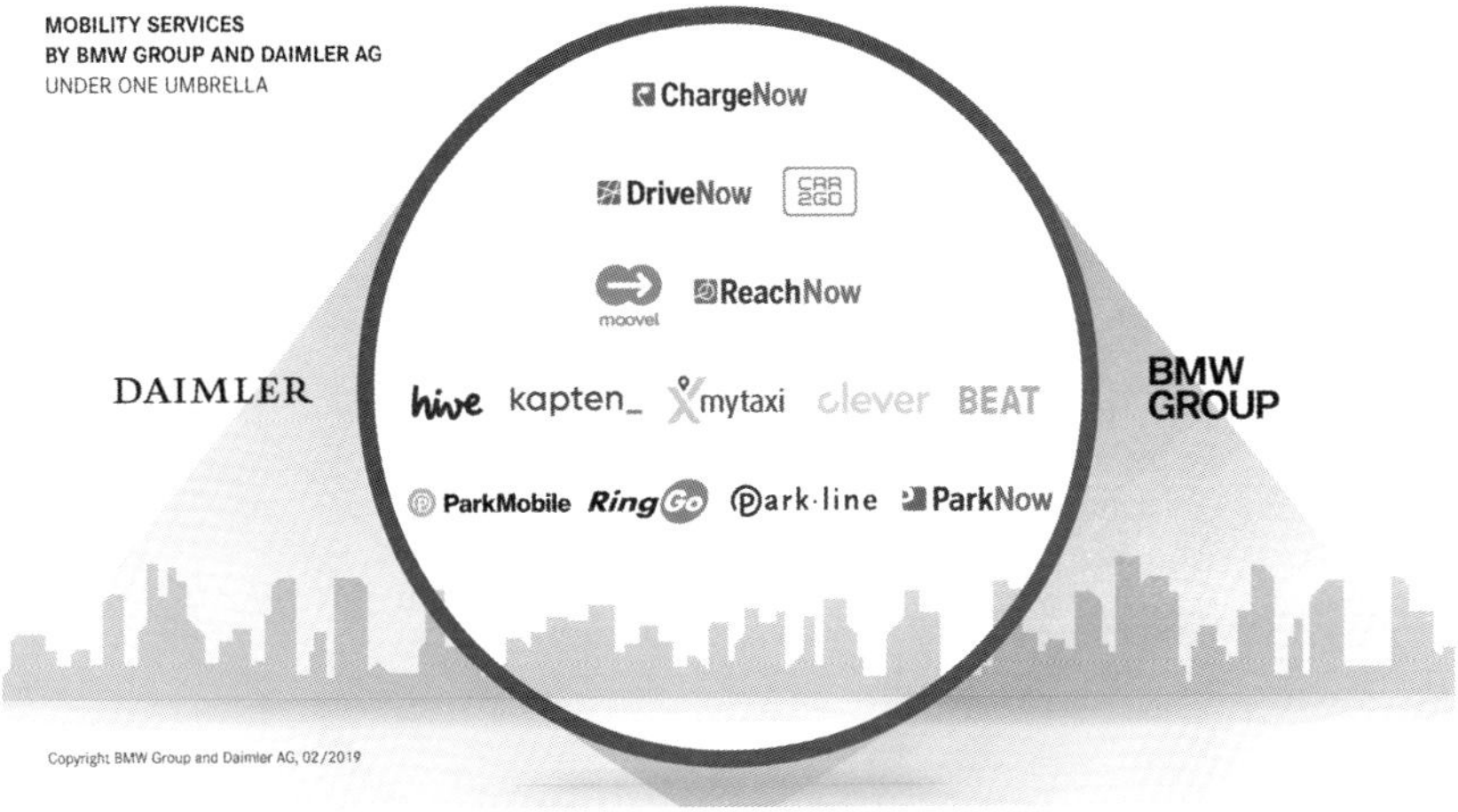

19年2月に発表されたBMWとダイムラーのモビリティサービスを統合する青写真（出典：ダイムラー）

ユーロ（約１２０５億円）以上を投資して、カーシェアリングサービスの「ＲｅａｃｈＮｏｗ（リーチナウ）」をはじめとした５つのモビリティサービスを展開するジョイントベンチャーを設立した。ダイムラーＡＧ取締役会会長のディーター・ツェッチェ氏（当時）は、「モビリティサービスにおける地位は、この２〜３年で決まる。スピードと規模がものをいう」との見解を示し、一気に攻勢をかける体制づくりを急いだ。規模とスピードを最大化するため、両社は５事業でトップシェアの獲得、そして将来的にサービスを１つにまとめ、包括的なモビリティサービスの提供を目指して動き出した。

しかしその一方で、16年のＣＡＳＥ提唱から現在に至るまでの動きを振り返ると、決して希望に満ちたニュースばかりではない。ダイムラー・ＢＭＷ連合でいうと、リーチナウのダニエラ・ゲルト・トム・マルコッテン社長が就任から僅か半年で辞任し、その後、19年12月には米国とカナダでカーシェアリング事業から撤退。ロンドン、ブリュッセル、フロレンツの3都市でもサービスを停止すると発表している。

こうした動きは、CASE戦略を個々に突き詰めて行った先で、それぞれの課題が浮き彫りになった結果、生じたものだ。カーシェアリング事業を例に挙げると、一定程度の密度で車両を配置してサービスを提供しないと、マイカーからシェア利用に切り替えるというユーザーの行動変容は起こらず、サービスが定着しにくい。そこを乗り切るとデファクトスタンダードとなり、市場で優位な立場を確立できるため、各社その高みを目指すのだが、その道のりがとてつもなく険しい。他にも、自動運転について触れると、現状では車両やシステム開発に膨大なコストが掛かることが大きな課題だ。それをどのようにサービスに取り込み、持続可能なサイクルにするのか。日本国内で行われている数多くの自動運転の実証事例を見ても、まだ明確な回答は出ていないように映る。

ただでさえ痛みを伴う変革で、取り組んだ先に必ずしも成功が保証されているとは限らない――。変革とはそういうものだ、と言われるとその通りだが、関わる市場の巨大な規模を鑑みると、たとえ失敗を重ねたとしても、その先に必ず勝ち筋を見つけなくてはならない。

一方で、個々のサービスを高次元で統合するMaaSがCASE戦略のたどり着くべき地点の1つだと各社は理解しながらも、いまだ試行錯誤を繰り返している現状がある。そのため、成功への糸口が見つからないままのように感じるかもしれない。では、MaaSがCASE戦略の「出口」であるという前提が、そもそも誤りだったのだろうか。筆者らは、そうは考えない。

カギとなるのは、「Beyond MaaS」という視点だ。異業種との連携を活発化させ、まちづくりや社会課題解決という到達点からブレイクダウンする形でCASEの在り方を捉え直し、ビジネスモデルを再構築することが重要になる。次の節からは、その視点から自動車業界の大変革を考えていく。

既に、自動車業界でもBeyond MaaSを実践する取り組みが確実に生まれている。2020年、トヨタは、トヨタ自動車東日本の東富士工場跡地で、自動運転、MaaS、パーソナルモビリティ、ロボット、スマートホーム技術、AI技術などを導入・検証できる実証都市「Woven City（ウーブン・シティ）」の構築に着手すると発表した。前述の通り、バリューチェーンの転換について改めて考えるとともに、この取り組みをひも解くことこそが、自動車業界の勝ち筋につながると筆者らは考えている。それを最後の節で深く掘り下げていきたい。

2 CASEがもたらす自動車ビジネスの破壊

CASEをBeyond MaaSという視点から捉え直し、これまでの製造・販売・整備・保険・

金融・サービスのバリューチェーンを転換することが重要であることは先に述べた。一方で、Beyond MaaSが定義する広範なバリューチェーンを形づくるには、従来の自動車産業と、それ以外の領域を結びつける要素が必要になる。その接着点となるキーワードがCASEだと筆者らは考えている。CASEが従来のクルマの価値を書き換え、新たな世界であるBeyond MaaSへとつながっていくのだ。その道筋を明らかにするため、ひとまずCASEのインパクトとはどのようなものなのか、見ていく必要があるだろう。

「電動化」がもたらすインパクト

世界最大級の展示会であるCESは、ここ最近は自動車業界にとって重要な発表の場となっており、毎年、自動車メーカーやメガサプライヤーの動きに注目が集まっている。しかし、2020年は、意外なメーカーが自動車業界に衝撃を与えた。

ソニーがEVの試作モデル「VISION-S（ヴィジョンエス）」を発表したのだ。この試作車の外観は、「自動車メーカーがつくった電気自動車」のようだった。ソニーが発表の場で強調したのは、パワートレーンや薄型バッテリー、センシングや車載ソフトウエア制御といった点だ。これまで自動車メーカー以外がコンセプトモデルをつくる際に多く見られた「ハンドルなど運転席のない自由度が高い車両」とは全く逆の、まさに現在のクルマの延長線にある「王道」の自動車だった。

また、披露した試作車は、自動走行、自動パーキング、自動車線変更といった、既に実用化されている先進技術を搭載している。つまり、ソニーが発表したのは、将来的な完全自動運転が実現した社会で

ソニーがCES 2020で突如発表したEVの試作モデル「VISION-S（ヴィジョンエス）」（出典：ソニー）

のコンセプトモデルではなく、すぐにでも市場に投入することを目指したEVということだ。このインパクトは、CES 2020の中でも屈指の大きさだっただろう。

ソニーまで参戦したEVは、世界の自動車のスタンダードになりつつある。なぜ、そのような流れになっているのか。また、電動化がもたらすインパクトとはどのようなものなのか。

そもそもEVとは、ハイブリッド車やプラグインハイブリッド車（PHV）、燃料電池車など、いわゆる電動車と定義されるバッテリーを搭載したクルマのうち、1つの分類である。この章の冒頭でも触れたが、EVはエンジンなどの内燃機関を搭載したクルマに比べて部品点数が約3分の1減少するといわれる。EVへのシフトは、エンジンを中心に駆動してきた従来のクルマの構造そのものに大きな変化を与えるのだ。

これは、自動車部品メーカーにとってかなりの痛手だ。ソニーがEVを発表したように、米テスラや中国のＢＹＴＯＮ（バイトン）、ＮＩＯ（ニオ）のようなＥＶベンチャーの参入も相次いでいる。同時に、電気的な制御が増える代わりに機械的な制御が減少するので、部品交換の機会そのものが減ることも追い打ちをかける。つまり、ＥＶへのシフトは、従来のビジネス構造や環境に大きな影響を与える。

具体的な数値を挙げると、トヨタが17年に発表した２０３０年の新車販売目標は、ハイブリッド車とＰＨＶで４５０万台以上、ＥＶと燃料電池車で１００万台以上、合計で５５０万台以上と掲げていた。さらに最近になって、この目標は5年前倒しの「25年に達成できる」との見通しを示している。ホンダも従来の計画を3年前倒しし、欧州で販売する全車両を22年までにＥＶやハイブリッド車などにすると発表した。

では、なぜ従来のビジネスを壊しかねないほど多大な変化をもたらすＥＶが、世界的なスタンダードになりつつあるのか。その背景にあるのが、世界的に推進されている「ＣＡＦＥ（企業別平均燃費）規制」と、中国市場に大きな影響を与える「ＮＥＶ（新エネルギー自動車）規制」だ。

いずれも温暖化ガス削減への取り組みで、特に直近では、「世界の平均気温上昇を産業革命以前に比べて2℃より十分低く保ち、１・５℃に抑える努力をする」という長期目標が掲げられ、協定に参加した各国がより環境規制を強化する方針を示している状況だ。

自動車メーカーへの燃費規制には、出荷台数の燃費平均値を対象にするＣＡＦＥ規制が一般的に採用され、米国や欧州連合（ＥＵ）、中国などで導入されている。日本では、経済産業省と国土交通省が共同で設置した審議会において、19年6月に、２０３０年度を目標に平均燃費を16年度比で32・４％向上させる規制案が示された。

このＣＡＦＥ規制の特徴は、車種別ではなく、メーカー全体の出荷台数を加味した平均燃費を算出する方式を採用している点だ。各重量区分の燃費の実績値を販売台数で加重平均した「CAFE値」が、各区分の燃費基準を販売台数で加重平均して事前に算出する「CAFE基準値」を上回ればいい。例えば、日本で導入しているCAFE規制の2020年度基準では、EV・PHVは対象外としているが、例外的にCAFE値がCAFE基準値の90％を超える（燃費基準を90％まで達成した）製造事業者などについては、EVなどの電力消費効率（電費）を燃費に換算し、CAFE値の算定に加えることができる。つまり、EVの生産を増加させることが、燃費基準の達成にも効果的というわけだ。

また、中国におけるNEV規制も、電動車への急激なシフトを引き起こしている要因だ。中国では19年から自動車メーカーにEVなどの新エネルギー車を一定比率、生産することを義務づけている。今や世界最大規模の市場となった中国は、各社避けて通れない茨の道となっている。

もう1つの大きな変化は、EVに必要不可欠な、高価な車載用バッテリーの存在だ。この車載用バッテリーは、現在は非常に高価でEVの製造原価を押し上げている。トヨタがCATLやBYD、パナソニックなどとバッテリーの仕様の共通化などを進めており、耐久性の高い車載用バッテリーの仕様の標準化を狙っている。EVを販売してから早くて数年後には、リースアップした車両などからバッテリーが返ってくる。この高価なバッテリーを定置型のバッテリーとして住宅などでリユースすることで、バリューチェーンを新たにつくることも必要になってくる。

「自動運転」がもたらすインパクト

自動運転がもたらすインパクトについて語る前に、5段階の自動運転レベルについて少し解説しておきたい。クルマを運転・制御する主体という見方をすると、レベル1~2は高度運転支援の側面が強く、ドライバーが運転し、システムが補助を行うもの。レベル4~5ではシステムが運転操作を行い、ドライバーは運転をしない。いわゆる完全自動運転の世界だ。中間に当たるレベル3ではシステムがすべてを操作するが、緊急時にはドライバーが操作する。ドライバーとシステムが協調してクルマの運転を行うというものだ。

自動運転のレベル1~2でドライバーの運転を支援する技術は、衝突被害軽減ブレーキや、ペダル踏み間違い時加速抑制装置、車線の維持機能など、いわゆるADAS(Advanced Driver Assistance Systems:先進運転支援システム)と呼ばれ、既に昨今、実用化が進んでいる技術だ。

自動運転レベル4~5、つまりシステムが完全に運転操作を行う場合、ハンドルやブレーキを用いる従来の運転タスクから解放される。そうなると、車内空間もこれまでの自動車と同じ構造にする必要はなくなり、自由になった空間を利用した様々なサービスを提供できるようになる。

バスやタクシーといった交通事業者にとっても、ドライバーの人件費は事業費の約6割を占めており、高齢化に伴うドライバー不足の中、限定空間での自動運転によるドライバーレス化への期待が高い。実際、鉄道などの交通事業者が、自動運転車を開発するNavya(ナビヤ)やEasyMile(イージーマイル)などのスタートアップへの投資を行う動きも多く見られるようになった。また、交通事業者以外にも、無人配送への応用などでも期待されており、自動運転レベル4~5が実現する世界は、人流・物流ともに大きな変化が訪れる。クルマの概念や価値自体を大きく拡張するという意味で、自動運転の普及がもたらすインパクトもまた、電動化に劣らず大きい。

ただし、自動運転車の開発は量産までの道のりが険しい。都市の交通をシミュレーション上で再現し、天候、気温、時間、季節、交通量などを様々に変化させ、開発した自動運転のシステムが安心・安全に動作して運行できるのかを確認。その後、街中の公道を走行して実機でのすり合わせを行う。これら自動運転技術の開発などが自動車メーカー各社の研究開発費を押し上げており、国内の自動車メーカー7社の合計は2020年3月期で3兆円に達し、過去最高となったほどだ。

これまで見てきたように、自動運転がもたらすインパクトは自動車の形状や利用の仕方を大きく変える点だけでも絶大なものがある。一方で技術的に早期の実現が難しい上、どのようにサービスとして取り込んでいくか、まだまだ可能性を探っている段階だ。また、既存のクルマの延長線上の事象と捉えるか、全く新しいモビリティサービスの器と捉えるかでアプローチも大きく変わってくるだろう。それについては、CASEのインパクトについて触れた後で改めて考えていくことにする。

「コネクテッド化」のインパクト

2010年代半ばから、米国政府が推進するマルチモーダル情報統合サイト「511」は、一部の州で地図ソリューション大手のHEREテクノロジーズが提供するリアルタイムな道路交通情報を採用し、高品質で持続可能なサービスにアップデートされている。HEREはダイムラー、BMW、アウディなどのコネクテッドカーから収集されるプローブデータ（GPSや速度、加速度などの走行データ）をリアルタイムで加工し、B2Gビジネスとして事業を進めている。今後も自動運転の実現に向けて、様々なセンサー情報から車線別の交通状況や気象情報、道路環境の異常情報まで、移動体から得られる情報が高度化していく。米国でいち早く、行政側も道路交通マネジメントの発想に転換しているのは、コネクテッドの世界を端的に象徴する例だといえよう。

日本でも、19年〜2020年にかけて、ほとんどの自動車メーカーで車載用専用通信モジュールの搭載を進めている。トヨタではDCM（Data Communication Module）と呼ばれ、ホンダでは「Honda CONNECT（ホンダ コネクト）」が20年2月発売の新型「フィット」に搭載される。また、トヨタでは、多様なモビリティサービスとの接続機能を備えた統合プラットフォームである「MSPF（モビリティサービス・プラットフォーム）」を基盤として、テレマティクス保険、スマートキーボックス、車両運行管理支援サービスのTransLog（トランスログ）などを提供する。同じくホンダでは、Hondaコネクテッドプラットフォームを構築し、その上でHonda Total Care（ホンダ トータル ケア）プレミアムを提供、緊急時の見守りに活用するなど、関連サービスが充実してきた。

コネクテッドカーに関わるサービスは、システムアップデートを無線通信で行う「OTA（Over The Air）」が主流になる。スマートフォンでは既に当たり前のことだが、それを簡単にクルマでも行うという単純な話ではない。クルマが外部と通信することは、すなわちサイバー攻撃のリスクにさらされるという側面を持つからだ。クルマの走行データや運転特性などは重要な個人情報であるし、仮にサイバー攻撃によって運転操作の機能が停止したり、乗っ取られたりすると人命に関わる事態となる。

そこで外部からの不正アクセスをブロックするセキュリティ技術の重要性が、これまで以上に高まっている。Bluetooth経由の通信を採用したり、ブロックチェーン技術を活用したり、数多くのサービスが生まれている。こうした動きから、コネクテッド分野の進展も、従来の自動車業界のバリューチェーンを拡張する流れをつくっていると見ることができる。

コネクテッドカーが普及し、様々な情報と連携することで、自動車から発信される情報量は莫大なものになる。これはコネクテッド分野、すなわちCASEの「C」だけの問題ではない。例えば自動運転を行うためには、何度も走行試験を繰り返し、途方もない量のデータを蓄積し、分析している。これが実験車両ではなく、公道を走るすべての車両から走行データを連携するようになった場合どうなるか。言うまでもなく、大量のデータを収集し、そのままクラウドで運用すると莫大なコストが掛かる。その対応策として、最近ではエッジ（車両やインフラ）側で必要なデータだけを処理し、軽いデータをクラウドにアップする「エッジコンピューティング」の技術を採用する傾向が強まっている。

これまで紹介した電動化、自動運転、コネクテッド、そのどれもが進展していくほど、コストも比例して上昇する。それを車両の販売価格へ転嫁しようにも限界がある。このジレンマを打開するカギは、本章の序盤で触れた通り、異業種間の連携などを進め、裾野を広げながらBeyond MaaSのバリューチェーンを構築することにある。具体的にはどういうことなのか。次から説明していきたい。

3 「破壊」の後に起こるバリューチェーンの転換

これまでＣＡＳＥのインパクトのうち、電動化、自動運転、コネクテッド化について見てきた。そのどれもが従来の自動車産業のビジネスを大きく変えるエネルギーを帯びた事象である。そして、これらの大変革を乗り切るには、ＣＡＳＥのＳの部分、シェアリングとモビリティサービス（Shared & Services）に取り組んでいく必要がある。

これまで述べたように、従来の売り切り型のビジネスモデルで、高度化した次世代のクルマやサービスに対応するのは限界がある。そうなると、やはりＭａａＳをはじめとするモビリティサービスで収益を確保していくほかない。例えば、移動を効率化する公共交通機関の乗り換え案内だけを提供するのではなく、移動手段そのもの（シェアリングサービスや配車サービスも含めて）、周辺の駐車場やＥＶの充電ステーション、もっといえばインフラや住宅設備、小売店までもカバーするほどの規模、都市全体を巻き込んだ大きなバリューチェーンを構築することが求められる。

このような異業種間の連携が加速するＢｅｙｏｎｄ ＭａａＳの視点がＣＡＳＥ攻略のカギになること、そして自動車業界はそれを意識しながら歩みを進めていることは、特に日本や欧米の自動車メーカーが重ねてきたここ数年の取り組みを振り返れば明らかだ。

本章の冒頭でも述べたように、ダイムラーはBMWと手を組み、モビリティサービスでトップランナーとなることを目指している。トヨタは、CES 2018でモビリティカンパニーへの変革を打ち出し、その後、ソフトバンクと共同でモネ・テクノロジーズや、それを中心とした異業種連携の枠組み「MONETコンソーシアム」を設立。各地での実証実験や、地方自治体との交通分野に関する提携などを進め、鉄道、航空、バス、タクシー、レンタカーなどの交通事業者だけでなく、商社、ゼネコン、医療、小売り、広告、保険、自動車関連産業など幅広い事業者が参画。2020年1月時点で加盟企業が450社以上という一大勢力を築き上げた。

しかし、いずれの取り組みも道半ばという状態で、当然すぐにバラ色の未来が広がっているというわけではない。事業の選択と集中、技術やサービスのトライ&エラー、これらを何度も繰り返して、少し先の未来の形を暗中模索している状況だ。

では、その少し先の未来とは、どのような姿なのか。あるいは、一体どういう取り組みが「勝ち筋」となり得るのだろうか。

それを探るためには、製造・販売、整備、保険・金融などを含む自動車産業の長大なバリューチェーンにおいて、いずれの分野においても革新の萌芽が現れている現状を理解しつつ、これらの分野がどう変わるのか展望する必要がある。

自動車バリューチェーン

製造・販売

まずは、製造と販売の分野だ。自動車の製造分野では、EVの影響が大きいのは、前述した通りだ。内燃機関の部品点数が減り、それに伴って自動車部品メーカーも新たな自動運転技術や電動化技術などへ人材をシフトしたり、企業間での統廃合を加速させたりしている。

一方で、EV市場へ新規参入するスタートアップ企業にとっては、ユーザーのニーズを捉えた新しいクルマを提案しやすく、参入障壁が下がり、部品調達も容易になってくる。その恩恵を受けているのが、テスラや中国のバイトン、ニオのような新興のEVメーカーだ。テスラなどは、ユーザーとダイレクトにつながり、顧客のフィードバックを開発に生かしたり、通信アップデートで販売済みのEVの機能を〝バージョンアップ〟させたり、製造から販売、アフターフォローまでを一気通貫で行っている。既存の自動車メーカーは、こうした新興のEVメーカーの挑戦を受けているのだ。

また、従来の自動車産業の中核であった自動車の製造分野は巨大なピラミッド構造で、効率的に部品を集約して量産し、それをグループの販売店を中心に売り切るというのが基本モデルだった。しかし、エンジン関連部品が減少する一方で、高価なバッテリーに加えてＡＤＡＳ機能や各種サービスを搭載した次世代自動車は、現在のクルマよりも相対的に高額になる可能性が高い。さらに、事故が減少し、日常点検の重要度が増すため、新たにクルマを買い替えるまでの期間も延びていくことだろう。ただでさえ、日本では若年層のクルマ離れが叫ばれており、さらにネットフリックスやＳｐｏｔｉｆｙ（スポティファイ)に代表されるようなストリーミングサービスが普及しているように、ますますモノを所有しない文化に拍車が掛かっている。

こうした状況を見る限り、製造したクルマを売り切るという従来のモデルは、どこかで成り立たなくなるかもしれない。そうした危機感を強く持つ企業しか生き残れない。

では、これからの販売店はどのような方向に進むべきだろうか。1つ挙げるとすれば、地域のモビリティサービス拠点や、生活サービスの拠点として生まれ変わることだ。つまり「販売店のモビリティハブ化」である。

販売店をモビリティサービス拠点に変えていくには、自動車を販売するだけではなく、自動車をシェアリングする人や、月額サブスクリプションで利用する人が集まる場所にしなければならない。今後、自動運転機能を搭載したクルマをメンテナンスするために必要となる高度な教育や、人材不足への対応、MaaSによって稼働率が急激に高まる商用車の定期的なメンテナンス、地域のモビリティサービス拠点として、地域経済と連携したモビリティサービスの企画開発などを実施していかなければならない。

既にそうした動きは、国内でも起こり始めている。トヨタを例に挙げると、自動車販売店とトヨタレンタリース店を対象に、カーシェアリングサービスの「TOYOTA SHARE(トヨタ シェア)」と、トヨタレンタカーの無人貸渡しレンタカーサービスである「チョクノリ!」のサービス提供を19年10月から開始した。

また、メーカー発信のモビリティサービス以外にも、アイシン精機が提供するオンデマンド型乗り合いサービス「チョイソコ」をネッツトヨタ神戸が採用したり、岡山トヨペットは「idocari(イドカリ)」という個人間のカーシェアリングサービスの実証を行ったりと、販売店が独自のモビリティ

アイシン精機が始めたオンデマンド型乗り合いサービス「チョイソコ」

サービスに取り組む事例も見られるようになった。

これらはほんの一例に過ぎないが、こうして各地域の自動車販売店がモビリティサービスを提供していく動きはこれからも増えるだろう。自動車販売店向けのコンサルティングを手がけるリブ・コンサルティングが19年に行った調査では、約17%の自動車販売店の経営層がMaaSの導入について検討・着手をしているという。今後は、交通事業や自治体、観光事業者、小売店などとともに、地域の実情に寄りそいながら、業種の壁を越えた独自のサービスを提供し、また販売店がその拠点として進化することに期待したい。

自動車バリューチェーン 整備

整備分野もまた、MaaSへの道筋において、大きな転換点を迎えている。コンサルティング会社のKPMGが発表したレポート「自動運転で補修部品事業はどうなる？」では、米国において自動運転車によって影響を受ける自動車整備業と補修部品事業について取りまとめている。それによると、22年までに世界の自動車メーカー22社は自動ブレーキシステムを新車に標準装備し、25年には1つ以上のADAS技術を搭載した自動車が全体の65％を占めるとの見通しを立てている。ADASが標準搭載となると当然、交通事故も発生しにくくなる。15年で100万台当たり3・1台だった事故発生率が、35年で約1台に減少し、2040年には0・5台まで減少するとしている。

他方、ADAS技術を搭載したクルマは修理・整備費用が上がり、2030年で約10％、2040年に20％上昇するという。しかし、トータルで見た場合、自動車整備業の市場は2030年に約50％、2040年に約75％縮小すると予想している。実際に、日本自動車整備振興会連合会の調べでも、事故整備の市場規模は13年度で1兆2741億円だったものから、18年度には1兆783億円と減少傾向にある。一般に自動車整備業と補修部品事業は、新車部品よりも利益率の高いビジネスだといわれているが、ADASの普及は、その構図を大きく変える可能性があるのだ。

また、日本の自動車整備業は、事業者数が約7万3000社あり、市場規模は約5兆4000億円、約55万人が働く巨大市場だ。事故整備は整備市場全体の約20％を占めているが、これが減少するとなると、従来のビジネスを続けているだけでは先がない。

一方、ＡＤＡＳ関連の技術は、車載センサーなどの電気系部品に支えられている。また、ＡＤＡＳの機能を継続して十分に機能させるためには、車両の日常的な定期点検が重要になる。今のところ整備市場のうち、定期点検が占める割合は僅か約６％のみとなっており、今後これが拡大する方向へ進んでいくだろう。

ただし、整備の多様化・高度化が進むと、人材の確保・育成などの新たな課題も生まれる。整備人材の確保は関係省庁・団体も喫緊の課題としており、若年層への啓発活動や外国人人材の受け入れなど注力しているが、まだ目に見えた成果が出ているとは言い難い。今後、この大きなシフトチェンジに対応するには、事業者間での連携はもとより、ユーザーとの接点を増やしていく知恵が、特に専業の自動車整備業界に求められてくる。

中には地元の簡易郵便局を引き継ぎ、地域コミュニティーとの接点を深くしようとする事業者も現れている。専業の自動車整備事業の経営者は、「中小企業のおやじ」らしい持ち前の創意工夫で地域コミュニティーの中での役割を広げ、この難局を乗り越えることを期待したい。

自動車バリューチェーン 保険・金融

自動車業界を中心としたバリューチェーンを論じる際、製造や販売、整備といった分野だけに目がいきがちだが、自動車保険やリース、ローンといった分野も重要な役割を担っている。そして、保険や金融の分野もまた、ＣＡＳＥによるインパクト、あるいはＭａａＳによって大きく変わりつつある状況だ。

保険分野は、コネクテッド技術の活用が注目されている。いわゆる「テレマティクス保険」だ。これまで一般的だったドライバーの年齢や事故履歴などの情報を中心に保険料を算出するのではなく、運転情報（日時や運転時間、頻度、距離、場所）や、運転行動・特性（最高速度、平均速度、アクセル、ブレーキ）などの情報をドライブレコーダーなどの車載機器で取得。この運転情報を基に保険料を算出するというものだ。査定項目がより詳細になることは、ドライバーと保険会社、両者にメリットがある。

また、これらの運転情報と行動のデータは、車両整備や中古車の査定などにも活用でき、保険分野が扱うサービスの幅も一層広がるだろう。その他にも、交通手段ごとに分かれている補償内容を一括して提供する「ＭａａＳ保険」や、自動運転でドライバーの責任が不明瞭となる場合でも特約を付与できたり、トラック隊列走行時の電気的な不良で生じたトラブルを補償したりする、自動運転向けの新しい保険商品の開発も進んでいる。

さらに金融分野について、大手の事例を紹介しながら見ていこう。ダイムラーは、19年に事業の選択と集中を推し進めている。7月には、ダイムラー・ファイナンシャルサービスをダイムラー・モビリティに社名変更した。ＢＭＷグループとの合弁会社リーチナウなどで得たノウハウをダイムラー本体に還元する狙いだ。そして、このダイムラー・モビリティは、モビリティサービスへの戦略的投資部門という位置づけでもある。これまでの販売金融、フリート管理、保険、リース事業を継続させつつ、より柔軟なモビリティソリューションを構築し、それを自社グループへ取り込む、言わば「モビリティエコシステム」構築の最前線の役割を担う。

トヨタのモビリティサービスブランド「KINTO（キント）」（出典:トヨタ自動車ホームページ）

販売金融事業を担っている部門が、モビリティサービスの戦略投資を行い、エコシステム構築に取り組むのは、トヨタでも同様だ。トヨタファイナンシャルサービスが始めた、モビリティサービスブランドの「KINTO（キント）」がそれに当たる。日本では月額制で車検や整備、保険などをワンパッケージにしたフルサービスリース事業を展開しているが、19年1月には欧州でもサービスを開始すると発表。この他、カーシェアリング、法人向け乗り合いサービス、マルチモーダルな移動手段の提供など、モビリティサービスに特化した新しいブランドとしてキントを展開する姿勢を示した。

もともと金融部門の位置づけだった部署あるいはグループ内企業が、モビリティサービスを展開する最前線に変貌するのは、特異なことではない。元来、彼らは新しいサービスを取り込みつくり出すために、有望なベンチャー企業への投資を行っていたり、ローンやカード、リースなどで顧客との接点を常に持っていたりしている。実際、トヨタファイナンシャルサービスは17年にMaaSグローバルへの出資をいち早く行っている。その点から考えると、モビリティサービスをバンドルする役目は、むしろ適任とすら言える。今後は、業種の壁を越えて仲間を集め、その複雑に絡み合う各サービスを、いかにうまく統合できるかが勝負の分かれ目になるだろう。

4 自動車業界における Beyond MaaSビジネス

複数のモビリティサービスを統合することはMaaSの重要な要素であり、Beyond MaaSの世界ではさらに異業種間の連携が進んで多様なサービスが複雑に関連し合い、従来の自動車産業から見るとバリューチェーンは大きく転換することになるだろう。そうなると、必然的にビジネスの領域は拡大する流れとなる。例えば、自動運転やシェアリングエコノミーなど、1つの分野を突き詰めること自体に価値はもちろんあるが、それ単体でビジネスとして成り立たせるのは難しい面がある。新たなモビリティサービスを提供する場合、従来のバリューチェーンを拡大、あるいは連携させるため、各ビジネスのアーキテクチャを理解することが重要となる。

エネルギー×MaaS

例えば、電動化について再度言及すると、この分野の課題はバッテリーに関するものが多い。現在、EVに使われているリチウムイオン電池は、原料であるレアメタルが不足しており、安定した調達がそもそも難しい。また、バッテリーの生産コストが十分に下がらないため、EVの生産価格は割高なままだ。航続距離など電池の性能面はずいぶん向上したものの、充電インフラの整備はまだまだ十分とはいえない。

つまり、電動化に対応してサービスを構築していくには、バッテリーの問題が常につきまとうわけだ。この課題に対しての特効薬はいまだ見つかっておらず、自動車メーカーと電池メーカーが協業して安定供給を図ったり、次世代のリチウムイオン電池である全固体電池の開発に注力したりと、打開策を練っている。

このようなバッテリーに関する課題を考えた場合、急激に電動化を進めるのはリスクがある。しかし、前述したように、それでも世界的な潮流は電動化へのシフトを加速させている。それでは、どのように取り組むべきかと考えると、モビリティサービスと、今あるエネルギーを効率的に使うエネルギーマネジメントを融合させる視点が重要になる。

1つの事例を挙げよう。ホンダは19年7月に「Ｈｏｎｄａ ｅＭａａＳ」というコンセプトを打ち出し、その中で低カーボン化をはじめとした電力系統の安定化を図るという方針を示した。このコンセプトは、風力や太陽光をはじめとした再生可能エネルギーの利用拡大を柱としているが、現状の風力発電や太陽光発電などは気象条件によって発電量が変動する不安定さが課題となる。そのためＨｏｎｄａ ｅＭａａＳでは、ＥＶを活用するとともにエネルギーを効率的に利用するためのマネジメントも行う構想だ。

具体的には、「Ｈｏｎｄａ ｅＭａａＳ プラットフォーム」を中核に据え、ビッグデータを用いた気象・交通情報、車両位置やバッテリー充電情報を統合管理し、ピークカット、ピークシフトなどの供給電力の調整を行い、再生可能エネルギーを平準化するサイクル構想を掲げている。そのために、新たなパートナーとしてＭｏｉｘａ（モイクサ）とＵｂｉｔｒｉｃｉｔｙ（ユビトリシティ）と協業を行う。モイクサは、リソースアグリゲーション技術を提供しており、ＥＶバッテリーの充放電管理と容量管理を取りまとめることで、ＥＶユーザーが利益を得る仕組みを提供する。また、ユビントリシティは、都市部の路上での充電ソリューションの分野で強みを持つ企業だ。

ホンダは、着脱可能な可搬型バッテリー「Ｈｏｎｄａ Ｍｏｂｉｌｅ Ｐｏｗｅｒ Ｐａｃｋ（ＭＰＰ、モバイルパワーパック）」の展開も目指している。再生可能エネルギーを利用した充電ステーションでＭＰＰに電力を供給し、それを超小型ＥＶや2輪ＥＶなどの小型モビリティで活用する。充電ステーションではバッテリーを交換するだけで済むため、電動車両のネックである充電時間を劇的に減らすことができるというわけだ。台湾ではＧｏｇｏｒｏ（ゴゴロ）が電動スクーターやバッテリーのシェアリングサービスで急成長を遂げており、可搬型バッテリーを活用したサービスのポテンシャルは非常に高い。

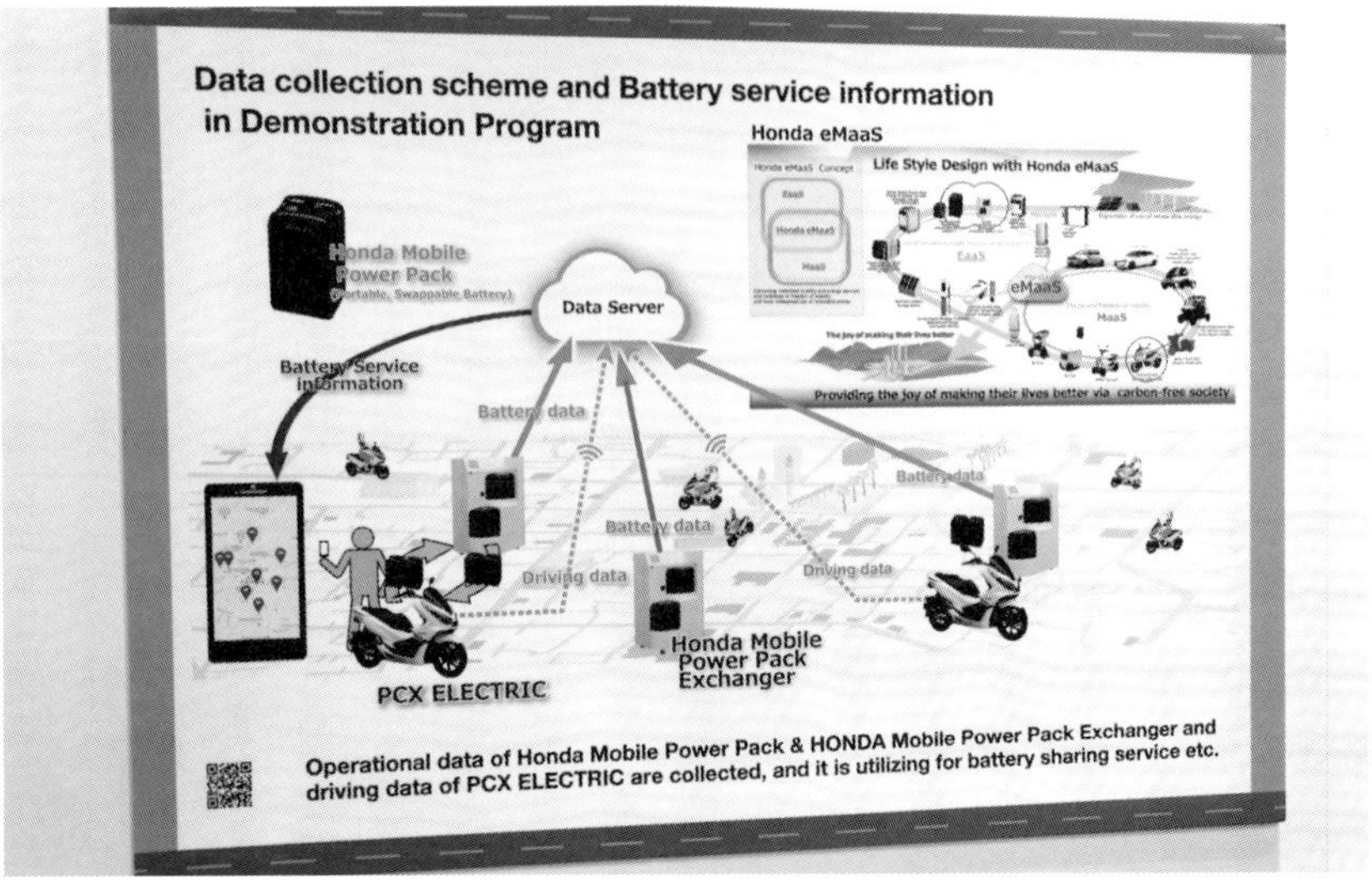

ホンダの「eMaaS」構想

ホンダが2020年に投入するEV専用車「ホンダe」（出典：ホンダ）

サービスとして根づくにはＩｏＴの活用やインフラの整備など多くの課題があるものの、今後の展開に期待したい分野だ。

ホンダに限らず、その他の自動車メーカーでもエネルギーを有効活用するための取り組みは活発化している。その1つが、バッテリーをクルマ以外にも使用するＶ２Ｈ（Vehicle to Home）としての利用だ。国内で最も売れているＥＶの日産自動車「リーフ」の場合、バッテリー容量が40ｋＷｈ、62ｋＷｈのモデルをそれぞれ展開している。総務省の統計によると、４人世帯が使用する1日当たりの平均電気使用量がおよそ13ｋＷｈとなっており、十分まかなえるバッテリー容量だ。そのため、災害時の利用など、バッテリーを搭載したクルマを「走る電源」として活用することに注目が集まっている。

これらとはまた違うアプローチを取った例もある。トヨタが東京大学や東京電力ホールディングスのグループ会社ＴＲＥＮＤＥ（トレンディ）と共同で実証実験を行っているブロックチェーンを活用したＰ２Ｐ電力取引だ。実証実験に参加する家庭や事業所がアクセスできる電力取引所を設置し、家庭や事業所ごとにＡＩを活用したエネルギー管理システム（電力売買エージェント）が、家庭や事業所の電力消費と太陽光パネルの発電量予測に応じて電力取引所に電力の買い注文・売り注文を行う。電力網につながる住宅や事業所、電動車の間での電力取引を可能とする次世代電力システムだ。この実験では、太陽光パネルや蓄電池に加えて、プラグインハイブリッド車（ＰＨＶ）が分散型電源として用いられた。

自動車メーカーだけでなく、デンソーも中部電力と共同でエネルギーマネジメントシステムの開発を行うと17年に発表し、翌18年から２０２０年までＨＥＭＳ（Home Energy Management System）を活用して電力の需要供給バランスを調整する実証実験を行っている。また、デンソーはＥＶ・ＰＨＶ向けの双方向給電装置である「V2H充放電器」を開発し、19年5月から販売を開始している。

こうした数々の事例からも分かるように、エネルギー×MaaSのアプローチは多彩だ。いずれの場合でも共通しているのが、例えば電力とEV、住宅とEVというように従来のバリューチェーンでは見られなかった異なる分野同士を統合したサービスの構築を目指している。エネルギーとモビリティを掛け合わせた新たなバリューチェーンの構築は、今まさに大きく動き出している状況だ。

自動運転×MaaS

自動運転はレベル1～2の高度運転支援の切り口か、レベル4～5の完全自動運転の切り口かによって意味が大きく変わる。前者が自動車業界に与えるインパクトについては既に述べたので、ここでは後者の自動運転レベル4～5について触れたい。

完全自動運転の場合は、物理的な構造、求められる価値といった、クルマそのものの概念が大きく変わる。技術的な課題はもちろん、この衝撃を正しく理解してサービスとして取り込むのは容易ではなく、その半面、攻略の糸口をつかむことができれば一気に優位な立場に躍り出ることができる。

その点、米グーグルが自動車産業のゲームチェンジャーとして認識されているのは、AIをはじめとした技術力もさることながら、業界の状況を理解し、自分たちが優位に立てる流れに持ち込んでいるこ

Waymoは自動運転の商用サービスを開始した（写真：Michael Vi / Shutterstock.com）

とも見逃せない。グーグルの自動運転部門が独立したWaymo（ウェイモ）は、自動運転の公道テストを繰り返し、19年11月には安全のためドライバーが搭乗するという条件付きで、自動運転タクシーのサービス提供を開始している。

ここではそれよりも以前、18年に米小売り大手のウォルマートと共同で行った実証実験について触れたい。ウォルマートのECサイトで商品を購入した消費者を、同社の実店舗までウェイモの自動運転車で送迎するという仕組みだ。これを単なる送迎サービスのテストだと捉えれば話は単純なのだが、アプローチの仕方を考えると背後にはもっと大きな狙いがあると見られる。なぜなら、送迎するのは「ある商品を購入した」という情報を持った顧客だからだ。ショッピングモールへの送迎を利用する層というくくりで見るよりも、細分化されている。この情報を利用できれば、ターゲットを絞った広告配信やサービスのレコメンドなどが可能になり、不特定多数に発するよりも、確度の高いビジネス展開さえ可能になるかもしれない。世界規模で膨大な顧客情報を抱えるグーグルと、同じグループに属するウェイモがそれを行うとなれば、自ずと期待感は高まる。

また、グーグルは14年には既に、スマートフォンなどを通じて配信したオンライン広告を見たユーザーに対し、タクシー料金を割り引く電子クーポンの発行をする特許を米国で取得している。これらの要素を統合した広告モデルが成立すれば、高額な自動運転車のコストを回収することができるかもしれない。

次に考えられるのが、自動運転のシステム、あるいはそれを搭載した車両を丸ごと他社に提供するモデルだ。自動運転車両を提供し、サービス事業者が個々にカスタマイズする。既にナビヤやイージーマイルが開発した自動運転車両は、世界各地の実証実験などに使用されている。この2社は自動運転バスなど、公共交通に替わる用途として期待されているが、自動運転車両の活用はそれにとどまらない。トヨタがＣＥＳ ２０１８で発表したＡｕｔｏｎｏ－ＭａａＳ専用車両「ｅ－Ｐａｌｅｔｔｅ（イーパレット）」で示したように、サービス提供空間を顧客の目の前まで運ぶことにも応用できる。顧客に売り込む「プッシュ型」の提案と、顧客を引き込む「プル型」の提案、両方を兼ね備えるサービスとして期待値が高い。

また、サービスそのものを運ぶという発想以外にも、移動するモビリティの中でサービスを提供するというアプローチも考えられる。前述の通り、自動運転レベル４～５ではシステムが完全に運転操作を行う場合ため、ハンドルやブレーキを用いる従来の運転タスクから解放される。そうなると、従来のクルマのように運転席・助手席・後部座席という構造にとらわれる必要さえなくなり、自由になった車内

トヨタ紡織の「MOOX（ムークス）」（出典：トヨタ紡織リリース）

空間を利用した様々なサービスを提供できるようになる。

トヨタのイーパレットを筆頭に、ここ数年間で発表された自動運転を用いたコンセプトカーでは、そのような特徴が多く見られる。例えばトヨタ紡織は、車室空間のモックアップ「ＭＯＯＸ（ムークス）」を東京モーターショー２０１７で発表し、自動運転レベル５を想定したサービス提供モデルを打ち出した。ＭｏｂｉｌｅとＢｏｘからなる名称が示す通り、移動時間を自由に活用できる個室として、ＭａａＳに向けたクルマの新しい価値を提案している。ＶＲゴーグルを通じたエンタメコンテンツへの応用や、ショッピング、観光など、幅広いニーズに対応できるサービスプロバイダーとしてムークスを位置づけた。その後、19年から2年連続してＣＥＳでムークスを毎年進化させながら展示し、そのコンセプトを提案するなど、積極的に情報発信をしている。

その他にも、パナソニックは18年に完全自動運転ＥＶコンセプト「ＳＰＡＣｅ－Ｃ（スペイシー）」を発表した。車内には運転席やハンドル、アクセルペダルなどがなく、車内の容積を最大化している。車内に設置された大型ディスプレーを活用して、スクールバスとして利用した場合に車内が子供たちの英語教室になったり、仕事中の移動時に健康相談を受けられたりなど、モビリティサービスの可能性を広げる取り組みを検討している。いずれの場合でも、移動するモビリティをサービス提供空間として捉えている。

また、車内空間の中でも、特に「座る」こと、そのものに焦点を当て、新たな価値創造に取り組んでいるのが自動車シートなど内装品メーカー大手のＴＳ ＴＥＣＨ（テイ・エス テック）だ。東京モーターショー２０１９で披露した「愛されるシート」は、シートのセンシング技術とＩｏＴ技術を融合して生まれた。体の動きに合わせてバーチャルランナーを走らせるなど、シートをコントローラーとして利用して、座りながらにして楽しめる多様なコンテンツを開発している。座ることにより、ユーザーから様々な情報を取得し、その情報を活用してアプリ開発をできることから、子供や高齢者、障がいのある人でも幅広く利用できる。応用の幅は車室空間の外まで広がるポテンシャルがあり、様々な分野との連携が加速していくだろう。

車内空間がサービス提供空間となることは、移動しながらサービスを受けられる間口が広がる点で重要なのはもちろんだが、アプローチによっては移動という行為そのものの価値を変えることもできる。それを示した例が、ソニーがヤマハ発動機と共同で開発したエンターテインメント用車両「ＳＣ－１」を活用したクルージングサービスだ。

この車両はヤマハの電動カートをベースに開発したものだが、いわゆるゴルフカートのような形状と

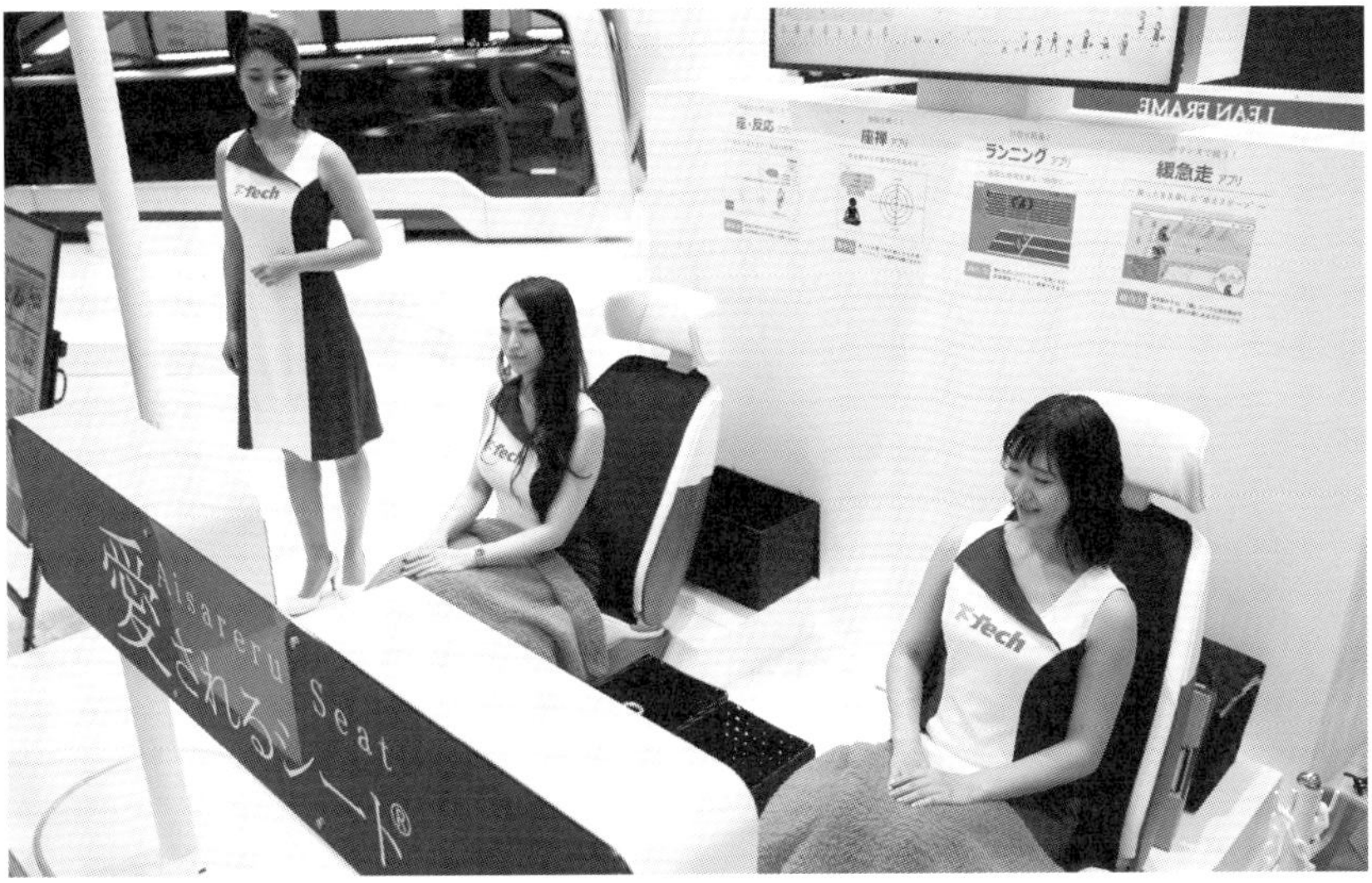

TS TECHの「愛されるシート」

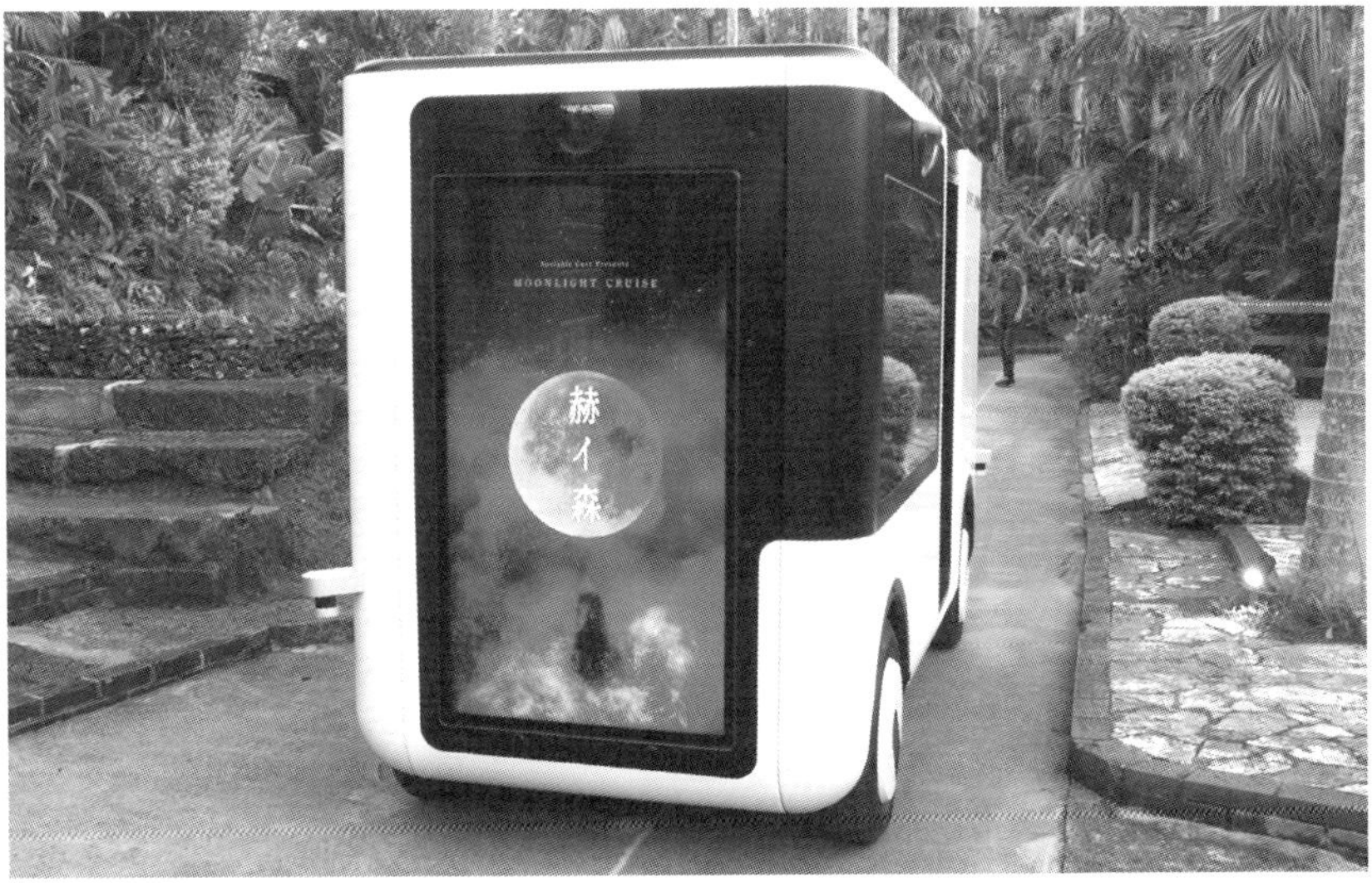

エンタメ性を兼ね備えた自動運転コンセプト、ソニーの「SC-1」

は大きく異なる。外観は四角く、窓の代わりに大型の4Kディスプレーが搭載されている。そこから、様々な映像コンテンツを車内で楽しんだり、あるいは外部に向けて発信したりできる。車内で移動中に楽しめる要素を加えたというよりは、楽しめる空間に移動する機能を付加した「スマホ自体が走るモビリティ」(ソニーAIロボティクスビジネスグループ商品企画部担当部長・江里口真朗氏)と表現したほうが正確かもしれない。スマホは、サイズこそクルマと異なるが、バッテリー、モーター、センサー、インフォテイメントなどを搭載している。後は駆動ユニットだけ加えればモビリティになる、という発想でアプローチしている。

SC－1では、自動運転を行う車両の周囲に搭載したカメラやセンサーを駆使して車内の4Kディスプレーに周囲360度の映像を投影し、まるで本当に窓であるかのような感覚で外の様子を見ることができる。そこにMR(Mixed Reality:複合現実)技術を加え、車内ディスプレーに映る周囲の映像にCGを重ねることができ、現実の景色を生かしながらいろんな映像コンテンツを楽しむことができる。

18年と19年の2度、SC－1を用いた周遊サービスを沖縄県のカヌチャベイリゾートと共に期間限定で提供した。リゾート地の敷地内の景観とソニーが得意とする映像技術を生かし、現実の風景上をバーチャルの動物が飛び込んでくるなど、随所に工夫を施している。ソニーがCES 2020で発表したEVの試作モデルのVISION－Sが「本気のEV」だとすれば、こちらのSC－1は「クルマになったスマホ」と位置づけることができるかもしれない。「必要な移動」から「楽しい移動」へ、移動そのものの価値を変える取り組みだ。

5 トヨタは、なぜ未来都市を創るのか?

ここまで旧来の自動車産業のバリューチェーンが再構築されることで、どのような世界が形づくられていくのか、個別の事例を参考にしながら見てきた。未来のサービスに思いをはせる時、我々は希望に満ちた幸福な世界を空想する。しかし、MaaSに象徴されるモビリティ革命は様々な事象が複雑に絡み合い、一筋縄にはいかない。また、素晴らしいサービスが生まれたとしても、それが市場のデファクトスタンダードとならなければ、あえなく雲散霧消するかもしれない。

その前提に立つならば、無数のサービスを統合する巨大な器が必要になる。もちろんそれをデジタル空間のプラットフォームとして考えるのも正しい見方の一つだろう。ただ、異業種の垣根を超えた連携が進むBeyond MaaSの世界では、それだけでは器には適さない。そうした難題の回答になるかもしれない取り組みが、2020年1月に行われたCES 2020で発表された。トヨタが手がける未来都市構想だ。

トヨタは、静岡県裾野市にあるトヨタ自動車東日本の東富士工場を閉鎖し、東京ドーム6個分に当たる26万㎡の工場跡地に、自動運転、MaaS、パーソナルモビリティ、ロボット、スマートホーム技術、AI技術などを導入・検証できるコネクテッドシティ、その名も「Woven City(ウーブン・シティ)」の構築に着手すると発表した。そのインパクトもさることながら、このコネクテッドシティは、

「Woven City（ウーブン・シティ）」のイメージ(出典：トヨタ自動車)

自動運転車と徒歩の人が共生する街に（出典：トヨタ自動車）

e-Paletteが広場に集合し、イベント車両になるようなイメージも（出典：トヨタ自動車）

21年初頭に着工する予定だという。かなりのスピード感を持ったプロジェクトだという印象を受ける。

それ以前にも、トヨタはパナソニックと、まちづくり事業に関する新しい合弁会社プライム ライフ テクノロジーズの設立に向けて、19年5月に締結をしている。トヨタのモビリティやコネクテッド分野、パナソニックの家電や電池、IoT分野といったそれぞれの強みを生かし、スマートシティの構築に向けて動き出していたのだ。

例えば、自動運転をまちづくりに取り込もうとする事例もある。オープンソースの自動運転ソフトウエア「Autoware（オートウエア）」を開発・提供しているティアフォーと、清水建設が提携し、自動運転に使用する高精度3次元地図（HDマップ）や、建築物の3次元デジタル情報を集めたBIM（Building Information Modeling）データとオートウエアをAPIで連携させ、自動運転車の位置情報や走行状態などの情報を一元管理する管制・監視システムを構築し始めている。インフラと自動運転車やロボットなどを共通のAPIで連携する、都市プラットフォームが生まれることで、より柔軟なモビリティサービスにつながるだろう。


まちづくりを巻き込んだ取り組みは、何もトヨタだけが進めているわけではない。むしろ、世界各国で様々な取り組みが行われている。15年に米国運輸省（DOT）が「スマートシティ・チャレンジ」という都市間コンペを行い、オハイオ州のコロンバス市が優勝した。同市は、「交通システムを改善することによる低所得者向け医療・福祉サービスの充実」と、「経済的な格差の改善」を掲げ、医療と交通を統合させたMaaSや、基幹バス（BRT）と自動運転バスを組み合わせた新しいモビリティサービスが提案されている。この目標を実現するため、病院の予約サービスとモビリティサービスを一元化し

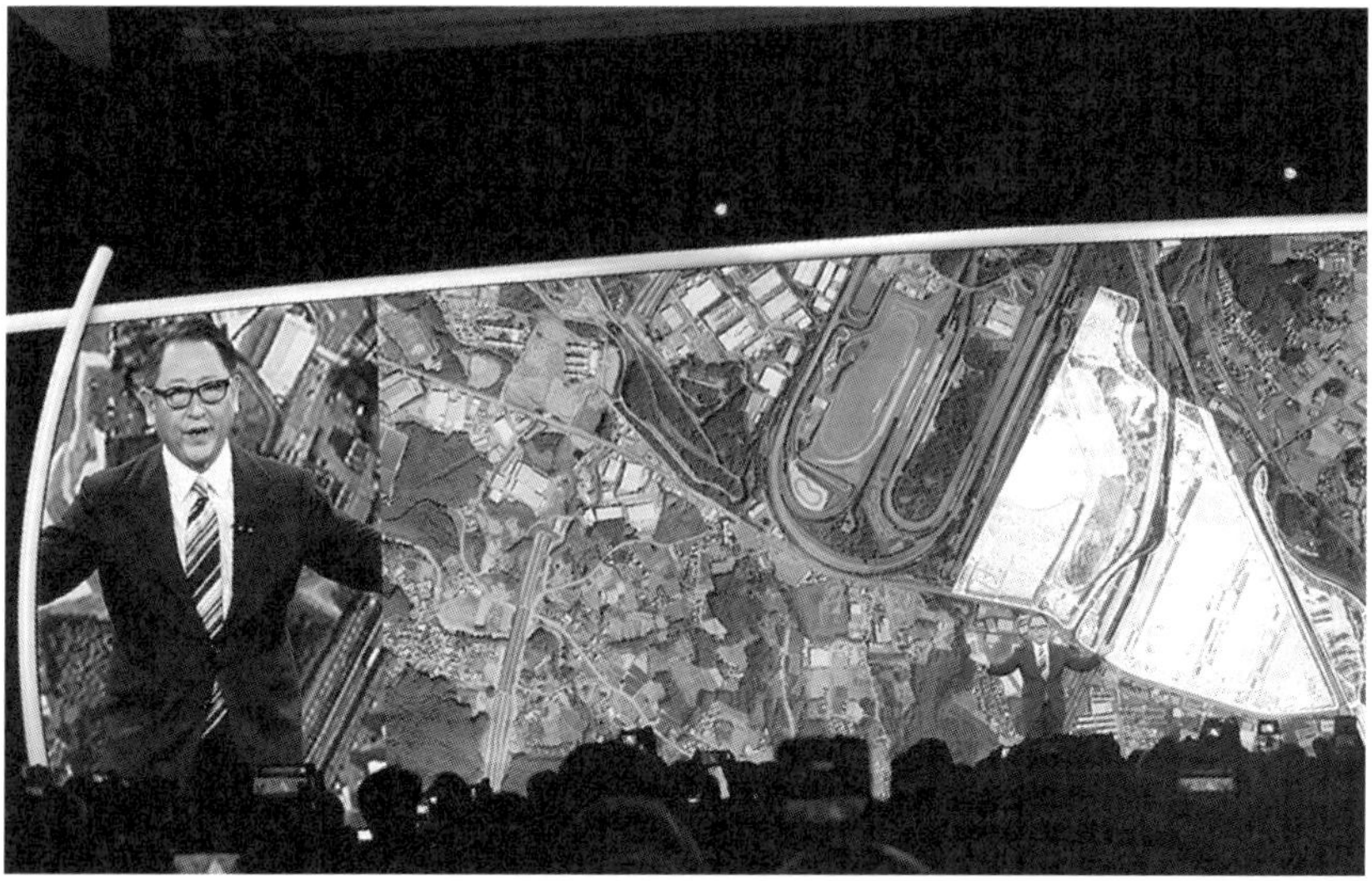

CES 2020で未来都市設計を発表した豊田章男社長

たり、道路沿線の信号や街灯などのインフラをスマート化したりと、まちづくりと交通計画が一体になったプロジェクトが進んでいる。その他にも、シンガポールでは政府主導で行うスマートシティ計画が活発に進むなど、このような動きは今後も全世界で次々と現れるだろう。

グーグルの兄弟会社であるＳｉｄｅｗａｌｋＬａｂｓ（サイドウォークラボ）は17年、カナダのトロント市で実施するスマートシティの開発プロジェクトを発表した。そして19年6月には、その基本計画を公開している。詳細は第8章で述べるが、交通、住居と建物、公共空間、持続可能性、デジタルインフラなどを包括的に盛り込み、まるでＳＤＧｓ（持続可能な開発目標）時代の都市計画の教科書のような内容となっている。その中で移動については、「マイカーを保有する必要を減らす、安全で、便利で、つながる、手頃な交通システム」の導入を検討している。つまり、都市交通のすべてを可視化して制御していくことになり、その都市に必要なクルマの数なども調整されるかもしれない。

これは自動車産業にとっては、大きな問題提起だ。その問題に挑戦するのが、トヨタだ。CES2020で豊田章男社長が語った内容に、それは端的に表れている。

豊田社長はウーブン・シティ構想について、以下のように語った。

「私たちはまずバーチャル世界で街をつくります。建設に入る前に私たちのアイデアを検証するために、デジタル上に対となる街をつくるのです。これは、私たちの新しい街で使う『独自のデジタル・オペレーティング・システム』をつくることにもつながります」

つまり、バーチャル上の街で様々な技術やサービスを検証し、それを現実のまちづくりに反映するという。当然、その街に必要なクルマの台数も決まってくる。まちづくりのノウハウはこれからのビジネスモデルには必要不可欠だ。これまでの自動車中心の街を再構成して、モビリティごとに区分けした道路、地下空間を活用した配送ネットワークに、そこで暮らす人々を支援するロボットやスマートホーム、さらには、イーパレットをオンデマンド型乗り合いサービスや移動店舗として活用して、外出機会の創出と促進を図る。

様々なサービスを、トヨタが自社の私有地の中で自ら築くウーブン・シティという「器」で表現するビジョンは、これまで語ってきた異業種間の連携が加速して、まちづくりや社会課題の解決といった大きな視点から見た、ＢｅｙｏｎｄＭａａＳという領域の1つの到達点である。

そして、自動車産業のバリューチェーン再構築という視点から見れば、それを「独自のデジタル・オペレーティング・システム」で行うという方針を示したことが何より重要だ。様々な分野の技術・サービスをまとめ上げる「ＭａａＳコントローラー」を実装した都市が完成する。できれば、そこにモノポリー（独占）ではなく複数のＭａａＳオペレーターが存在し、競争原理が働くことを期待したい。いずれにしろ、独自のシステムで築いた都市であっても、従来の自動車業界のバリューチェーンが転換することは避けられない。ただ、いろんなアイデアを実証できるコネクテッドシティでは、バリューチェーンの再構築を自分たちが望む方向へと進めていくことはできるかもしれない。大変革期を乗り切る起死回生のプロジェクトであることは、間違いないだろう。

自動車業界を揺るがす大変革を乗り切るには、ＣＡＳＥに象徴される構造の変化を正確に捉え、異業種との連携や社会課題の解決といった視点からＢｅｙｏｎｄ ＭａａＳを構築していくことが勝ち筋になる。その領域は、トヨタが掲げたウーブン・シティ構想のような、ＭａａＳコントローラーを実装したまちづくりを可能にする独自のシステム開発が競争の舞台になるかもしれない。

しかし、注意しなければならないのは、新たなサービスの可能性を見出しても、それはあくまで手段に過ぎないという点だ。Ｂｅｙｏｎｄ ＭａａＳを通して達成するべきは、社会課題の解決、ひいては都市の価値、あるいはそこに生活する人のＱＯＬ（生活の質）を高めることであるはずだ。例えば、トヨタにとっては、グループの創始者・豊田佐吉の考え方を成文化した「豊田綱領」をウーブン・シティで実践することが、実は近道なのかもしれない。

豊田綱領とは、すなわち、以下の５箇条である。第一に「上下一致、至誠業務に服し、産業報国の実を挙ぐべし」とあり、自分のため、会社のためということを超えて、「お国のため、社会のため」となれているかどうか、大義があるかどうかを問うている。

【豊田綱領】

一、上下一致、至誠業務に服し、産業報国の実を挙ぐべし
一、研究と創造に心を致し、常に時流に先んずべし
一、華美を戒め、質実剛健たるべし
一、温情友愛の精神を発揮し、家庭的美風を作興すべし
一、神仏を尊崇し、報恩感謝の生活を為すべし

人・モノ・サービスをつないで幸せをもたらすモビリティになるべく、クルマ自体や自動車産業はどんな姿に生まれ変われるのか。決断の時が刻々と迫ってきている。

Interview

配車サービス・ゴジェックもMaaSに参入？
インドネシア発「スーパーアプリ」の舞台裏

GOJEK　シンガポール ゼネラルマネジャー

Lien Choong Luen

リエン・チョン・ルエン

マッキンゼー・アンド・カンパニーのセンターオブガバメント（東南アジア）で、技術および消費者業界の戦略コンサルタントを経験した後、シンガポールの政府機関である国立研究財団（NRF）でスマートシティのプロジェクトに従事。19年2月にGOJEK参画

企業価値が100億ドル（約1兆800億円）を超える巨大未上場企業を「デカコーン」と呼ぶ。世界に20社ほどしかないといわれる中、インドネシア発のデカコーンとして急成長しているのが、GOJEK（ゴジェック）だ。バイクや自家用車などによる配車サービスを軸として料理宅配やキャッシュレス決済など、生活に密着したいくつものサービスを統合した「スーパーアプリ」を展開し、東南アジアの人々の暮らしに欠かせない存在となっている。同社には三菱商事や三菱自動車工業が出資している。

そんなゴジェックは、2018年2月に同じくデカコーンとして覇を競うGrab（グラブ）の本拠地であるシンガポールに進出し、まずは自家用車などを活用したライドヘイリング事業を展開している。この市場でどう戦うのか、また主にインドネシアで展開しているスーパーアプリとしての多角化戦略はなぜ生まれ、成功したのか。ゴジェック シンガポールのゼネラルマネジャー、Lien Choong Luen氏を直撃した。

（聞き手は、日経クロストレンド勝俣哲生）

――東南アジアでゴジェックが成功しているのはなぜか。その要因を教えてください。

ゴジェックの歴史を振り返ると、会社自体は2010年10月に創業しましたが、当初はバイクタクシーの配車サービスをコールセンターで行っていて、現在のようにスマートフォンアプリに発展したのは15年のことでした。その当時、世界では既に米ウーバー・テクノロジーズなどが自家用車を使うドライバーと乗客をマッチングさせるライドヘイリングのビジネスをアプリで行っていましたから、後発組ではあります。

しかし、我々は本国のインドネシアでローンチするや、徹底的にローカルの顧客ニーズに合わせてサービスを展開してきました。これが1つ目の成功のポイント。バイクの配車サービス「GoRide」、クルマを使った配車サービス「GoCar」に加え、バイクの宅配サービス「GoSend」、飲食店などの料理を届ける「GoFood」、買い物代行サービスの「GoMart」など、今では20種類を超えるサービスを1つのアプリを介して展開しています。

中には、リラクゼーションサービスを自宅に呼べる「GoMassage」、ハウスクリーニングの「GoClean」、ビデオオンデマンドサービスの「GoPlay」まで、ラインアップに加わっています。これらはすべて地元の顧客が求めていたもので、自社だけではなく適宜パートナー企業とエコシステムを組み、ゴジェックは「スーパーアプリ」として発展してきました。

もう1つのポイントは、ビジネスモデルの組み方。これまで展開してきたサービスは闇雲に選んできたわけではありません。例えばバイクのドライバーは朝会社に出勤する人を乗せて、ランチの時間帯には料理を宅配、夕方はその人を自宅に送り、その後は荷物やマッサージ師を届ける仕事があるかもしれません。ドライバーにとってはゴジェックのプラットフォームを通して、あらゆる時間帯で何らかの仕事がマッチングされる状態なのです。それぞれのピーク時間は分散していますから、需要が高いサービスに常に必要とされているということです。

一方、ユーザーにとっては、すべてのことがゴジェックのアプリ1つでできる。移動がラクになるのはもちろんのこと、自宅から出たくなければ料理も注文できるし、買い物もできます。映画館に行く時間がなければ、ビデオオンデマンドもある。東南アジアではいまだに多くの人が、信用力がないために銀行口座を開けない状態ですが、ゴジェックならGoPayで支払うことが可能で、保険サービスも受

インドネシアでGOJEKが展開しているバイクの配車サービス（写真/Shutterstock）

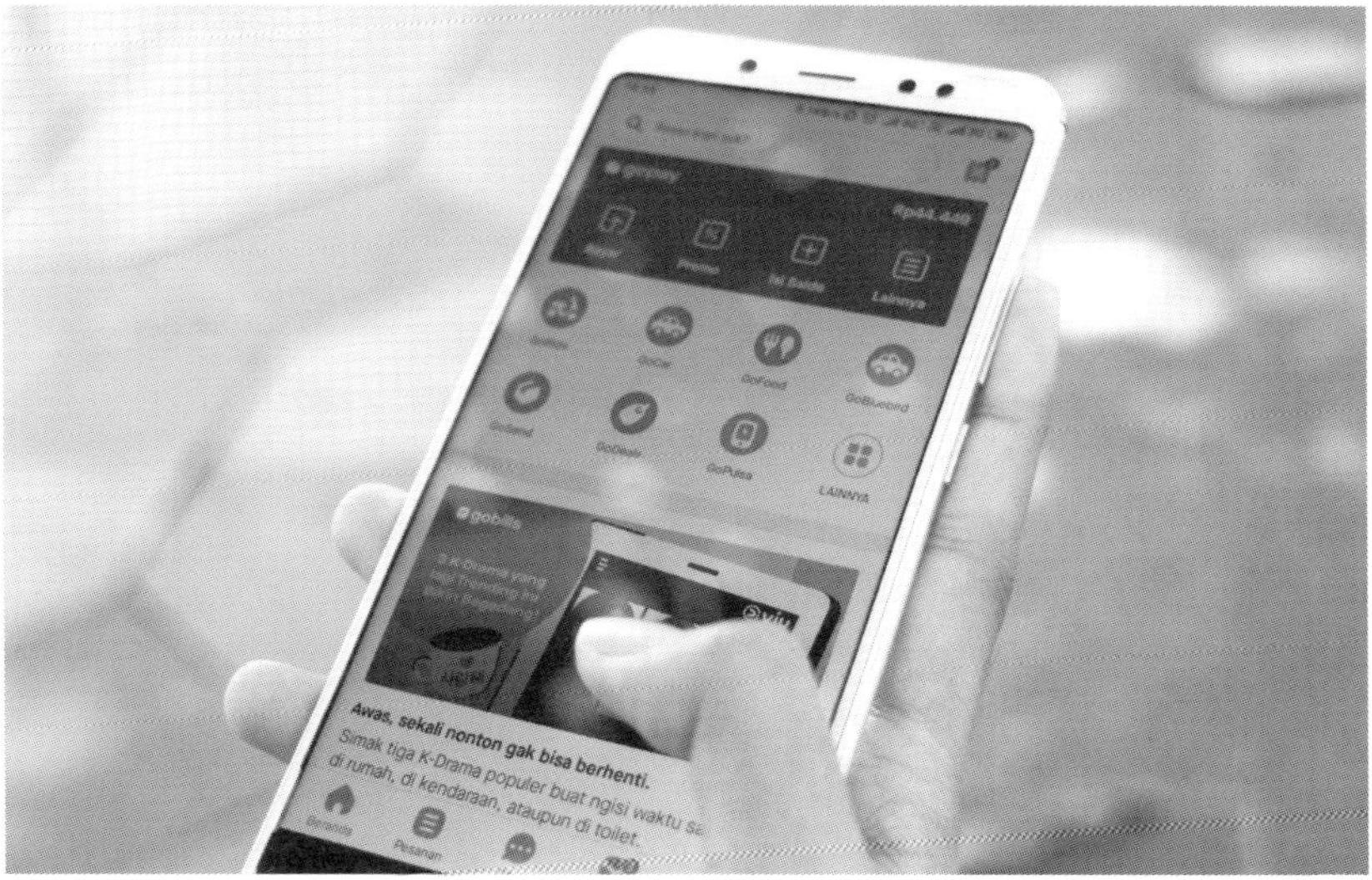

インドネシアでのGOJEKのアプリ画面。多彩なサービスのアイコンがトップ画面に並ぶ（写真/Shutterstock）

「スーパーアプリ」GOJEKの統合サービス

Transport & Logistics

GoRide	GoCar	GoSend	GoBox
二輪車による配車サービス	クルマによる配車サービス	書類や小物のバイク宅配サービス	大型荷物のトラック宅配サービス

Food & FMCG

GoFood	GoFood festival	GoMed	GoMart
フードデリバリーサービス	GoFoodで評価の高い飲食店を集めたフードイベント	市販薬やサプリの宅配サービス	買い物代行サービス

Payments

GoPay	GoBills	GoPoints	Paylater	GoPulsa
スマホ決済サービス	GoPayによる公共料金、保険料などの支払いサービス	GoPayユーザー向けポイントサービス	GoPayの後払いサービス	GoPayによるスマホ料金支払いサービス

Daily Needs

GoLife	GoMassage	GoClean
生活系サービスの統合アプリ	リラクセーション関連の出張サービス	ハウスクリーニングの出張サービス

News & Entertainment

GoPlay	GoTix
ビデオオンデマンドサービス	オンラインチケット販売サービス

Business

GoBiz
GoFood、GoPayなどの法人向け統合アプリ

出典：GOJEKホームページより作成

けられる。こうしてユーザーのトラフィックを多く取り込み、仕事が潤沢に生まれているからこそドライバーも多く獲得できる。このループを最大化しているということです。

3つ目のポイントは国際化。東南アジアでの展開に専念しており、18年9月にはベトナムでバイクのライドヘイリング「ＧｏＶｉｅｔ」を始め、18年12月にシンガポール、19年2月にはタイに進出しました。19年1月にはフィリピンの仮想通貨・決済プラットフォーム大手のＣｏｉｎｓ．ｐｈを買収しており、今後フィリピンやマレーシアにもサービスを拡大する計画があります。

――インドネシアではバイクとクルマの配車サービスを含めて20種類以上の異なるサービスを展開していますが、まだ増えますか？

その中で**ゴジェックにとってのコア事業は「配車サービス&物流」「フード」「決済」の3分野。なぜなら、日常生活の中で絶対必要になる、トランザクションが必ず発生する強い分野だからです。**

その他の「Daily Needs」や「News & Entertainment」と区分けしているマッサージ宅配、ホームクリーニング、ビデオオンデマンドなどはパートナー企業と組んで実験的にやっている側面もあります。インドネシアはホームグラウンドなので、マーケットを分析して展開し、消費者のレスポンスを見ながら我々として手がける意味があるかどうか探ることができる。一方で、シンガポールではまだローンチしたばかりということもありますが、今のところ自家用車などによる配車サービスＧｏＣａｒだけを展開しています。

スーパーアプリの真価とは?

――18年12月に進出したシンガポールは、ライバルのグラブの本拠地。グラブも様々なサービスを統合したスーパーアプリを標榜しています。彼らとの違いは何ですか?

確かにグラブは強力なライバルですが、我々の主眼はもっと大きな社会課題を解決することにあります。インドネシアからゴジェックは始まったわけですが、公共交通が発達していなくて、移動手段はバイクやクルマに頼るばかり。そのため深刻な交通渋滞が発生していて、それをテクノロジーの力を使って効率化し、理想の状態に戻そうということが起点になっています。

一方、シンガポールの市場を考えると、既に公共交通網がかなり整備されています。しかし、どんなに発達していても、それは基幹交通ですから、ポイント・ツー・ポイントの移動ニーズを満たすものではありません。例えばシンガポールは高齢者が多く、週に2~3回病院に通うために、毎回、鉄道駅やバス停まで歩いてもらうのは負担が多すぎます。ここに我々の配車サービスの優位性があり、その競争軸は公共交通とは異なるもの。むしろ、公共交通システムの一部となり、補完する位置づけだと捉えています。

もう1つ、シンガポールは国土が狭いので土地の価格が非常に高いということがあります。我々のような配車サービスが普及すれば、例えば駐車場のスペースを削減してショッピングモールや病院、オフィスなどに活用できるので社会全体にとってのメリットになります。19年4月にオープンしたチャンギ空港の複合商業施設「Ｊｅｗｅｌ（ジュエル）」は、まさに駐車場跡地に建てられた施設で、大きな経済効果を生んでいますよね。

つまり、**我々が破壊しているのは「自分や家族だけのために使う自家用車」の市場なのです**。マイカーの稼働率は低いことが知られていますが、それが配車サービスに使われるか、置き換われば効率的な活用になる。先ほどの駐車場の話のように、いろんな社会コストを下げることができるのです。

――シンガポール進出後、どのような成果が上がっていますか？

18年12月のサービス開始から約半年、19年6月には1000万ライドを突破しました。おそらく1年で2000万ライドを達成できると見込んでいます。シンガポールは人口約560万人の小さな都市なのに、約200万人がゴジェックのアプリをダウンロードしている。これは成人のほとんどです。また、アクティブなドライバーは4万人を超えていますから、需要と供給が十分な状態といえるでしょう。

これだけのライドをこなしながら、我々の配車サービスの平均待ち時間は約5分です。これはサービス品質が高いという評価につながっています。また、特に誇りに思っているのは、我々がシンガポールに進出することで、様々な人に新たな仕事の機会を提供できていること。例えば、ゴジェックにはお母さんドライバーもいます。以前なら1日12時間フルタイムで働く必要がありましたが、ゴジェックのドライバーになると子供の学校の送り迎えをすることができ、食事も一緒に取れるなど、子供の面倒をしっかり見られます。十分なお金を稼ぎながら、です。

一方、ユーザーにとっても、グラブ以外の選択肢が現れたことで利用料金は確実に安くなっています。また先日、シンガポール最大の新聞「The Straits Times」でベスト・バリュー・フォー・マネーに選出され、グラブやタクシー会社に比べて良い評価を得ています。

ゴジェックの参入以降、シンガポールではタクシーと配車サービスの合計で1日当たり100万〜120万ライドが発生しています。3〜4年前は、この半分か3分の2くらいだったので、これだけ見ても移動需要は爆発的に増えているといえますし、これまで働いていなかった人たちにも仕事の機会を与えることができています。

——ゴジェックのコア事業である配車サービスにおいて、最も重要なビジネス要素は何ですか？

最も重視しているのはテクノロジーであり、乗客とドライバーを双方が合意する料金でマッチングするアルゴリズムです。以前なら道路で手を振ってタクシーをつかまえて、雨が降っていたら行列に並ぶ必要がありました。それが、今はアプリ1つで済みます。また、乗車のピーク時間はドライバーにインセンティブを与えてクルマを出してもらい、需要に応えられるようにアルゴリズムを組んでいます。やはり、テクノロジーが最重要です。

2つ目は、ドライバーと乗客の良いコミュニティーをつくること。それは、**配車サービスも料理宅配も決済も、1つのプラットフォームを介してあらゆる需要と供給をまかなえるようにすることで、そこにスーパーアプリのコンセプトがあります。**既にシンガポールでは約200万ダウンロードのベースがあるので、今後は追加サービスを検討していきたい。我々のコアビジネスは配車サービス&物流、フード、決済サービスなので、これらの中から順次導入していくことになるでしょう。いずれにしろ選択肢をユーザーに与え、消費者の生活に大きな変化をもたらす事業を展開していきます。

また、インドネシアでは配車サービスと料理宅配の組み合わせなど、月額制のサブスクリプションプランも用意しています。パートナー企業を通じて提供するなど、やり方は様々ですが、サブスクについてもシンガポールで取り組んでいきたい。

――将来的にはどのようなジャンルの企業がゴジェックのエコシステムに加わるのでしょうか。あるいは、親和性の高いジャンルは？

デジタルサービスなら可能性があります。ビデオゲームしかり、ニュース配信しかり、遠隔医療なども提供できるでしょう。我々には安定的な顧客基盤があるからです。現在インドネシアで展開しているビデオオンデマンドやチケット販売などが好例ですが、我々のプラットフォームはオフラインで展開されていたサービスがオンラインに移行する時にもシナジーが生まれやすい。

ゴジェックは公共交通を補完する存在

――モビリティサービスを統合してシームレスな連携を行うMaaSの潮流がある中で、それにゴジェックはどう向き合いますか？

MaaSの概念の中では、我々が提供している配車サービスは複数の移動手段があるうちの1つのピースにすぎません。公共交通がコアファクターであり、ファースト・ラストマイルを担う電動キックボードなどのＰＭＤ（パーソナル・モビリティ・デバイス）も必要になります。現在は配車サービスにフォーカスしていますが、今後は他のモビリティサービスを手がけることも検討していきたい。

また、マルチモーダルのアイデアも取り入れる。シンガポールは政府が主導してスマートシティやスマートトランスポーテーションの取り組みを進めており、我々もその一部を担う企業だと認識しています。**点から点の移動をつなげるゴジェックのサービスは、公共交通の〝空白〟を埋めるものであり、鉄道やバスといった公共交通と良い関係を築けます。**ですから、ＭａａＳの動きには期待をしています。

実際、インドネシアでは公共交通のオペレーターともパートナーシップを組んでいます。ゴジェックのもともとの問題提起は、公共交通システムをどうやったら改善できるかということなので、自然な流れです。究極のところ、ＭａａＳによってシームレスに交通がつながると、我々が配車サービス単独で行っているように、プライシングを変化させることでピーク時間に集中する需要を複数の交通手段で分散させることが可能でしょう。渋滞を減らして、効率的な移動をユーザーに提供できます。

私自身は以前、シンガポールの政府機関である国立研究財団（ＮＲＦ）でスマートシティのプロジェクトに関わっていましたから、陸上交通庁（ＬＴＡ）とも緊密に動いています。どうやれば輸送システムを良い枠組みにできるか、ゴジェックにおけるトラフィックのパターンなどのデータを提供し、技術的なアジェンダを促進できるように協力しています。また環境問題に関して、シンガポールでは電気自動車（ＥＶ）の充電ポイントを１０００～１５００カ所設置する計画があります。その流れに沿って、我々もＥＶの採用が増えていくでしょう。

ただし、**ＭａａＳに関連した１つの視点として、何が何でも移動を効率化すればいいというものでも**

ないと思っています。そもそも、そこに本当に行く必要があるのかどうか。料理宅配サービスがあれば外に出なくてもいいし、ビデオオンデマンドがあれば映画館に行く必要もないかもしれない。**物理的に本当にやるべきことは何なのか。それをユーザーが選べる状態が望ましい**。だから我々はスーパーアプリを提案しているのです。

――最後に、ゴジェックは三菱商事や三菱自動車工業などから出資を受けています。日本市場についてては、どう見ていますか？

日本進出の構想はありませんが、日本企業とのパートナーシップはすごくうれしいことです。我々を信頼してくれていて、戦略的な取り組みを進めることで東南アジアにおいてゴジェックが拡大していく原動力になります。今後、ゴジェックのプラットフォームを生かして新たなモビリティサービスを共につくっていけるでしょう。今はそのための方策を話し合っている段階です。

（日経クロストレンド2019年11月11日掲載、一部改編）

Chapter

7

全産業を巻き込む「Beyond MaaS」のビジネスモデル

この章で分かること

◉全15業種・キーワードとMaaSの融合モデルを解説

◉MaaS×異業種連携による双方の収益化ポイント

◉電力、ゲームAI、アグリテック・・・専門家の視点

ＭａａＳ実現によるビジネスインパクトは、主たるプレーヤーである自動車や交通業界にとどまらない。これまでの章で、筆者らはそのように主張してきた。では、移動分野のデジタルプラットフォームであるＭａａＳと他の産業が融合していくことで、新たにどのようなビジネスチャンスが生まれ、人々の暮らしがよりよいものに刷新されていくのだろうか。本章では、世界の先進的な取り組みをレビューしながら、専門家インタビューを交えて全15の業界・キーワードと融合した「Ｂｅｙｏｎｄ ＭａａＳ」について具体的なアイデアに迫ってみたい。

読み進めていくと、意外に日本のプレーヤーの事例が多いことに気づくはずだ。実は、異業種との共創により価値を生み出すＢｅｙｏｎｄ ＭａａＳの世界で、日本はトップランナーの一角に確実に入っている。それは公共交通を核に百貨店・スーパー、ホテルなどに多角化された「沿線開発モデル」がもともと根づいていることに加え、ＭａａＳの展開において〝後発〟であるがゆえに、よりビジネスモデルとしての検討が進み、一段高いレベルで社会へのインパクトを最大化する方向にＭａａＳの議論が進んでいるからだ。高齢化や人口減少など「課題先進国」といわれる日本で創り出したＢｅｙｏｎｄ ＭａａＳのモデルは、これからいくつも世界に羽ばたいていくことだろう。ともすれば、〝ガラパゴス〟な取り組みになりがちなので、グローバルな観点での戦略も同時に求められる。

各業界・キーワードのパートに入る前に、ここではＢｅｙｏｎｄ ＭａａＳの起点となる事柄を整理しておきたい。まず、モビリティサービスやＭａａＳ側のプレーヤーと、異業種のプレーヤーの「組み手」の取っかかりとなるのは、第4章で紹介した「Ｄｅｅｐ ＭａａＳ」、すなわち交通分野のサービスの深化・進化の要素だ。例えば、複数のモビリティサービスを使い放題にする月定額のサブスクリプションモデルが実現すると、電気・ガス料金や通信料金、賃貸住宅の家賃、さらにはネットフリックスや飲食サブスクまで、あらゆるジャンルの定額パッケージとの融合が進めやすくなる。利用特性が異なるジャンルをワンパッケージにすることで、ユーザーの満足度を高めながら、互いに収益を補完・案分していくモデルを築けるだろう。

また、モビリティサービス側の非効率な部分、つまりピーク時間以外に発生する鉄道、バス、飛行機の空席や、稼働していないタクシー、カーシェアリング車両などを生かすアイデアは、そのままＢｅｙｏｎｄ ＭａａＳの有力なモデルとなり得る。もともと収益を生んでいない〝遊休資産〟を活用するので、モビリティサービス側の意欲は十分。異業種プレーヤーにとっても自社のサービスに割安な料金でモビリティサービスを組み込むことが可能になる。

もう1つ重要なポイントが、ＭａａＳの普及によって膨大なユーザーのリッチな移動データが得られることだ。これは、リアルタイムの情報だけではなく、移動前の経路検索データの解析による行動予測も含まれる。個人データの取り扱いには往々にしてプライバシーの問題が立ちはだかるが、匿名化した移動データを活用できるだけでも、そのビジネスインパクトは絶大。最も親和性が高いのは広告・プロモーションとの連動であり、ネットと同じ水準のターゲティングと広告アクション（誘客）を、リアルな空間で実現できる。これは集客ビジネスである小売りや飲食店など、リアル店舗を構えるすべての業態にとってメリットとなることだ。モビリティサービス側にとっても、広告や送客による収入を期待できることに加え、移動需要そのものを生み出すことになるから、積極的に手がけたいジャンルといえる。

それだけではない。膨大な移動データを使って交通体系を最適化し、異業種との様々なサービス連携を進めていく中で、1つの到達点として見えてくるのが、モビリティ革命を起点とした都市のDX（デジタルトランスフォーメーション）、すなわちスマートシティの実現だ。

この分野では、米グーグルの兄弟会社であるサイドウォークラボがカナダのトロントで進めるプロジェクトなどが先行しているが、トヨタ自動車が静岡県の東富士工場跡地で進める「Woven City（ウーブン・シティ）」のような未来都市構想も日本で生まれてきた。

2020年夏に東京オリンピック・パラリンピックを間近に控える東京都も、5Gネットワークの早期構築を目指した「TOKYO Data Highway」や、「スマート東京」（東京版Society 5.0）戦略を掲げ、その中で異分野・都市のリアルタイムデータとの連携、最先端モビリティ（無人自動運転車、空飛ぶクルマなど）の活用といった、MaaSの取り組みを強力に推進することを宣言している。Beyond MaaSの集大成ともいえるスマートシティについては第8章で詳述するが、デジタル化された都市を形づくる有力なピースとなる「MaaS×異業種」のビジネスアイデアを次のページから紹介していこう。

1

住宅・不動産 × MaaS

連携のポイント

◉MaaS付き住宅開発で、駐車場スペースを抑制し、居住面積の拡大、共有施設の充実が図れる

◉多拠点居住のライフスタイルに合わせた交通パッケージの提供で、新たな移動需要を獲得

スウェーデンのイエーテボリで開発された住宅。EC2BのMaaSソリューションとリンクしている
（出典：Riksbyggenホームページ）

世界では、ＭａａＳを前提に、駐車場のない、あるいは駐車場を極力抑制した新しい住宅開発が急速に進んでいる。集合住宅に付帯する駐車場を削減できれば、不動産会社にとっては、そのぶん、居住面積を拡充したり共有面積を充実したりできる。連携する交通事業者にとっては新規需要の開拓につながり、行政としては持続可能な社会の実現に貢献できる。まさに三方よしの方策である。

例えば、スウェーデンのイエーテボリでは「カーフリーリビング」という新しい概念の集合住宅が２０１９年３月に誕生した。不動産会社向けのソリューションを提供するＥＣ２Ｂ（イーシーツービー）のＭａａＳアプリを通して、居住者は公共交通の電子チケット、ＧｏＲｉｄｅ（ゴーライド）の自転車シェアリングやＳｕｎｆｌｅｅｔ（サンフリート）のカーシェアリングが利用できる。ＥＣ２Ｂはアプリの提供だけにとどまらず、住民に対して新しいモビリティの利用方法や、その意義などを講習する活動も行い、また、新しいモビリティを提供したい企業と地域を結ぶ役割も担っている。ＥＵ（欧州連合）のスマートシティプロジェクトであるＩＲＩＳとも協力、政府機関などの支援も受けて取り組むプロジェクトが始まっている。

また、英国の不動産会社ＭＯＤＡ Ｌｉｖｉｎｇ（モダ・リビング）がマンチェスターの都心部で開発中の賃貸住宅（エンジェルガーデン）では、居住者の特典として市の交通事業者と協力し、ゾーン１外に勤務する人に対して先着50人に年間の無料パスを提供するプログラム（16歳以上を対象）を予定している。４６６戸中、駐車場は１４９台に抑え、モダ・リビングの専用アプリを通して、居住や移動などの様々な情報も提供される。また、配車サービスの米ウーバー・テクノロジーズと提携しており、駐車場を利用しない居住者には月１００ポンド（約1万４４００円）で、ウーバーを利用できるプランも計画中だ。

サンフランシスコでも、新しい概念の集合住宅が開発されている。ＰａｒｋＭｅｒｃｅｄ（パークマーセド）は、サンフランシスコ市街地から南西にあるエリアにある集合住宅である。エリアの近くにバスとトラム（Ｍｕｎｉ）の停留所があり、隣にはサンフランシスコ州立大学が立地している。サンフランシスコ市はシリコンバレーの活況などもあって人口が増え続け、道路の渋滞や市街地の駐車場不足の解消が大きな課題となっている。

パークマーセドの不動産会社では、スウェーデンと同じく「カーフリーリビング」というコンセプトのもと、毎月１００ドル（約1万１０００円）を交通系ＩＣカードであるＣＬＩＰＰＥＲ（クリッパー）カードか、ウーバーのアカウントに10ドル（約１１００円）刻みで付与するという制度を開発した。こちらの集合住宅に引っ越しを考えるユーザーとしては、交通費の補助がもらえ、さらにエリア直近のバスもトラムも利用でき、必要に応じてウーバーを呼ぶことができるメリットがある。不動産会社としては、駐車場用地を縮小でき、居住スペースや共用施設を充実させられる。今後このようなモデルにより、渋滞緩和や中心市街地の駐車場不足の問題解決につながり得る可能性がある。

一方、住宅・不動産業界に激変をもたらす暮らし方自体の変化として、日本では「多拠点居住」という新しいライフスタイルが広がり始めている。その名の通り、複数の生活拠点を持つことで、自宅という概念すらなくなる可能性がある。これを先導するのは、全国どこでも住み放題の月額サブスクリプションサービス「ＡＤＤｒｅｓｓ（アドレス）」を運営するスタートアップ、アドレスだ。

アドレスは、19年10月29日に本格サービスをローンチ。年契約のレギュラープランは月４万円（税別）で、家具や家電、各種アメニティーを完備した全国30拠点のアドレス管理物件から好きな場所を選び、連続して１週間住むことができるユニークなサービスだ（法人向けベーシックプランは月５万円）。２０３３年には、日本全国で実に２１６６万戸が空き家になると見られているが、そうした主に地方の遊休資産の有効活用と、そこに滞在したい会員のマッチングを通して「関係人口」を増やすことで地方の消費を活性化する狙いがある。

ただし、アドレスホッパーのように多拠点で自由に暮らすには、そもそも拠点間の移動に莫大な費用がかかるのが課題。そこで同社は、ＡＮＡホールディングスやＪＲ東日本グループなどとの連携を始めた。例えば、ＡＮＡとは２０２０年１月31日～３月31日の期間で、航空券定額制サービスの実証実験を行う。これはアドレス会員に対し、月額３万円の追加料金でＡＮＡ国内線の指定便に月２回往復できる

ADDressは、1つの場所に縛られない自由な暮らし方を提案する（出典：ADDress）

南房総にあるADDressの拠点（出典：ADDress）

サービス。対象路線は羽田〜新千歳、鳥取、高松、徳島、福岡、大分、熊本、宮崎、鹿児島線となり、ANAが指定した便（1日当たり片道1〜2便）を会員向けの専用サイトから予約できるようにする。平日の昼間など、飛行機の空席が多い時間帯をアドレス会員に格安の月額プランで提供するモデルだ。同じような取り組みは、JR東日本の新幹線でもできるだろう。

これは、アドレス会員がリモートワークによる場所にとらわれない自由な働き方との親和性が高いから成り立つ。彼らは、そもそも多くの人が移動する曜日や時間帯に移動する必要がないからだ。また、通常より移動時間が長くかかっても、移動コストが安くて、かつ車内で快適に仕事ができたり、エンターテインメントを楽しめたりする環境が整っていれば、そちらを選択する可能性も高い。航空会社や鉄道会社にとっても元手は〝タダ〟であり、彼らのニーズをうまくくみ取ることで移動自体が増えれば、収益的に苦しい地方路線を維持しやすくなるし、送客先の地域経済にも貢献できるというわけだ。

もう1つ、クルマを使ったモビリティサービスにも商機は見える。アドレスは中古車大手のIDOM（旧ガリバー）と連携し、定額乗り換え放題のサービス「NOREL（ノレル）」の車両をアドレスの指定物件の駐車場に設置。近くのアドレス拠点間やガリバー販売店で乗り捨て可能にするカーシェアリングの実証実験も行う。地方では公共交通のみならず、レンタカーすら借りにくい状況があるので、これを解消して会員の利便性を向上させる狙いだ。また、アドレスの各物件には「家守」と呼ばれる管理人がおり、地域と一緒になったコミュニティーづくりを行っている。こうした関係性の中で、家守や地域の人が空き時間を使ってクルマで送迎サービスをするといった仕組みも取り入れやすいだろう。

今後についてアドレスの佐別当隆志社長は、「月4万円からのアドレスの会費に、例えば月10万円を追加すると、飛行機や鉄道、カーシェアリングなど、すべての交通手段を使った移動の自由が担保される、住まいと交通の定額パッケージをつくっていきたい」と話す。

多拠点居住のような新しい暮らし方に対して、柔軟にモビリティサービスやMaaSのプレーヤーが対応していければ、移動需要の創出につながる上、自社の〝遊休資産（空席など）〟の活用に役立ち、経営の非効率性を解消することができる。データ化された都市、スマートシティやコネクテッドシティに発展していく、これからの住まい、暮らし方を考える上では、モビリティやMaaSプレーヤーにとって、不動産や住宅産業は欠かせないパートナーとなるだろう。

2

観光 × MaaS

連携のポイント

◉観光地のモビリティサービスの充実とMaaS導入で、エリアの周遊促進、インバウンドの取り込みが可能に

◉夜間のモビリティサービス拡充、適切な情報提供で、「ナイトタイムエコノミー」の拡充

観光産業はこれまで、観光地の宿泊施設や観光スポット、交通手段をパッケージ化し、顧客に体験や感動を提供してきた。インターネットやＡＩの普及が及ぼすトラベルテックの潮流が既に到来しており、従来の対面による相談や予約から、ＯＴＡ（オンライン旅行代理店）を通して顧客のニーズに応じた旅行体験を提供するサービスが始まっている。加えて、観光地へのアクセスや観光地の回遊を促進する仕掛けとして、新しいモビリティサービスやＭａａＳが連携し始めている。観光とＭａａＳが融合した新しいサービス形態は、今後巨大な産業となることは間違いない。一方で、観光地でのＭａａＳの有無や、モビリティ水準の地域格差が、地域の観光産業の命運を分ける事態も起こり得るだろう。

そんな中、ＩＴ企業の巨人、グーグルが19年5月、観光ビジネスに参入した。「Ｔｒａｖｅｌ」（https://www.google.com/travel/）というＷｅｂサイトを訪問した人は、皆驚くはずだ。トップ画面の「おすすめ旅行」には、最近自らがグーグル検索したエリアの情報が並ぶ。「人気の目的地」に続き、「過去の旅行」には自分が訪問した地域が表示され、移動の履歴も確認できる。

そして、行きたい目的地を検索すれば、人気の観光スポット、人気の宿泊施設の一覧が紹介される。続いて「旅行の計画を立てる」をクリックすると、推定の旅行料金が表示される。時期によって旅行料金が変動することは皆知っているものの、どの程度変動しているのかは正直分からないだろう。その点、グーグルトラベルでは、出発日ごとに推定旅行料金（旅費と宿泊費）が表示され、料金が手頃な時期を一発で把握できる。出発日や宿泊数を決めれば、フライトの一覧が価格順で表示され、ホテルは料金分布と合わせておすすめの宿、宿泊地の地図が一覧で出てくる。もちろん、ホテルだけではなく、自宅の部屋や空き家をシェアする民泊のプランも対象となる。さらには、「休日が１日しかない場合」の観光

グーグルトラベルでは、出発日ごとに推定の旅行料金が表示される

プランまで紹介する気の利きようだ。旅行後には旅のしおりが作成され、友人や家族との思い出シェアも簡単にできる。

現在、日本語版では未対応だが、グーグルは観光地の現地情報や天気予報などを集めた「トリップス」、ツアー商品を紹介する「パッケージ」も提供しており、観光サービスを次々に進化させている。

こうしたグーグルトラベルと連携することは、交通事業者によっては閑散期の需要喚起として有益であり、需要の分散効果も期待できる。ホテルや旅館なども同様の効果が期待できるだろう。交通事業とホテル・旅館それぞれの情報が共有されていることで、双方にメリットが生じる取り組みだ。これに加え、観光地や飲食店などのクチコミ情報、それらの混雑予測の情報などが、グーグルのプラットフォーム上で連携統合され、日々進化している。グーグルとしても、新しい収入源やビジネスモデルの創出を狙っているのだろう。

日本での観光とMaaSを融合した取り組みのパイオニアといえば、交通業界の革命児として知られる高速バス大手のWILLER（ウィラー）が筆頭だろう。同社は、個人旅行を対象とした観光MaaSアプリ「WILLERS（ウィラーズ）」を19年10月末から正式にローンチした。現在のところ、展開エリアは世界遺産の知床を擁する「ひがし北海道（北海道の道東）エリア」と、同社が15年から運営に携わる「京都丹後鉄道（丹鉄）沿線エリア」の2つだ。

WILLERSでは、鉄道やバス、タクシー、レンタカー、体験アクティビティなどを1つのアプリで簡単に検索、予約、決済できるようにしている。ひがし北海道では、旅の出発地から目的地へのルート検索だけではなく、選択した経路の周辺に表示された遊覧船やホーストレッキング、観光スポットなどを追加の目的地として設定可能で、それらを事前に予約、決済できる。また、京丹後エリアでは、京都丹後鉄道や全但バス、丹後海陸交通、ケーブルカー、天橋立遊覧船などに設置されたQRリーダーにアプリで表示されるQRコードをかざすだけで、移動したぶんの区間運賃が即時決済される。これは日本初の取り組みであり、そこから得られる移動データを利活用して地域交通に役立てていくという。

そんなウィラーがMaaSの肝と捉えるのが、交通空白地帯の穴を埋める新たなモビリティサービスの導入だ。ひがし北海道エリアでいえば、これまではレンタカーや団体ツアーの大型バスを利用するのが主な観光手段であり、丹鉄沿線では高齢化と人口減少のダブルパンチで地域交通の存続が難しくなりかねない状況がある。こうしたエリアに観光起点で新たなモビリティサービスを投入することで、持続可能な状態に再構築する狙いだ。

例えば、ひがし北海道においては、阿寒湖周辺の観光用には摩周駅から14人乗りのWILLERビークル（運行は阿寒バス）を用意しており、MaaSアプリのWILLERSから予約、決済が可能だ。

これだけではない。ウィラーが観光MaaSの有力なコンテンツと期待するのが、自動運転を活用したモビリティサービスだ。例えば、同社が18年5月に立ち上げたシンガポールの完全子会社、WILLERS（ウィラーズ）は、19年10月からシンガポールの大型植物園「ガーデンズ・バイ・ザ・ベイ」で、園内の2拠点を結ぶ自動運転シャトルサービスを始めた。

夜間運行時には自動運転車両の窓をモニターに変え、そこにイルミネーションを投影して映像に合わせた音楽が流れる仕掛け。ワクワク感があって乗ること自体が目的になるモビリティで、有償サービス（大人は5シンガポールドル）として提供している。自動運転を一足飛びに路線バスの代替手段などと捉えるのではなく、まずはエンタメ化することで商業化のスピードを速めるのが狙いで、それには観光地での展開が適しているというわけだ。同社は日本で自動運転の実証実験を始める計画も持つ。

また、ウィラーズは東南アジアの有力な交通事業者と組んで、今後オンデマンド型乗り合いサービス事業を始める計画。この分野で日本ほど法規制が厳格ではない東南アジアでサービス化、収益化の練度を上げていき、いずれ日本でも実装していく構えだ。

こうして新たなモビリティサービスの導入を進め、MaaSアプリの魅力を高めていく中で、同社が収益化のポイントとして見ているのが、インバウンドの取り込みと、QRコード決済による利便性向上で利用者の増加を目指すことだ。

まず、インバウンド対策としては、同社は2020年春頃をめどに、MaaSアプリのWILLERSをシンガポール、台湾、ベトナムの3カ国・地域でスタートする予定。そして2020年夏頃には、フィリピン、マレーシア、ミャンマー、カンボジアの4カ国でもサービスを始める計画だ。日本でも海外でも同じアプリを使って、それぞれの言語でモビリティや観光スポットの予約、決済ができる世界を

シンガポールで運行を始めた自動運転サービスの発表会のもよう。写真右側がWILLER代表取締役の村瀬茂高氏

目指している。爆発的に人口が増えている東南アジアからの旅行客を取り込むことは、日本の観光地にとって大きなメリットとなる。

また、MaaSアプリのWILLERSでは、日本初の区間運賃に対応したQRコードによる即時決済と、アプリ上で事前決済したサービスのQRコードによる認証を可能にしている。前者によって、利用者は現金を使わずにQRコード決済でスマートに乗車することができる。また、後者の認証によっては、1日乗り放題チケットなどの定額サブスクリプションモデルも実現可能となる。

MaaSアプリによる交通モードを超えた検索・予約・決済の統合だけではなく、サブスクモデルを実現することで、〝インフラ〟だった交通を本当の意味での〝サービス〟に変え、利用者を増やしていく構えだ。

インバウンド対策としては、トヨタが福岡を中心に展開するMaaSアプリ「my route

（マイルート）」も取り組みを強化している。日常の移動支援と観光を一体とした多言語対応の新たなモビリティサービスとして、訪日外国人用のフリーパスを用意し、日本語と英語に加え、中国語と韓国語を加えた4カ国語対応にアップグレードしている。また、タクシー配車アプリを展開する日本交通系のＪａｐａｎ Ｔａｘｉは、シンガポールの配車サービス大手・Ｇｒａｂ（グラブ）と19年11月から連携。シンガポール、マレーシア、フィリピンのグラブアプリユーザーが来日した際、東京都、京都府、札幌市、名古屋市、沖縄県の5つの地域では、グラブアプリからジャパンタクシー加盟の車両を呼び出せるようになった（２０２０年1月時点）。訪日外国人にとっては、普段から使っているアプリでタクシーを配車でき、支払いはネット決済できるため、利便性は非常に高いだろう。同じように、小田急電鉄もＭａａＳの共通基盤である「ＭａａＳ Ｊａｐａｎ」と、フィンランドのＭａａＳグローバルが展開する「Ｗｈｉｍ（ウィム）」や、シンガポールのモビリティＸが手がける「Ｚｉｐｓｔｅｒ（ジップスター）」を接続。インバウンドを想定し、日本におけるサービス連携を検討している。

もう1つ重要な視点が、日本の観光シーンで課題とされる「ナイトタイムエコノミー」への対応だろう。今後も増え続けるインバウンド需要や、そのリピーター獲得を目指す上では、夜の観光需要に対するサービスを充実させるだけではなく、深夜・早朝に発生する移動ニーズに対応することも欠かせないポイントだ。

日本は伝統的に、終電が終わればタクシーのみという限定的な移動環境が長く続いている。そのため、従業員の帰宅時間に配慮し、飲食店などのラストオーダーは20時や21時台が一般的だ。せっかく夜のイベントを充実させても、その後のモビリティサービスが貧弱ではナイトタイムエコノミーが広がってい

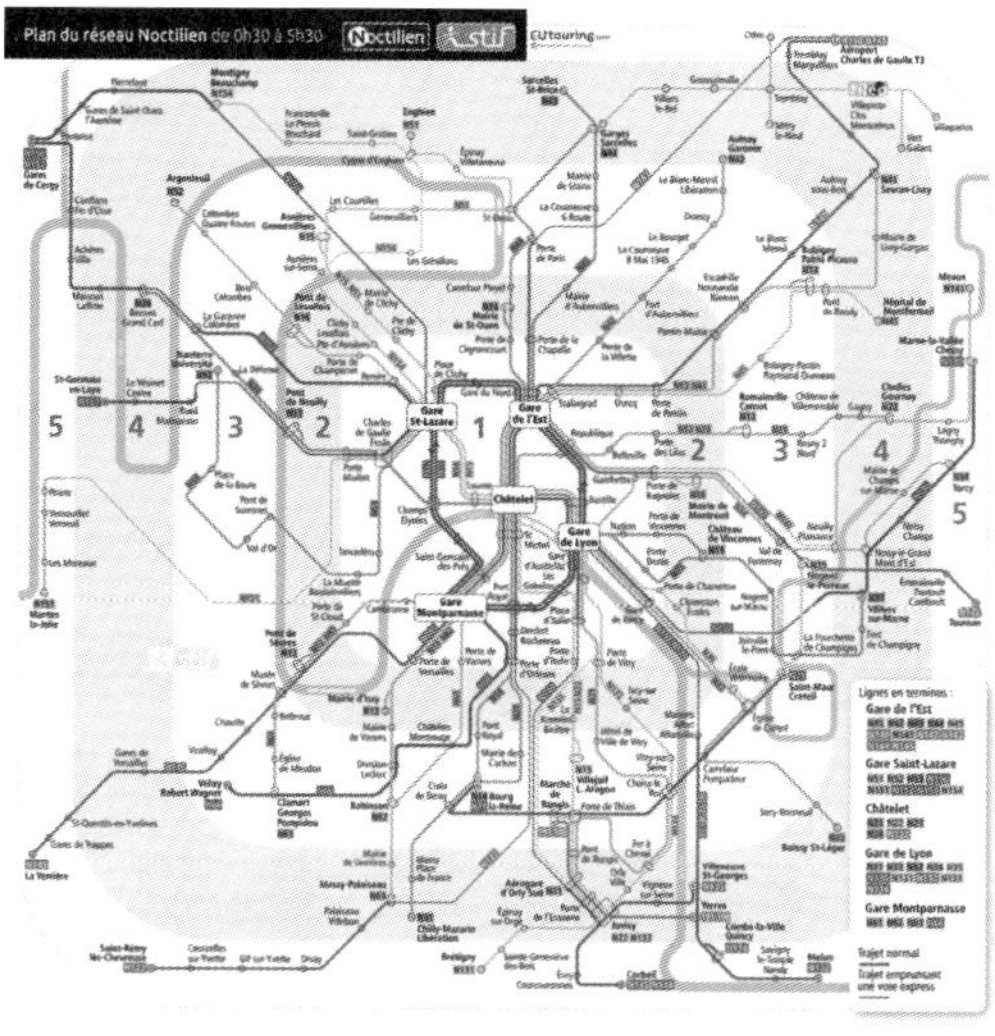

パリの深夜バスマップ（0h 30－5h 30）

かないだろう。

欧米の先進都市では、公共交通の24時間運行やイベントと連動したナイトバス、鉄道の特別運行など、ナイトタイムエコノミーを促進するための多様なモビリティサービスが提供され、様々な創意工夫が図られている（例えば、上のパリの深夜バスマップ参照）。実際に、中心街からの鉄道利用と郊外駅からのライドへイリングを組み合わせた移動が、ロンドン地下鉄の24時最終運行後に生じている実態があるなど、新しい移動パターンや需要が顕在化している。

観光庁では、19年3月にナイトタイムエコノミー推進に向けたナレッジ集をまとめ、国内外の旅行者の地域への誘客、交流人口の拡大に向けた取り組みを推進していくとしている。観光客だけではなく、飲食店などで働く従業員の足の確保も含め、夜間におけるドアツードアのモビリティサービスの創出が日本の課題であり、都市部での夜間を対象としたオンデマンド型乗り合いサービスなどの登場に期待したい。

3

医療・介護・ヘルスケア × MaaS

連携のポイント

◉病院予約連携のモビリティサービス実現で、患者の通院の手間を減らし、診察効率もアップ
◉ヘルスケア機能搭載のモビリティ開発で、「動く診療所」や、オンライン診療を実現
◉介護送迎サービスの高度化で、買い物などの移動支援

超高齢社会が到来した日本において、高齢者の移動、とりわけかかりつけの医療機関への通院や介護センターへの送迎サービスをどのように確保していくかは重要な課題となる。注目すべきは、高齢者への移動の負担が少ないドアツードアかつオンデマンドのモビリティサービスになるだろう。ヘルスケア領域の料金の一部をモビリティサービスの料金に充当する、あるいは病院経営の効率化によるコスト削減や、膨張する医療費の削減といった別軸の狙いを持つことで、過疎地などでも新たなモビリティサービスを導入しやすくなる期待がある。もちろん、医療機関によっては遠方からの通院もあり得るので、こうした医療×モビリティサービスの取り組みも、いずれは複数の交通モードを組み合わせたＭａａＳに近づいていくことになるだろう。

医療×モビリティサービスの先行事例としては、米ウーバー・テクノロジーズが分かりやすい。同社は、緊急性の高くない患者を病院まで運ぶサービス「Ｕｂｅｒ Ｈｅａｌｔｈ（ウーバー・ヘルス）」を18年3月より展開している。病院やリハビリセンター、高齢者介護施設、理学療法センターなどがウーバーと提携し、米国の個人医療データである「電子健康記録（ＥＨＲ）」とウーバーの配車システムを接続。患者が診察予約を入れると、提携医療機関がウーバーの配車サービスを手配する仕組みだ。

これにより医療機関は、交通が不便だったことで通院頻度が下がっていた患者を適切なタイミングで病院に迎えられるようになる。事前予約でかつ到着時間が守られるため、診察を予定通り行える上、これまで以上に多くの患者を診ることも可能になる。キャンセル率の削減を含めて、効率的な病院経営、収益アップに寄与するだろう。また、病院へのアクセスが圧倒的に改善されるため、患者のロイヤリティ向上にも役立つ。

ウーバーにとっても、これまで顕在化していなかった移動ニーズを掘り起こすことにつながり、通院客という〝固定層〟を捉えることは収益のベースアップになる。

こうした医療機関の予約連携を含めた「ヘルスケアモビリティ構想」を19年4月に日本で打ち出したのが、医療機器大手のフィリップス・ジャパンだ。同社はモネ・テクノロジーズと組み、「人の移動」と「サービスの移動」という大きく2つの軸での事業化を目指している。

まず、「人の移動」では、ウーバーと同様に病院やクリニックなどと患者宅をオンデマンド型乗り合いサービスでつなぐことを想定している。例えば、MRI（磁気共鳴画像診断装置）やCT（コンピュータ断層撮影装置）といった大きな初期投資が必要な機器を導入している病院にとっては、稼働率の向上が課題。これらを利用する患者に絞ってモビリティサービスを提供することで稼働率が上がれば、病院の収益性が高まる可能性もある。それを原資の一部にして、乗り合いサービスを展開しようというわけだ。

一方、「サービスの移動」で想定されるのは、病院が不足している地域で患者宅を訪問し、遠隔・対面診断をする移動クリニックや、高齢者への外出機会の提供を含む介護サービスの展開。そして、フィリップスが得意とする口腔（こうくう）・睡眠・栄養・運動ケアサービスをモビリティに載せ、適時適所に配車することも検討されている。

ヘルスケアモビリティの第一弾として、フィリップスとモネ・テクノロジーズは19年12月から長野県伊那市を舞台にオンライン診療などが可能な専用車の運用を始めた。トヨタ自動車のハイエースをベースに開発した専用車は後席空間を大胆に改造しており、オンライン診療に用いるディスプレーや簡易ベッド、血圧・血糖値測定器、自動体外式除細動器（AED）などに加え、車椅子のリフトも備える。

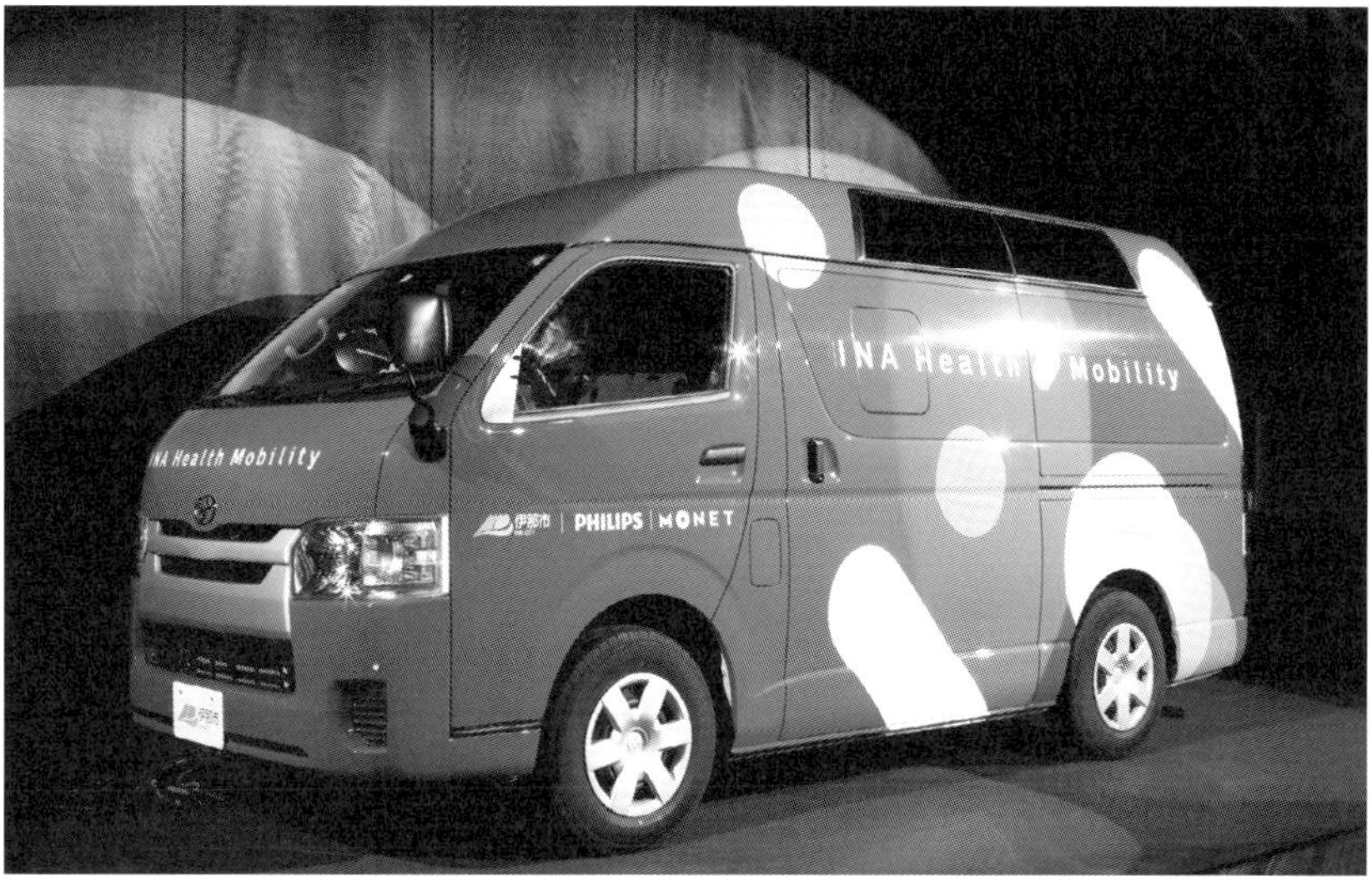

フィリップス・ジャパンとモネ・テクノロジーズのコンセプト車両

実証実験では、この専用車に看護師とドライバーが乗り、患者の自宅を訪問。車両内のディスプレーを通じて地元の開業医がオンライン診療を行い、医師の指示に従って看護師が必要な検査などをする。これまで医師が行っていた訪問診療をオンラインで置き換えて効率化し、患者にとってはクリニックまで移動する手間を省けるというわけだ。

サービスの流れとしては、患者が病院に診察予約を入れると、病院スタッフがヘルスケアモビリティを手配する仕組み。実証実験はトヨタ・モビリティ基金の助成を受けて行われ、患者は無料でサービスを受けられる。期間中、医師や看護師といった医療従事者間で患者の情報や訪問記録などを共有するクラウドサービスの運用や、薬剤師がオンライン上で患者に服薬指導をすることも計画している。実証実験が終了する21年3月以降は、提供エリアの多様化、幅広い診療領域のカバー、得られたヘルスケアデータを健康に暮らせるまちづくりのために利活用することなどを検討するという。

このような医療分野とモビリティを結びつけた「ヘルスケアＭａａＳ」の創出を目指す研究拠点も、今後立ち上がる予定。武田薬品工業のオープンイノベーション拠点「湘南ヘルスイノベーションパーク」と横浜国立大学が連携し、同施設に開設する「ＹＮＵイノベーションハブ・ヘルス（仮称）」だ。ここをベースに産学官の連携を進め、ヘルスケア分野の新たなビジネスやスタートアップ、プロジェクトの創出を目指すという。

医療機関への送迎サービスを充実させるとともに、病院機能自体に移動性が担保されていくと、主要駅周辺を核とするコンパクトシティだけではなく、居住エリアをある程度分散させたような地域構造も実現できる可能性があるだろう。また、モビリティとの融合でよりきめ細かく医療・ヘルスケアサービスを提供できるようになれば、健康寿命を増進することにもつながるはずだ。今後の自治体の都市計画、および医療費の削減や地域住民のＱＯＬ向上に資する話であり、行政にとっても注視するべき市場だ。

介護分野でもモビリティサービスとの新たな融合事例が生まれている。舞台は、群馬県太田市にある「太田デイトレセンター」（運営はエムダブルエス日高）だ。同所は高齢者を昼間の時間帯に一時的に預かるデイサービス施設で、延べ床面積４０５６㎡と全国有数の広さを誇る。施設の屋内には１００ｍの歩行レーンやトレーニング機器を備える他、料理教室や陶芸、くもん学習療法などのリハビリ教室が充実。太田市を中心に遠方からも多くの高齢者が押し寄せ、１日当たり実に２００人を超える。

こうした通所介護（地域密着型・認知症対応型含む）を行う施設は、事業者の主たる収益である介護報酬の中に送迎行為が含まれており、通所者の自宅から施設までの送迎サービスを展開している。太田デイトレセンターの場合は、車椅子リフト付きのワンボックスカーなど、38台の介護送迎車両を保有。エリア各地から通所する高齢者を効率的に送迎するため、独自の送迎配車システム「福祉Ｍｏｖｅｒ」を開発し、運用してきた。

こうした充実した送迎インフラをベースに展開しているのが、車両の空席部分や朝夕の送迎ピーク時間以外をうまく活用した高齢者の外出支援サービスだ。デイトレセンターから半径５㎞圏内を対象にしたオンデマンド型乗り合いサービスで、買い物や外食、病院に出掛けるなど、センターに通所しない日の移動をサポートしている。エムダブルエス日高にとっては、送迎インフラをそのまま効率的に使うということであり、施設利用者にとっては積極的に外出する〝足〟を得ることでリハビリにもなる。

リアルタイムの配車システムは、未来シェアの「ＳＡＶＳ（スマート・アクセス・ビークル・サービス）」とＡＰＩ連携することで実現。利用者は、スマートフォンのアプリで病院や市役所、スーパー、子供の家など、よく行く場所を５カ所登録できる。出掛ける際は、アプリで行き先や利用人数（通常座席１人、車椅子１人など）を指定するだけで、近くを走るデイサービスの送迎車両が〝寄り道〟をしてピックアップ、目的地まで送り届けてくれる。

19年5月時点では無料サービスだが、もともとの送迎サービスプラスアルファの仕組みなのでタクシーより安い料金設定を実現しやすく、そうなれば多くの需要が見込める。また、最初に設定する５つの行き先のうち、商業施設をデフォルトの設定にすることで広告収入を得るモデルも考えられるだろう。

こうしたオンデマンド型乗り合いサービスは現状、エムダブルエス日高が直接手がけると「白タク」行為とみなされかねないが、このモデルでは旅行業の免許を持つ一般社団法人ソーシャルアクション機構が事業主体となり、それを回避している。具体的には、ソーシャルアクション機構がエムダブルエス

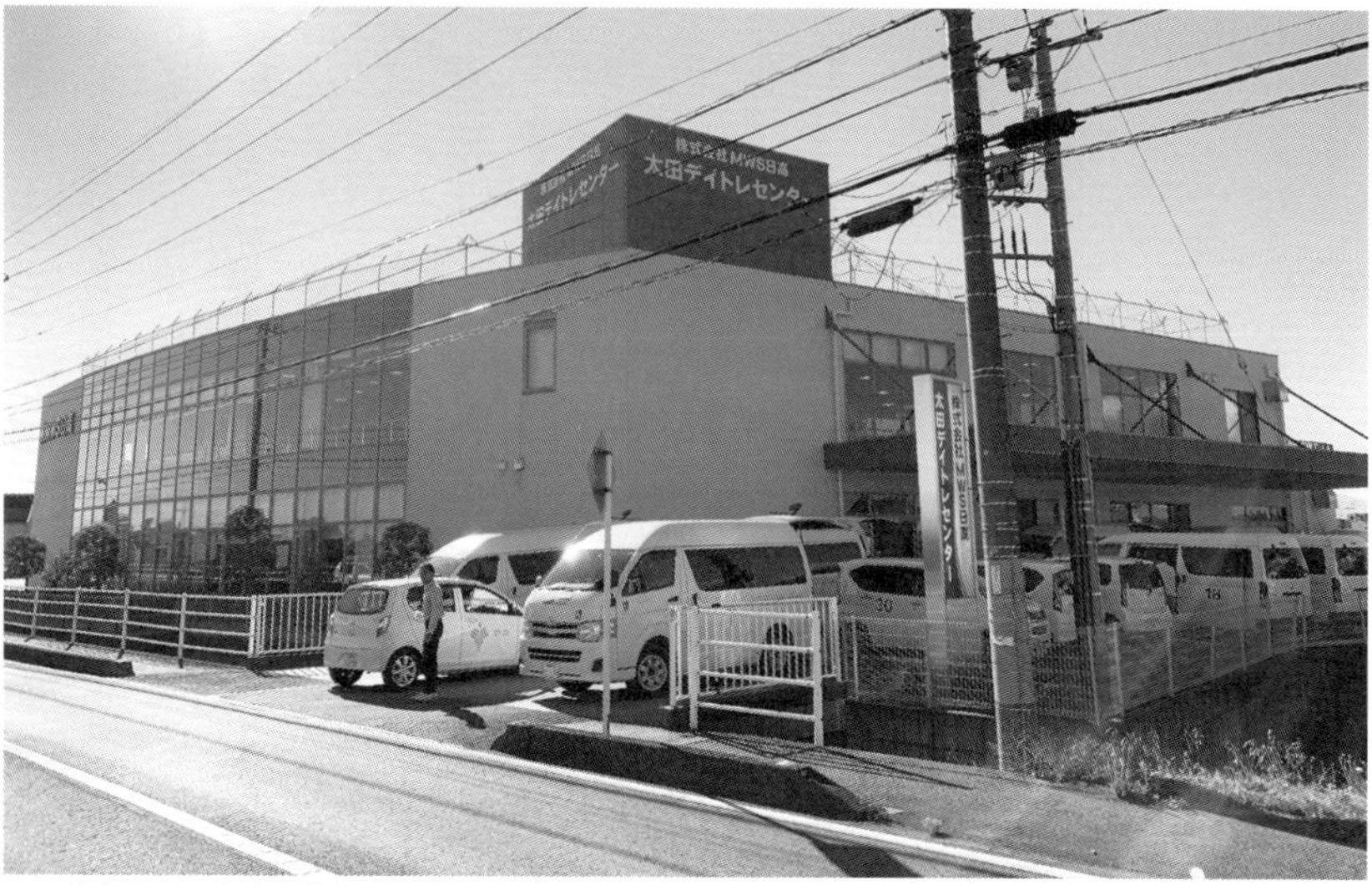

エムダブルエス日高が運営する太田デイトレセンター

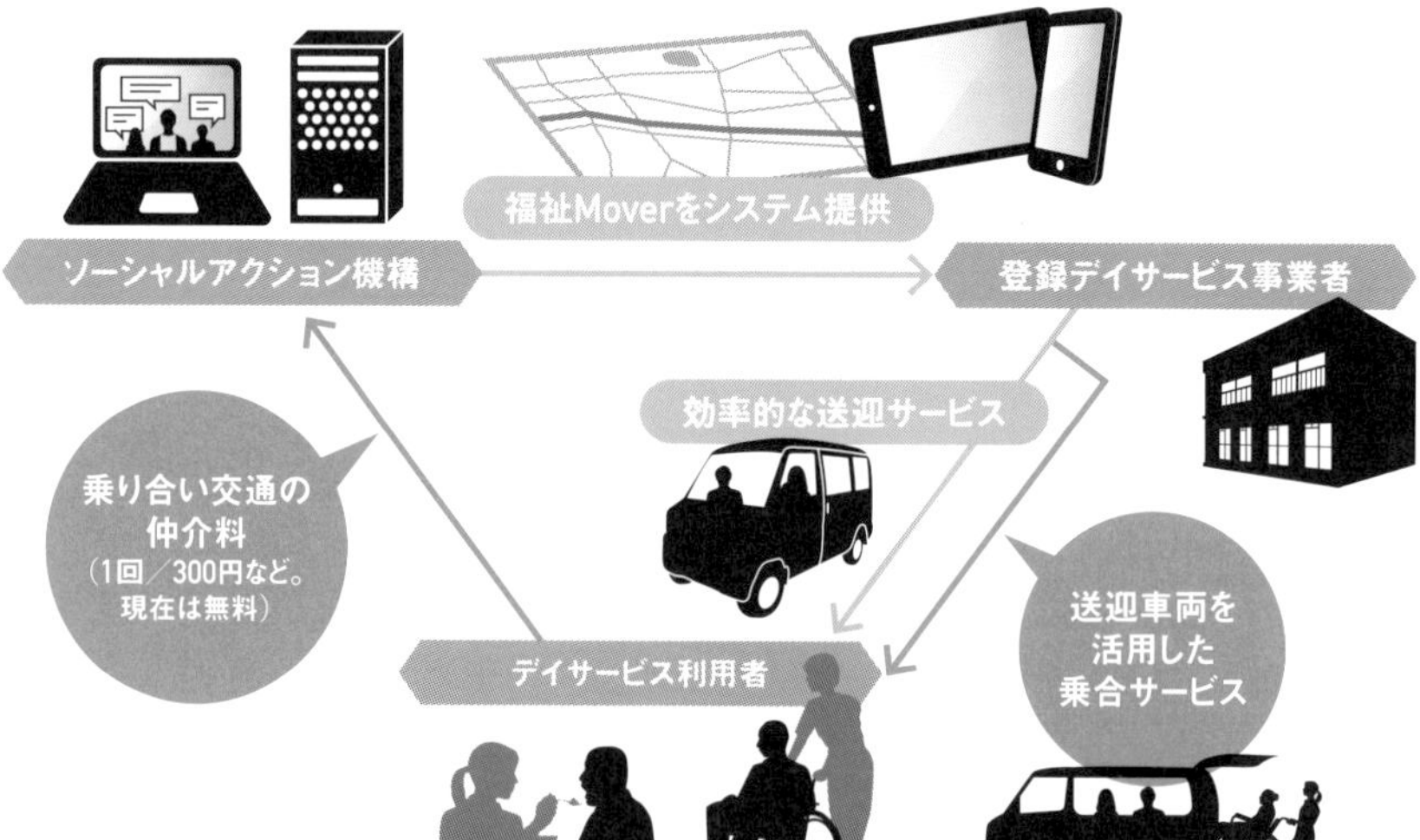

エムダブルエス日高が展開するオンデマンド型乗り合いサービスのスキーム

日高などの登録デイサービス事業者に対し、送迎車両を使った乗り合いサービスの提供を条件にして福祉Ｍｏｖｅｒなどのシステムを貸し出す。そして乗り合いサービスの利用者が支払う料金は、マッチング手数料としてソーシャルアクション機構が得る。

この仕組みを生かし、太田デイトレセンターだけで運用するのではなく、地域ごとに複数のデイサービス事業者をまとめると、送迎車両の空席活用が最大化でき、マッチングの効率も上がる。当然、エムダブルエス日高もそれを狙っており、〝太田デイトレモデル〟を全国に横展開するとしている。デイサービスは全国で４万３０００施設を超え、路線バスが撤退したり、タクシーが少なかったりする交通空白地帯でもほぼ確実に介護送迎サービスは存在する。また、このサービスの利用対象者は「要支援・要介護認定者」に絞られており、福祉車両や介助などの専門ノウハウが求められるため、地域のタクシー会社などとの〝競合〟を避けて共存できる。高齢者の足を確保するソリューションとしては有望だろう。

以上のように、高齢化の進む日本では医療・介護分野の課題解決が重要であり、それをモビリティサービスと組み合わせて社会インフラをつくり替えていくことで、一大産業が生まれる可能性がある。駅やビルに当たり前のように設置されているエスカレーターも、当初は福祉的な扱いで導入されていた。それが、今では誰もが使う〝移動ツール〟になり、エスカレーターの製造や保守運用は１つの産業化している。このようにユーザーに優しいサービスは特定のユーザー向けを入り口にして、将来的には誰でも使いたくなるサービスとなり得る。医療・介護分野で始まったモビリティ連携の取り組みについても、社会課題解決から一般化・汎用化の道を歩むことで、大きなイノベーション創出が期待される。

Interview

飲食・サービス×MaaS

MaaSが生み出す「移動型の商店街」新たな都市の必須要素に

Mellow 代表取締役

森口 拓也

2013年、ALTR THINKを創業。様々な分析手法を駆使して100万人以上が使うコミュニケーションアプリを複数開発。14年に同社をイグニスに売却した後、Mellowに参画。18年より現職

空きスペースを有効活用したいオフィスビルなどのオーナーと、小型の飲食店に改装したフードトラックをマッチングするサービス「TLUNCH（トランチ）」を展開する、スタートアップのMellow（メロウ）。TLUNCHは2020年1月現在、東京を中心に190カ所の空きスペースを確保しており、そこに790店の提携フードトラックを配車。ランチ営業の売り上げは月間1億2000万円に上り、急成長を続けている。2020年2月には、トヨタファイナンシャルサービスやSMBC信託銀行から資金調達を行った。同社はMaaSが発展していくその先にどんな戦略を描いているのか。代表取締役の森口拓也氏が明かす。

メロウはフードトラックなどのモビリティを用いて、「人の才能をニーズのある場所に最適配車すること」を目指しています。現在主力のフードトラックの展開でいえば、これまで飲食店は良い立地で出店しようとすると、家賃や設備コストなどで少なく見積もっても1000万～2000万円程度かかり、出店リスクの高いビジネスでした。そのリスクを背負って出店にこぎ着けても、近くに似たような飲食店ができれば、たちまち限られた〝胃袋〟の奪い合いになります。これに対してフードトラックなら出店コストは350万円程度で済み、トランチに登録されている数千人が働くオフィスビルなどの空きスペースに店を構えることができる。土地を貸すオーナーにとっては空きスペースが新たな収益源になり、これまで独立をためらっていた料理人は自分の〝城〟で存分に腕を振るえるというわけです。

つまり、**これまで土地（固定費）に縛られていたプロフェッショナルの才能をモビリティサービスで**

〝**解放**〟**する**ということ。ランチを提供する飲食店だけにとどまらず、既に肩こりや体の張りをほぐす施術が受けられる移動型リラクゼーション店のテストも行っています。これからは移動型ネイルサロンやメーキャップ、ペットのトリミングサロン、靴磨きに加え、保険を含めたライフプラン、結婚、キャリア相談など、人の能力が介在する必要のある、あらゆるサービスをモビリティに置き換えていきたいと考えています。

現状、メロウが配車するフードトラックの収益性は、コインパーキングの半分程度。しかし、11時30分～14時30分の3時間のランチ営業だけでこれですから、先述の切り口で朝や夕方、夜の時間帯に空きスペースを収益化するビジネスを確立すれば、すぐに追い越せます。また、これからMaaSの世界が発展していくと、マイカーの需要が減り、それに伴って既存のコインパーキングの収益性は落ちてくるでしょう。そこを補って、土地の有効活用を進めるソリューションを先行して手がけていきます。

移動型の健康テーマパークも登場？

MaaSによって都市空間や土地の再定義が始まる時代、まちづくりも大きく変わるはずです。市街地でも、駐車場スペースが解放されて膨大な空きスペースが生まれる。その時、従来のように固定の〝箱(ビル)〟を造っていくのはあまりにも非効率。未来永劫、同じように住民のニーズがあり、街が成長し続けるという前提の都市計画は〝幻想〟です。**ニーズに応じて縮小も拡張も可能な状態をつくることがMaaS時代の都市の理想で、そのためには適時配車が可能な移動型商業サービスをうまく取り入れることが必要**だと思います。

Mellowが配車するフードトラック。ランチ営業で行列が絶えない人気店が多い

Mellowが展開する「TLUNCH」のアプリ画面。近くのフードトラックを探して、メニュー、価格を確認できる他、専用の電子決済「TLUNCH Pay」を搭載。順次機能を拡張している

例えば、小型トラックを改装して移動型の健康テーマパークをつくることもできます。移動型サウナにリラクゼーション、クラフトビール、それに合うフードトラックなどを集めたものです。従来は数十億円かけて温浴施設を建設して、それを維持するのにまた年間何千万円もかけていましたが、モビリティを活用すれば同じ体験をつくるのにコストが安く済み、ニーズのあるところを巡回することもできる。都市部のコンクリートジャングルを一夜にして癒やし空間に変えられますし、郊外なら自然を生かした健康ランドにすることも可能。トヨタ自動車が2018年1月のCESで披露したモビリティサービス専用の自動運転EV（電気自動車）「e－Palette（イーパレット）」でも移動×飲食・物販の世界が提案されており、まさにモビリティという〝箱〟の上に様々な商業（コンテンツ）が乗る時代が来るのだと思います。

また、**MaaSによってモビリティサービスが再構築されることで、これまで移動困難だった土地に価値が出るということもあるでしょう。同時にリモートで働ける環境も整っていくことで、必ずしも都心に集まらなくてよい状態が生まれる。今後は、「分散型社会」が進む**ということです。そうなると当然、人口密度は低くなるので、これまでのような固定店舗ビジネスは成り立ちにくくなります。その点、メロウが手がけているような各種サービスを最適配車していく仕組みがあれば、分散社会でもより多くの人が豊かなサービスを享受できる。移動型商業サービスを集めてポップアップで〝商店街〟をつくることもできますから、コストを抑えて街のにぎわいを取り戻すことも可能です。

その時、「プロダクト」と「サービス」を分けて考えることが重要だと思っています。プロダクトとは、なるべく生産設備を集中させて配送を最適化する方向性。Amazonのように物流で勝負する世界です。一方、サービスとは生産設備をできるだけ分散させて人による「接客」という価値を残してエンドユーザーに届けるというもの。まさにメロウが広げていく世界は後者であり、「アマゾン・エフェクト」とは無縁の新市場だと考えています。

MaaSは飲食ビジネスも変える

今、構想しているのが、都心のオフィスビルにある空きスペースを活用したインバウンド向けの夜の業態です。外国人観光客の方と話していると、「東京はオープンエアの開放的な空間で飲める場所が少ない」という声がよく挙がったことから企画を始めました。自分が働くオフィスビルの下で宴会をしたいという日本人は多くないでしょうから、インバウンドを組み合わせるのが最適だと考えています。

そこで問題になるのが、東京の地理に不案内な外国人観光客をどうやって誘導するかということ。その際、あらゆる交通手段を組み合わせて最適なルートを提案してくれるMaaSアプリがあって、かつ、そのアプリ上で会場の空席情報を確認し、予約まで可能ならスムーズに来店できる。この検索データを基にすれば、いつ何人が利用しそうか把握できるので、食材の仕入れや営業時間の最適化にもつながりますし、予約が少ないフードトラックは割引クーポンを出すなど機動的なマーケティング施策を打つこともできるでしょう。このように、MaaSはフードトラックだけに限らず、既存の飲食ビジネスをも効率的に変えていくと期待しています。

実はメロウの創業時、フードのプレオーダーシステムを提供していたことがあります。しかし、フードトラックは少ない人数で目の前の客のオーダーに応えていく必要があるので、現場が大混乱。ひとまずプレオーダーの提供をストップした経緯があります。我々にとっては最初の挫折でしたが、顧客からの支持は非常に高く、1回プレオーダーシステムを利用された方はほとんどがリピーターになることが分かっています。いずれメロウで月額制のランチ食べ放題といったサブスクリプションモデルに挑戦する際は、改めて検討したい機能の1つです。MaaSアプリでも今後、公共交通乗り放題などのサブスクモデルが出てくると思いますが、それらとの親和性も高いと考えています。

最後に、フードトラック自体もランチ営業だけではなく、より機動力を生かしたビジネスが可能だと考えています。例えば、その日にランチ営業する場所に向かう道すがら、過去に出店していたオフィスビルなどにいる〝固定ファン〟に弁当を届けることもできる。また、複数の人気ベーカリーと提携して、早朝にフードトラックが各店を回って焼き立てパンをピックアップし、朝の通勤時間帯に合わせて販売するスキームを作れれば、ランチ営業前の収益アップも狙えます。来るべくMaaS時代に備えて、我々も急ピッチで事業をブラッシュアップしていく構えです。

（日経クロストレンド2018年11月30日掲載、一部改編）

4

小売り × MaaS

連携のポイント

◉配車サービス、フードデリバリー、買い物代行など、「スーパーアプリ化」でユーザーの生活を丸ごと下支え
◉小売り主導のMaaS展開で、店舗をモビリティハブ化 来店客数アップに加え、購買×移動データを利活用

小売りはモビリティサービスと相性のいい分野だ。現状でも、郊外の大型店舗が最寄りの鉄道駅から無料の送迎バスを出していることは多いし、インターネットやフリーペーパーでクーポンを発行し、そのクーポンを使用した分の送客手数料を、サイトやフリーペーパーの運営者に支払うというビジネスモデルも早くから成立している。

顧客の高齢化に伴い、購入品の無料宅配や住宅地での移動販売などの買い物支援を行うスーパーも出てきた。チラシや販促イベントなど、従来型の集客施策の効果が年々薄れていることもあって、移動支援や買い物支援に注力する小売企業が目立つようになっている。すべてを自前でやることはできないし、自前でやるよりも安く効果的な手段があるなら、そちらを使いたいというニーズは確実にある。

モビリティサービスを提供する側にしても需要喚起につながるから、小売企業との連携はありがたい。国内各地で行われているMaaS実証実験においても、目的地となる小売店舗にクーポンを発行してもらい、送客につなげる形での連携が数多く見られる。

モネ・テクノロジーズが主催する企業連合「MONETコンソーシアム」には、450社を超える企業が集結している。その中には、ユニクロを展開するファーストリテイリング、インテリア小売りのニトリホールディングス、イオンリテール、セブン&アイ・ホールディングス、ファミリーマート、ローソン、ユナイテッド・スーパーマーケット・ホールディングス(マルエツ、マックスバリュなどを展開)などの小売企業が名を連ねており、MaaSに対する関心の高さをうかがわせる。

単にクーポンで連携するだけなら、これだけの企業が集まることはないだろう。では、小売り企業とMaaSは、どのような連携があるのだろうか。その形態は、MaaSオペレーター側と小売側のどちらが主導権を持つかで変わりそうだ。

まず、MaaSオペレーター側が主導権を持つケースについては、例えばインドネシアのGOJEK（ゴジェック）が参考になる（260ページにインタビュー掲載）。アプリを通じて移動関連のサービスを提供している。これには、GoRide（バイクタクシーの配車サービス）、GoCar（自家用車の配車サービス）に加え、GoFood（飲食店からのデリバリーサービス）もある。

ここまでは米ウーバー・テクノロジーズと同様だが、ゴジェックはさらに、GoMart（買い物代行）、GoSend（個人間宅配代行サービス）も1つのアプリで実現している。買い物したいものがあればGoMartで誰かに買ってきてもらえるし、自分が何かを店で買った時もGoSendで自宅や知人宛にその商品を届けることが可能になる。いつでも思いついた時に、頼み事ができるお手伝いさんを雇っているようなもので、そういう移動とは別の付加価値を提供していることが、ゴジェックがインドネシアで圧倒的なシェアを誇る背景にある。

これをゴジェック側から見れば、お手伝いさん的なサービスを付加することで配車サービスに登録しているドライバーの稼働率を高めることに成功しているといえる。人を運ぶか、物を運ぶかの違いで、ドライバーと利用者を同じプラットフォームでマッチングさせる点は変わらないから効率がいい。買い物代行というユーザーのニーズに寄りそったサービスを付加すると同時に、ビジネスの効率を高めているところにゴジェックのビジネスモデルの肝がある。

今ではマッサージや家事代行サービスなどの派遣も行っており、生活を丸ごとお手伝いするサービスのプラットフォームにゴジェックは進化している。俗に言う「スーパーアプリ」だ。現状はマルチモーダルのプラットフォームではないが、モビリティサービスの1つの進化形として示唆に富む事例だ。

次に、小売り側が主導権を握るケースを考えてみたい。既に最寄り駅との間に無料の送迎バスを出している企業は多いが、今後は小売り側がMaaSオペレーターと契約し、オンデマンド、ドアツードアで無料送迎するようなモビリティサービスが出てくることが想定される。18年にスギ薬局は、アイシン精機と共に愛知県豊明市でオンデマンド型乗り合いサービスによる送迎の実証を行っているが、小売店がスポンサーになるMaaSの登場を予感させるものだった。また、19年10月にはセブン&アイ・ホールディングスとDeNAがイトーヨーカドーとタクシー配車アプリ「MOV（モブ）」を連携させる実証実験を行った。こちらは、店舗で4000円以上買い物した顧客にモブの割引クーポンを発行する試みだ。

これらの取り組みの先にあるのは、小売り自身がMaaSオペレーターになる道だ。フィンランドのMaaSオペレーターKyyti（キーティ）は、フィンランド国内でスーパーを全国展開する小売りチェーンと組み、小売企業自身がMaaSオペレーターとなるよう支援する計画を進めていた。残念ながらプロジェクトは途中でストップしてしまったようだが、示唆に富むモデルなので、ここで紹介しておきたい。

キーティが描いていたのは、スーパーマーケットを地域の「モビリティハブ」に進化させる構想だ。モビリティハブで軸になるのはオンデマンド型乗り合いサービスで、リテール会社のブランド名を付した小型のバンがスーパーに配備され、周辺の住民からの予約に応じて店と自宅の行き来をサポートするというものだ。アプリと電話の両方で予約ができるようになっており、電話については専用ダイヤルのみならず、電話番号案内の02002（日本の104に相当）でも予約可能。これなら、高齢者でも安心だ。

モビリティハブとなるスーパーの駐車場には、レンタカーとカーシェアも配備され、中長距離の移動をしたい人は、これを予約する。もちろん、アプリを使えば、地域の公共交通とのマルチモーダルな利用も可能だ（決済もアプリ上でできる）。自宅から乗り合いサービス車両を呼んでスーパーでレンタカーに乗り継いでもいいし、バスや鉄道に乗り継いでもいい。

また、わざわざ買い物に行きたくない時は、宅配サービスを利用できる。スーパーとの行き来だけではなく、地域全体の移動と生活の自由度を高めることが、モビリティハブを核としたリテールＭａａＳの目的となっているのだ。

リテールＭａａＳの対象は、マイカーを持たない人だけではなく、マイカー保有者に対するサービスも充実させる。ガソリンの給油や電気自動車の充電、駐車場の予約がアプリででき、マイカーの点検や整備といった付加サービスも受けられるようになっている。

地域のスーパーがモビリティハブになることで、オンデマンド型乗り合いサービスやカーシェア、レンタカーが使え、公共交通の使い勝手も向上するから、それまで必要だった2台目のマイカーが不要になることも期待できる。それもマイカー保有者にとっての便益となる。

このようにスーパーをモビリティハブにするリテールＭａａＳは、マイカー所有の有無を問わず、地域の住民に多くのメリットをもたらすものだ。同時に、それは小売企業にとってもメリットの多いものとなる。

小売企業にとってのメリットは、大きく3つが想定されていた。第1は、店舗の配置を最適化できることだ。ＭａａＳアプリを通じて地域内の移動実態が明らかになれば、店舗をどこに配置すれば効率的かをシミュレーションできる。また、他の店舗からの宅配サービスでカバーできる地域ならば、効率の

出典：Kyytiの投資家向け説明資料

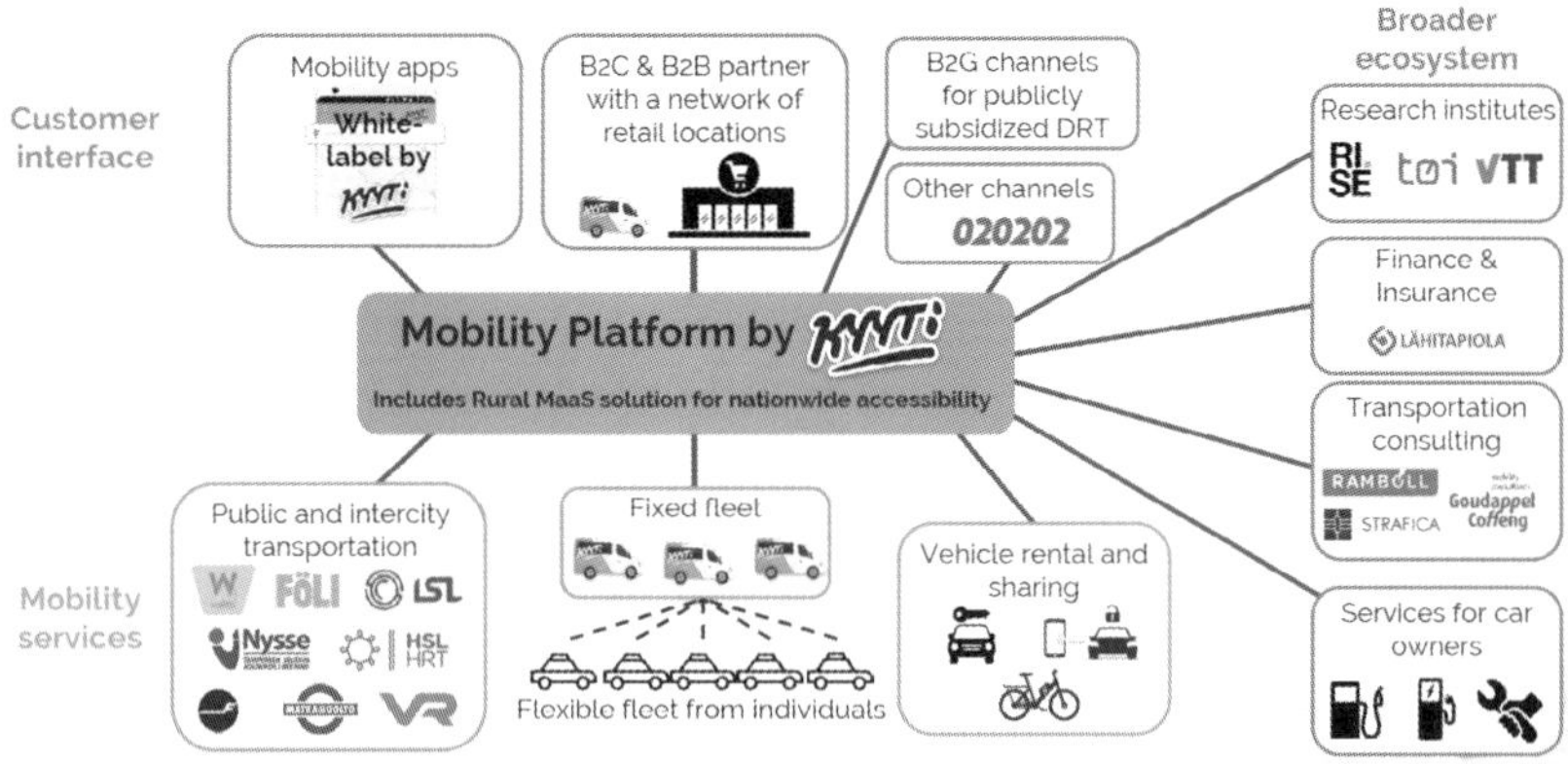

リテールMaaS構想の全体像（出典：Kyytiの投資家向け説明資料）

悪い店舗は縮小・撤退してもいい。

第2は、顧客の囲い込みやブランド認知の向上が期待できることだ。モビリティハブがあれば、買い物の用がなくともスーパーを訪れる機会が増えるし、地域に貢献する企業として良好なブランドイメージも築けるだろう。

そして第3は、データの利活用による価値創出だ。店舗での購買データと移動データを掛け合わせれば、これまでのストアカードだけでは分からなかった顧客のライフスタイルが見えてくる。それにより、品ぞろえや店づくり、新たなサービス開発に有用な洞察が得られるだろう。

現状でも、送迎サービスを提供している小売りチェーンは多いが、店舗をモビリティハブにし、リテールMaaSにまで踏み込めば、より多くの効果が期待できる。全国チェーンを展開する小売企業とMaaSオペレーターが組むリテールMaaSは、個々の店舗の地域密着度を高めつつ、横展開によるスケールが見込める点で、小売り側とMaaS側のプレーヤー双方にとって有望なビジネスモデルと言える。

5

電力(エネルギー)×MaaS

連携のポイント

◉電気自動車のバッテリーを「街の蓄電池」に再生可能エネルギーの有効活用につながる

◉電力会社主導のMaaS展開で、エネルギー×移動のエリア最適化、モビリティサービスを持続可能に電力とモビリティは、今、急速に接近している。それは1つには、自動車業界に電動化の波（CASEのE）が押し寄せているからだが、電力会社側の事情もある。世界的にはCO_2排出削減や脱原発の影響で、太陽光発電や風力発電といった再生可能エネルギー（再エネ）の占める割合が急速に高まっている。日照時間や風量によって発電量が大きく変動する再エネ由来の電気を上手に使いこなすには、電気自動車（EV）を需給調整弁にすることが合理的だからだ。電気が供給過多になる時はEVの充電に回し、逆に電気の供給が足りない時はEVに蓄電された電力を利用する。そういう調整弁としてEVを使うことに期待が高まっている。

また、災害などで停電した際にもEVは力を発揮する。非常事態に対する備えとしても、EVは地域の重要な電力インフラとなる。今後、ますます震災と台風による災害への備えが必要になる日本列島に暮らす上で、EVと電力系統の融合は重要なテーマとなる。

このように、現在、急速に接近している電力とモビリティ業界だが、海外では実は以前から相互補完的な関係にある。それを端的に示す好例が、ドイツやオーストリアなどドイツ語圏の国に広がるシュタットベルケ（英語でCity Worksの意）と呼ばれる業態だ。

シュタットベルケは、エネルギー（電気・ガス・熱供給）、上下水道、公共交通、およびその他の生活に必要なサービスを提供する、自治体出資の公的企業（公社）のこと。現在、ドイツには1400のシュタットベルケがあり、そのうち電力事業を手がけるものは900に上るという。

その存在が日本で知られたのは、2011年の東日本大震災を機に、再エネへのシフトや電力・ガス市場の自由化が議論されるようになってからだ。背景には、2000年前後に実施された欧州の電力・ガス自由化後、シュタットベルケが存在感を高めていった事実がある。自由化後、大手の電力会社・ガス会社は、統合・再編を繰り返し、資本の論理で巨大化・効率化していった。それに対し、地域資源の活用（水力、バイオマス、廃棄物など地域資源を活用した創エネ）、地域雇用の創出、地域密着のサービス（トラブルがあったらすぐに担当者が対応するなど）を売りにして支持を集めたのがシュタットベルケで、今ではドイツの電力小売市場の20％のシェアを占めるまでになっている。

多少エネルギーの提供料金は高くとも、シュタットベルケが地域を支えているという意識があるから、市民はシュタットベルケを選ぶ。ローカルに徹することで自由化後の市場で生き残りに成功しているシュタットベルケの在り方が、電力会社に対抗して地域密着を売りにしてきたガス会社や地域資源を活用したい市民たちに注目され、「日本版シュタットベルケ」をつくろうという機運につながった。

シュタットベルケのユニークさは、儲かる事業で儲からない事業を支える「内部補助」の仕組みにより、様々な公的サービスを成り立たせている点にある。例えば、公共交通部門は収益が出ないが、エネルギー部門は収益が出せる。その収益を公共交通部門に回すことで、税金の投入を最低限に抑えながら、公共交通を維持することができている。ドイツやオーストリアに行くと、人口数万人程度の小さな地方都市でも、街中に路面電車やバス網が張り巡らされていて、その充実度に驚かされることが多い。

このようにシュタットベルケのビジネスモデルのベースにあるのは、エネルギーでも通信でも、他に収益が出る事業で公共事業を支えればいいという発想だ。日本の第三セクターと違って、シュタットベルケの経営は民間企業を経験してきたプロ経営者が担い、株式会社の内部統制ルールに基づいて厳しく運営されている。それでも非収益部門に収益を回すことが許されるのは、シュタットベルケが地域を株主とする、地域住民のための企業だからだ。

実際にウィーンのシュタットベルケ（Wiener Stadtwerke）を訪ね、経営指標を見せてもらったことがあるが、驚いたことに最も重視されているのは利益率ではなく、ウィーン市の持続可能性や、住民のQOLの向上にどれだけ貢献しているかという観点だった。利益を見ると、公共交通部門は赤字、エネルギーと通信、生活サービス（葬祭業を運営）は収支トントンか、若干の黒字という状態。交通部門を含めた全体では少しのマイナスで、その分はウィーン市から補てんされているという。

ウィーン市は現在、スマートシティ化に注力している。モビリティはエネルギー、インフラ、ビルディングと並ぶスマートシティの柱の1つとされ、先進的なモビリティの取り組みが進んでいる。その一環として早くからMaaSに取り組んでおり、14年にはMaaSアプリの「SMILE（スマイル）」を開発し、長期間の実証を行っている。この時、スマイルの開発・運営を担当したのが、シュタットベルケのWiener Stadtwerkeだ。

スマイルの実証を踏まえてウィーン市では、16年から「WienMobil（ウィーンモービル）」というMaaSアプリの提供が開始された。運営するのはWiener Stadtwerkeホールディングスの交通部門に当たるWiener Linien（ウィーン市交通局）。ウィーン市では、シュタットベルケがMaaSオペレーターとなり、MaaSを実装しているのだ。

シュタットベルケが担うMaaSは、主に3つの点で優れた面を持っている。第1に、収益面で安定する。これは上述の非収益部門を支える経営構造による。第2に、地域のエネルギーの最適化ができる。冒頭で述べたようにEVを電池代わりに使うことで再エネを有効利用できるし、非常時のバックアップを含めて電力供給基盤の安定化に寄与する。

また、エネルギーとモビリティのデータを統合的に分析することで、全体最適のために必要なことも

Wiener Stadtwerkeのエネルギー部門、ウィーン・エネルギーの電気自動車（出典：Wiener Stadtwerkeホームページ）

見えてくる。人々の行動で変えられることは、料金やポイントなどのインセンティブをつけたり、規制をかけたりすればいいし、施設・設備や街の構造を変えなければならないことは、そのための整備を自治体が行えばいい。エネルギーとモビリティに加えて生活サービスも提供するシュタットベルケは、それだけ多くの接点を市民との間に持っている。それらをフルに生かして行動変容、施設・設備の整備を進めていけば、全体最適が可能になる。それはすなわち、データを活用したまちづくりが可能になるということだ。これが、シュタットベルケがＭａａＳを担う第3の利点だ。

実際、Wiener Stadtwerkeでは、エネルギーとモビリティのシステムは相互接続されており、市の持続可能性と市民のＱＯＬ向上の観点から全体最適をするための取り組みが行われ始めている。シュタットベルケが担うＭａａＳは、スマートシティ実現のための重要な要素と見なされている。

では、日本ではどうか。11年の東日本大震災による原子力発電所の事故を受けて電力システム改革が行われ、電力自由化が実施されたが、これを契機に「日本版シュタットベルケ」をつくろうという動きが生まれている。14年には総務省で研究会が開催され、15年には福岡県みやま市で日本初のシュタットベルケといわれる、みやまスマートエネルギーが設立。翌16年度から電力小売事業を開始している。

総務省はこのような動きを全国に広げようと補助事業を始め、17年には一般社団法人シュタットベルケネットワークも設立されて32の自治体が加盟するなど（19年3月現在）、一定の盛り上がりを見せている。しかし、これまでのところ、エネルギーとモビリティを組み合わせるモデルは出ていない。

一方で、東京電力や関西電力など電力会社大手は、EVを仲立ちにエネルギーとモビリティの融合を進めようと、充電インフラの整備を通じたEV振興に力を入れ始めている。例えば関西電力では、若手チームが主導する形で時速5キロメートルの低速走行自動運転車両「iino（イイノ）」の開発・事業化に向けた検討を本格化している他、日本総合研究所が主催する神戸市北区でのローカルMaaSの事業化に向けたコンソーシアム活動に参加するなど、独自の取り組みを行っている。

また、エネルギー×MaaSという意味で注視すべきは、DeNAの動きだ。DeNAは、モビリティを成長領域と捉えて自動運転実証やタクシー配車アプリ「MOV（モブ）」の事業化などを進めてきたが、19年にはエネルギー事業に本格参入すると発表した。これまで新規事業領域として参入してきたヘルスケア、オートモーティブ（モビリティ）に続く成長領域としてエネルギーを位置づけ、これら3つの間でシナジーを出していくという。スマホゲームの「モバゲー」やモブというプラットフォームで培ってきたノウハウをエネルギーと融合させることで、MaaS×エネルギーの独自サービスを展開できる可能性をDeNAは秘めている。

エネルギー×MaaS

EVシェアリングが再エネを支える未来
電気料金セットの乗り放題プランも生まれる?

国際環境経済研究所　理事・主席研究員
／U3イノベーションズLLC共同創業者　代表取締役

竹内 純子

1994年東京電力入社。主に環境部門を経験後、2012年より現職。独立の研究者として地球温暖化対策とエネルギー政策の研究・提言、理解活動に携わると共に、サステナブルなエネルギーを潤沢に得られる社会への変革を目指し、U3イノベーションズLLPを立ち上げ。政府委員も多数務める

エネルギーマネジメントの将来像とMaaSはどのような関わりを持つのだろうか。『エネルギー産業の2050年　Utility3.0へのゲームチェンジ』（日本経済新聞出版社）の編著者で、国際環境経済研究所理事の竹内純子氏が、2050年をターゲットに解説する。

MaaSの荒波によって「100年に一度」の変革期に直面している自動車産業と同じく、実は、これからエネルギー産業も大きく変わっていきます。不可逆的、不可避的なトレンドが複数重なり、現状からは全く非連続な未来が待っているのだと思います。

前提となるのは、まず、日本がこれまで経験したことのない人口減少社会に向かうということ。国土交通省の予測によると、全国6割の自治体で2050年には人口が半分以下になる。こうなると、電力をはじめ道路や水道・ガス、行政サービスなど、あらゆるインフラを維持することが困難になり、ユニバーサルサービスの在り方を根底から見直す必要が出てきます。

そして、世界で進む「脱炭素化（温室効果ガス削減）」の流れ。IPCC（国連気候変動に関する政府間パネル）の報告書によると、1880～2012年において世界の平均地上気温は0・85℃上昇しており、「温暖化については疑う余地がない」としています。これに対し、国際的な取り決めであるパリ協定では、平均地上気温の上昇を2℃より十分低く保つよう努力する、さらに1・5℃に抑える努力も求めるとしています。世界的に脱炭素化の要請は強まるばかりです。

この動きに後押しされたこともあり、近年、太陽光発電や風力発電などの再生可能エネルギー（再エネ）のコストがかなり下がってきました。世界で再エネの導入が拡大しています。ただ、ここで1つ問題があります。再エネの発電量は太陽や風といった自然条件で常に変動し、人間がコントロールすることはできません。電気は「需要に合わせて、同量の供給が常に必要（同時同量の制約）」という特殊な商品です。さらに、需給バランスが崩れた時の社会的影響が非常に大きいので、電力システムの信頼性を確実に維持しなければなりません。

現状、電力システムの信頼性を保つ役割は、人間がコントロールできる発電設備（火力発電や揚水式発電など）が担っています。こうした電源が、電力システムの信頼性を維持してくれていることの価値を正当に評価する仕組みの構築が喫緊の課題です。そして中長期的には、蓄電池の技術が発展し、低コスト化が進むことが期待されています。蓄電池は、再エネによる発電量と、電気が必要とされる量（需要）のミスマッチを解消する〝調整弁〟になり得ます。

再エネのカギを握るのはＥＶ

再エネと蓄電池という2つの分散型技術のコスト競争力が増せば、電気の流れは大きく変わります。従来の火力発電のような大規模集中電源からの一方的なエネルギー供給だけではなく、小規模な電源が各地に点在する再エネも活用した「分散型」のエネルギーマネジメントの時代に入るでしょう。大量生産・大量消費の時代から急速に分散化が進み、電力で言えば地域での融通が活発化する、あるいは、地域の他のインフラと電力インフラが融合するようなケースも出てくるかもしれません。

そのカギを握るのが、実はＥＶ（電気自動車）だと考えています。そもそも、運輸の脱炭素化のためにも、電動化は必須の流れです。それに加えて、電気をためる蓄電設備としての導入が進むでしょう。蓄電池の技術がいくら進歩しても各家庭に大型の蓄電池を配置するのは現実的ではありません。電気を蓄えるしか役割がない蓄電池を設置するのはムダだからです。しかし、バッテリーを積んだクルマであれば「移動の価値」も提供できます。蓄電池として有効活用できるポテンシャルは十分あるでしょう。

EVのバッテリーを電力システム安定化のために使うのは、個人所有を前提とすると無理があるように思えますが、現在の社会の流れを見れば、今後クルマのシェアリングも進むはずです。将来的に電力ビジネスとしては、再エネの小規模電力を束ねて必要なところに提供する仲介業者「リソースアグリゲーター」が出現するとみています。例えば、彼らが多数のEVをカーポートや各家庭に配備するなどして、カーシェアやライドシェアといった各種モビリティサービスの担い手、あるいは裏方としてEVオペレーターになることも考えられるでしょう。

実は再エネが大量に導入されると、電気が余ってしまう時間帯が相当数発生することになります。ドイツのように送電線が周辺国とつながっていれば、マイナスの価格（電気を使ってもらい、さらにお金を払う）でそれをさばくこともできますが、日本は島国ですので同じことはできません。再エネの電気が必要以上に発電する時には、その発電を抑えるしかなかったのですが、EVが大量に導入されれば、そのバッテリーが電気を蓄える調整弁として使えるのです。

私たちのシミュレーションでは、2050年の最大需要電力を2億3000万kW、電力需要は電化の需要によって約1兆2000億kWhに増加するなど、いくつかの仮定を置き、**1台当たり60kWhの蓄電池を搭載したEVが全国で4000万台導入されると考えました。そのバッテリー容量全体の20%を電力システムの安定化のために利用できるとすると、再エネの発電を抑える必要はほとんどなくなり、**

よりこうしたスキームの経済性が向上します（試算条件の詳細は『エネルギー産業の2050年』参照）。

シェアEVが家庭の冷蔵庫になる？

こうして今後、再エネを十分に活用できる時代に入ると、電力の調達・販売スキームは激変します。そもそもデジタル技術の進歩によって、今まで放置されていた〝小さな余剰〟がビジネスになる社会がやってきます。電力で言えば、一般住宅の屋根に設置した太陽光パネルで発電した電気が余った場合には販売することが可能になり、単なる「消費者（コンシューマー）」ではなく「プロシューマー（生産者＝プロデューサーと、消費者＝コンシューマーを掛け合わせた造語）」が増える可能性もあるでしょう。

所有からシェア、モノからコトへの流れも、エネルギー産業に多大な影響を及ぼします。消費者にとって電気は、停電して初めてその価値に気づくものであって、普段は意識されない存在です。テレビや冷蔵庫が動いて初めて「使用体験」につながる。しかし、その家電製品ですら、消費者にとっては「手段」の1つです。エアコンは、あの〝四角い箱〟自体が欲しいわけではなく、室内環境を快適にすることを求められているし、クルマに求められるのは快適な移動の提供という価値。マイカーでもタクシーでも、多くの消費者にとっては移動する価値は変わりません。

消費者が体験という「成果」を求めるようになるのと併せて、デジタル化によって電力の計量・課金が非常に安価になり、成果の提供がしやすくなりました。こうなると、あらゆるものが所有の概念から離れて「体験・成果を提供するサービス」と結び付くのが自然です。電気は、各種サービス提供の中間財として、その料金に組み込まれるようになり、消費者が電力会社から直接買うことはなくなるでしょう。電力小売事業者は、今のままでは〝消滅〟するとみています。これは、カーシェア利用者がガソリン代を払わずに、それを含めたカーシェア料金を払っているのと同じことです。

例えば冷蔵庫なら、スーパーマーケットが「必要とされる食材を定期的に補充するサービス」を提供するための〝ショーケース〟としてリースし、その料金の一部に電気代が含まれる状態が考えられます。一部だけがサービスに組み込まれても消費者にとっての利便性は高まらないので、家電量販店や住宅メーカーなどが電気とセットで家電を丸ごとリースし、快適に暮らせるサービスを提供するかもしれません。その時、電気が安い時間帯に洗濯乾燥機を動かすなど、勝手に電気を節約してくれるサービスは当然組み入れられます。

そうした**消費者にとっての体験・成果を提供する事業者を「UX（ユーザー・エクスペリエンス）コーディネーター」と呼んでいます。このUXコーディネーターは、既存の電力小売りだけではなく、アイデア次第であらゆる産業のプレーヤーがなり得ます。**EVを接点にすれば、クルマメーカーや部品メーカー、ディーラーなどの自動車産業から、タクシー、バス、鉄道といった公共交通まで可能性があるのではないでしょうか。さらには、MaaSオペレーターとして様々なモビリティをスマホ1つで検索、予約、決済できるアプリを提供するサービス事業者なども、UXコーディネーターの有力候補かもしれません。

先ほども述べたように、将来、クルマのシェアリングが進み、サービス事業者が多数のEVを所有・管理して「モビリティ」というUXを消費者に提供することが拡大するでしょう。そこで例えば、MaaSアプリの提供事業者が乗り放題の定額プランを組み、電気をセットにしたモビリティサービスを打ち出すことも可能でしょう。

あるいは、家に冷蔵庫がなくても、地域を常に巡回して人を運んでいる自動運転EVに食材を積んで、必要な時に自宅に呼べる――。まるで〝動くシェア冷蔵庫〟のような、モビリティサービスとセットの小売りビジネスも生まれるかもしれません。高効率の太陽光パネルを搭載したEVであれば「限界費用ゼロ」ですから、エネルギーはほぼ無償に近づき、定額パッケージが組みやすくなるはずです。

もちろんEVを接点とした電力システムとモビリティの融合が実現されるには、電気事業法や計量法など法制度の改正や技術的課題など、まだまだ多くの壁が存在します。バッテリーの性能向上はもちろん、自動運転や非接触充電などの技術開発も必要です。それこそ、星の数ほど落とし穴はあります。しかし、エネルギー産業はもとよりモビリティの変革が避けられないものであり、今こそビジョンを語る必要があります。エネルギーもモビリティも垣根をなくし、総合インフラとしてのサービス価値を提供する道に進むべきです。

（日経クロストレンド2018年8月31日掲載、一部改編）

6

モバイル・通信 × MaaS

連携のポイント

◉通信各社の強固な顧客基盤、決済基盤を生かし、生活サービスとモビリティのワンパッケージ化

◉通信各社によるモビリティサービスの展開で、5G有効活用、通信ユーザーのロイヤリティ向上

1980年代から始まった移動通信システムのネットワークは、ほぼ10年ごとに大きく進化してきた。2020年代にはいよいよ第五世代（5G）が始まる。5Gのサービス開始を目前に控え、今、通信各社は5Gのプロモーションに力を入れている。

5Gになると何が変わるのか。一般に、5Gの特徴は、「高速・大容量」「低遅延」「多数端末接続」といわれる。要は、「速く」「遅れずに」「たくさんと」通信できるようになるということだ。

この5Gが大きな価値を発揮できる分野として注目されているのが自動運転だ。自動運転の実装には遠隔監視や遠隔制御のシステム整備が求められるが、とりわけ遠隔制御を実現するには5Gが必須になる。また、V2X（車と何か）のコミュニケーションのうち、路車間通信や車車間通信も5Gになるとスムーズになると期待されている。自動運転の実装に5Gが必須といわれるゆえんだ。

もっとも、5Gが役立つのは自動運転だけではない。自動運転以外で5Gが付加価値を生むと期待されているのが、コネクテッドカーの領域である。既に自動車はインターネットにつながり始めているが、高速・大容量で低遅延の5Gなら、自動車の車内でAR（拡張現実）やVR（仮想現実）を駆使したコンテンツが楽しめるようになり、それ以外の様々なコネクテッドサービスを提供したりできるようになる。

インターネットにつながるものが増え、回線上を流れる情報量が増えるたび、そのインフラを支える通信会社の存在価値は高まっていく。スマホの普及でモバイル端末を皆が持ち歩くようになり、通信会社は大きく潤ったが、スマホの利用率が9割に迫る現在、市場には飽和感が出ている。そこでモバイル・通信の新たな成長領域として通信各社が注目しているのが、モビリティサービスである。

いち早くモビリティサービスに目をつけたのはNTTドコモだ。2010年から行っていた自転車シェアリング（コミュニティーサイクル）に事業化のめどがついたことから、15年2月にはドコモ・バイクシェアを設立。本格的に自転車シェア事業に参入した。この時点で、電動車いす、小型EVなど、より幅広い乗り物のシェアリングサービスへと拡大する「モビリティシェア構想」を掲げている。その構想通り、15年3月には電動車いすベンチャーのＷＨＩＬＬ（ウィル）と業務提携を行い、共同でサービスを展開する計画を発表した。

17年10月には、カーシェアリング事業への参入を果たした。その「ｄカーシェア」は、レンタカー、カーシェア、マイカーシェア（自家用車の個人間カーシェアリング）の3つのサービスを手がけている。また、それに先立つ17年3月には、はこだて未来大学発のスタートアップ、未来シェアと「ＡＩ運行バス」の共同開発に向けて基本合意を締結。ＡＩ運行バスはオンデマンド型乗り合いサービスに分類されるものだ。ＮＴＴドコモは以後、各地でＡＩ運行バスの実証実験を繰り返し、19年3月からは実ビジネスとして本格展開を始めた。

この他、18年6月には、クラウド型タクシー配車システムとタクシーコールセンターサービスを開発・提供する徳島発のスタートアップ、電脳交通へ出資するなど、モビリティサービス分野の拡大に努めている。いずれも二次交通に関するものだが、これらのノウハウをテコに、ＭａａＳにまで事業領域を拡大していきたい構えだ。

ソフトバンクグループがインドで配車サービス「ＯＬＡ（オラ）」を手がけるＡＮＩテクノロジーズに出資したのが14年10月。その後、同グループは米ウーバー・テクノロジーズや、中国のＤｉＤｉ（ディディ）、シンガポールのＧｒａｂ（グラブ）など、海外の配車サービス企業に矢継ぎ早に出資をして筆頭株主の座を射止め、瞬く間にモビリティサービス分野で最も存在感のある通信会社となった。そして16年4月には、自動運転の運行管理システムを開発・提供するためにSBドライブを設立。同じ年の11月には、ヤフーの100％子会社Zコーポレーションの傘下にOpenStreet（オープンストリート）を設立し、自転車シェアのためのプラットフォーム提供を行う「ハローサイクリング」の展開を始めた。

ソフトバンクグループは、この16年を境に、ドコモ同様に自らモビリティサービスの一翼を担う立場へと歩を進めたことになる。そして、極めつきが18年9月のトヨタ自動車との合弁会社、モネ・テクノロジーズの設立だ。モネはまさにMaaSビジネスを展開するために設立した企業だ。

このように、14年以後、モビリティサービスの分野で急速に存在感を強めたソフトバンクグループは、現時点で通信会社の中でも抜きん出た存在だ。その一方で、16年7月には、英半導体大手ARM（アーム）の買収を発表し、世界に衝撃を与えた。アームを手に入れたことで、通信という〝土管〟に加え、5G時代の移動通信システムの最上流（半導体）から、最下流（モビリティサービス）までにおいて、優位なポジションを築くことにソフトバンクグループは成功した。

このようなソフトバンクの〝大躍進〟に対し、危機感を強めているのがKDDIだ。KDDIの前身は、87年3月にトヨタが中心となり、日本高速通信や東京電力、中部電力が出資して設立された日本移動通信（IDO）だ。このIDOが2000年10月に第二電電やKDDと合併して誕生したKDDIは、トヨタが京セラ（持ち株比率12・95％）に次ぐ第2位の大株主（同11・53％）だったこともあり、トヨタ系列の通信会社と見なされてきた。実際、トヨタ系ディーラーでauの携帯電話を販売するなど、ビジネス連携もある。

そのＫＤＤＩは、ドコモやソフトバンクほどモビリティ分野での目立った動きは見られなかった。しかし、17年12月には、アイサンテクノロジーやティアフォーと共に公道初の遠隔監視型での無人自動運転の実証実験を行い、18年8月にはアイサンテクノロジーとの間で資本・業務提携を発表。19年11月には、ティアフォー、アイサンテクノロジーに、Ｊａｐａｎ Ｔａｘｉと損害保険ジャパン日本興亜を加えた5社間で自動運転タクシーの実装に向けて協業することを発表した。

これに先立つ19年8月には、ＫＤＤＩ傘下のファンドを通じて電動キックボードのシェアリングビジネス「Ｌｉｍｅ（ライム）」を展開する米Ｎｅｕｔｒｏｎ Ｈｏｌｄｉｎｇｓ（ニュートロン・ホールディングス）に出資。ライムは同年9月に福岡で実証実験を行い、日本初上陸を果たした。ＫＤＤＩは自動運転とラストマイルのパーソナルモビリティ分野の両面から、自動運転×ＭａａＳ時代を見据えた地歩を固めている。

そして２０２０年1月16日からは、トヨタが展開するＭａａＳアプリ「ｍｙ ｒｏｕｔｅ（マイルート）」と連携を始めた。ａｕスマートパスやａｕスマートパスプレミアムの加入者向けにアプリを提供するもので、複数の交通手段を組み合わせた経路検索に加え、加入者特典として交通チケットを割引価格で提供する。また、今後はａｕ ＷＡＬＬＥＴ ポイントプログラムをはじめとしたａｕサービスや、移動の目的となるコンテンツ、移動そのものを楽しくするライフデザイン商材との組み合わせなども進めていくという。

こうしたモビリティサービスを展開する上での通信各社の強みは、顧客基盤と決済基盤を持つことだ。既に見込み客がいて、サービス提供の対価は通信料と共に徴収できる。電力会社も同じような強みを持つが、スマホ決済で様々な決済シーンに対応できる通信会社の持つポテンシャルは圧倒的だ。

NTTドコモは、dポイントでスマホ決済できる領域を広げているが、通信各社はスマホ決済を通じた生活サービスでの顧客囲い込みに動き出している。スマホ1つあればどこにでも行ける世界を実現するのがMaaSだが、スマホ1つあればあらゆる生活サービスを享受できる世界を目指すのが通信会社なのだろう。だから通信会社の行き着く先は、モビリティも含めたあらゆるサービスを提供するスーパーアプリ化となるはずだ。事実、LINEとの経営統合を発表したヤフーはスーパーアプリ化を目指すことを公言しているし、NTTドコモも、KDDIも、決済アプリを核としたミニアプリの展開を進めており、同じ方向性にある。ちなみに、ミニアプリとはプラットフォーム的なスマホアプリの中で起動する特定の機能に特化したアプリのこと。プラットフォーム側はミニアプリを活用することでスーパーアプリ化が可能となり、ミニアプリを提供する外部企業にとってはプラットフォームが抱える膨大な数のユーザーにアクセスできるメリットがある。

インドネシアのGOJEK（ゴジェック）がモビリティサービスから生活サービス全般を取り込み、スーパーアプリとなっていったように、通信会社各社のモビリティサービスへの進出は、スーパーアプリへの布石の一歩なのだと捉えたほうが良さそうだ。

7

フィンテック・金融 × MaaS

連携のポイント

◉ポイントインセンティブの有効活用で、環境に優しい移動などの行動変容を促せる

◉地域通貨とモビリティサービスの連携で、購買×移動データ分析による地域経済の活性化

フィンテック・金融分野は、ＭａａＳの基本要素である決済手段としての連携と、電子通貨、決済系データ連携の活用の可能性がある。

ＭａａＳの中で決済手段は必須機能だ。近年、電子マネーやクレジット決済に加えて、急成長しているＱＲコード決済など、様々な技術動向がある。ＭａａＳアプリを用いてユーザーが移動する場合、基本的に鉄道やバス、タクシー、自転車シェアリングなど、個別の交通手段でそれぞれ料金のやり取りが発生する。その際に決済手段がバラバラだと、ユーザーの手間が増えるが、１つの決済手段でシームレスかつ簡便に提供できると、利便性は大きく上がる。

日本国内では、ＳｕｉｃａやＰＡＳＭＯに代表される交通系ＩＣカードが普及しており、相互利用の制度の導入で全国どこでもシームレスに便利に使えるようになった。交通系の決済手段がキャッシュレスに移行していることは、ユーザーにとって現金いらずというメリットの他、行き先までの料金を確認する手間の削減になる。事業者としても、現金決済がなくなると釣り銭の準備や料金収受機を設置する費用を削減でき、スマートフォンでクレジットカードや銀行口座と直接連携できるとＩＣカードのチャージ機がいらなくなるなど、コストダウンメリットがある。

別の視点で、決済サービスを展開する企業がユーザー獲得のためにＭａａＳに進出するという考え方もある。既に決済手段のシェアを獲得しているプレーヤーにとっては、さらなるユーザー獲得は至上命題だ。移動は生活に密着した行為であり、ユーザーの利用回数も高頻度かつ老若男女に広く使われる。だから移動時の決済を握ることは、決済プレーヤーにとってユーザー獲得に役立つ領域といえる。

近い将来、無人の自動運転車両に不特定多数の人が乗り合うサービスが普及することが考えられる。そうなると、料金収受をするドライバーや係員は存在せず、改札のようなゲートも設けられないため、個人認証をユーザーのスマホで行うことや、これまでの利用実績を積み重ねた信用度と連携させるなどの方法で、料金収受を信頼性高く行う必要がある。

ここで期待される技術としては、顔認証技術がある。特に、自動運転技術が無人運転可能なレベルまで進展すると、その料金収受も無人で行うことが必要となる。また、誰が乗車したのかという判定をカメラ技術の応用で行うことができると、決済端末も簡素化され、コストダウン効果が期待される。顔認証技術は、既に空港や公共交通機関、小売りの無人店舗でも試験導入されており、ネットワークに接続したカメラとクラウド側に画像認識技術を入れる形態なので、ICカードやクレジットカードのように接触型の端末を置くことに比べてコストメリットを生むことも可能だ。また、不正利用があった際や、もともとセキュリティー観点でカメラやそのネットワーク化は必要となるので、トータルコストの中でまかなうことも考えられる。

もちろん、個人情報保護の観点やユーザーが抱く嫌悪感に対するケアも必要だろうが、今後ＭａａＳではどのようにユーザーを認証し、料金収受の仕組みがどう変わっていくかが重要である。日本国内の電子マネーは交通系ＩＣカードがその普及を先導したように、ＭａａＳ時代の鉄道やバス、新しいモビリティサービスの動向が他業界の決済手段をリードする可能性もある。

もう1つ、ＭａａＳとフィンテックの関わりの中では、電子通貨（データ連携）も重要な要素となる。ユーザーの行動変容を促すためのポイントインセンティブとしての活用だ。ポイントインセンティブについては、米国のスタートアップであるＭｉｌｅｓ（マイルズ）のソリューションが興味深い。これは、ユーザーの移動手段をスマホのＧＰＳと加速度センサーなどから得られた情報からＡＩ（人工知能）で

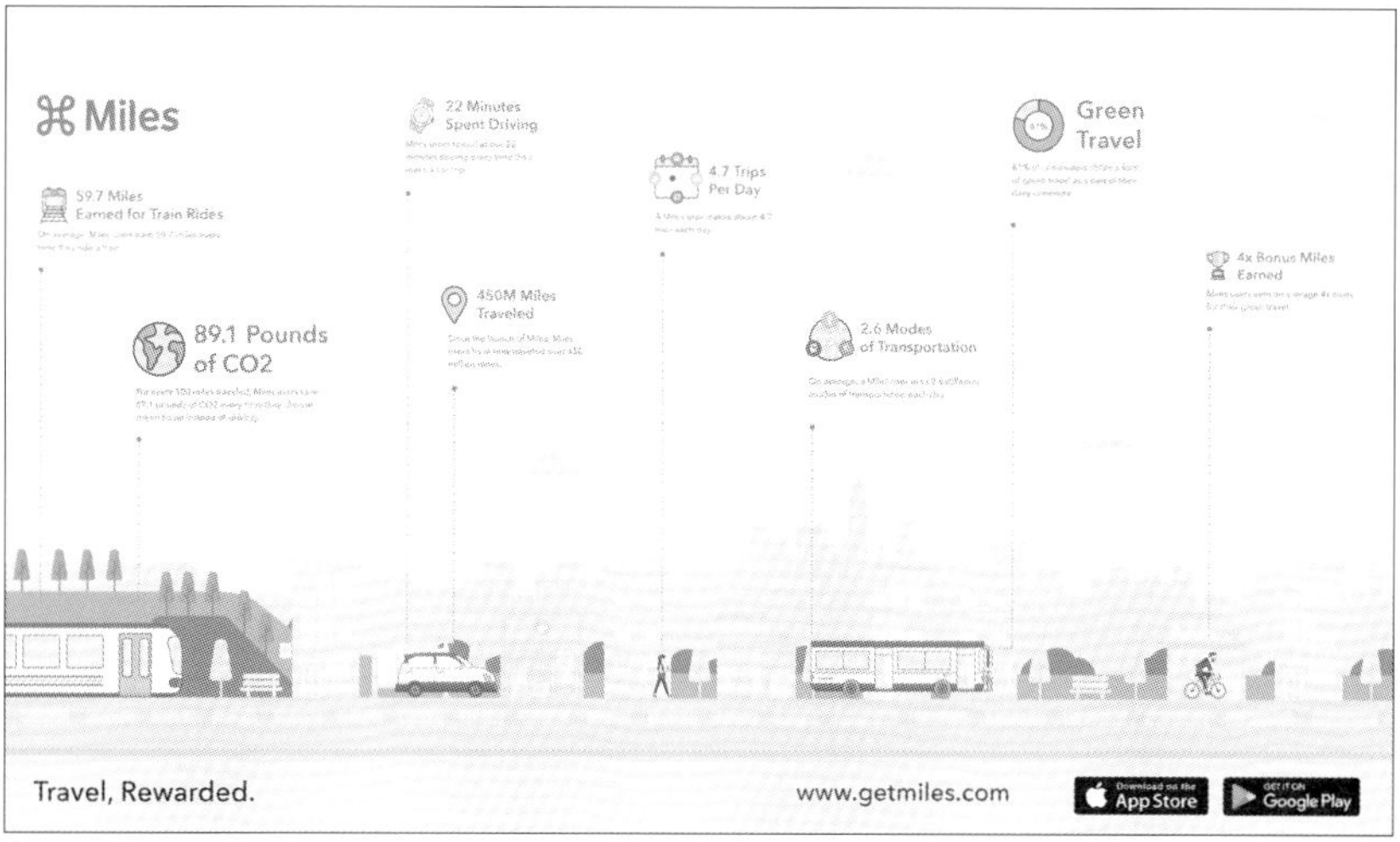

米Miles（マイルズ）は、ユニークなインセンティブ設計を取り入れ、急成長している（出典:Milesホームページ）

判定し、特定の移動手段（環境に優しいや、健康に良いなど）に対して特典（マイル）を付与する仕組みだ。

徒歩やランによる移動は1km当たり10マイル、自転車は5マイル、電車やバス、ボートは3マイル、ライドヘイリング、カープールは2マイル、クルマは1マイル、飛行機は0・1マイルという具合。基本的に移動者は、早いか安い、乗り換えがラクといった視点で交通手段を選択する。それが環境に悪い行動であった場合に、そこにインセンティブを付与することで、環境にも良くユーザーも納得して行動変容させようというモデルだ。

現状マイルズアプリでたまったマイルは、映画のチケットやレンタカー、コーヒーの無料チケット、ネット通販のギフトカードなどへの交換が可能となっており、これらの連携企業に送客する役割を担う。マイルズが収集する移動データ、それに基づく行動予測によって、例えば食事やガソリンスタンドでの給油、電車での移動中のコンテンツ提供など、シーンに合わせて適切なタイミングで、コミュニケーションができる。

同じようにポイントインセンティブや、移動系アプリとデジタル通貨の連携モデルは、近年日本各地で発行されている地域通貨でも可能だろう。地域通貨の発行意義の1つである地域内の経済循環を促進することを考えると、ユーザーに付与する移動ポイントを地域内の環境や活性化にひもづくものを対象とし、さらにそのポイントを地域における消費に限って使えるようにすると、地域内で循環する理想的な経済圏をつくり出すこともできる。

そうした地域通貨を活用した事例として、岐阜県の飛騨高山エリアを紹介したい。地方部においては、人口減少や高齢化に伴い、地域経済や財政が悪化するケースが多い。飛騨高山エリアを拠点とする飛騨信用組合は、17年12月からスマホを活用した独自の電子地域通貨「さるぼぼコイン」の商用化を始め、着実に浸透している。

さるぼぼコインは、スマホやチャージ機などで自分のアプリにお金をチャージしておくと、加盟店舗でＱＲコード決済が可能になる。加盟店は、地元の飲食店や商業施設などを開拓しており、19年3月末時点で９２２店舗、累計コイン販売額が6億円、ユーザー数は約７４００人に達している。９２２店舗という数字は、対象となるエリア内で消費者向けビジネスを行っている事業所数を分母に取ると、普及率は実に20％を超えるという。

デジタル地域通貨のメリットは、そのエリア内でどのような消費が成されているのかが見通せること。また、地域経済活性化に向けたポイントインセンティブ施策などをエリア単位で構築し、前述のような地域の経済活性化などに向けたキャンペーンを行いやすい。さるぼぼコインは、19年には飛騨市や高山市の市税などの支払いにも使えるようになっており、さらに今後は生活全般の消費で使えるようにする計画であるという。

そのようにデジタル地域通貨の普及に合わせて、ＭａａＳアプリと連携することで、地域内経済の活性化にも使える。交通事業者にとっても、データを可視化して移動手段の最適化やオンデマンド型乗り合いサービスをどこの拠点間で実現すればいいか、また、公共交通の利用促進に資するキャンペーン施策の有力なチャネルとしても機能するだろう。

そうした交通事業者のメリットもさることながら、地域の移動の可視化に加えてユーザーが何のために移動しているのか、買い物なのか通院なのかなど、目的とひもづけできることは大きな価値を生む。例えば、通院のみの移動であれば訪問医療にすることや、買い物なら移動販売車で行うなど、ユーザーのニーズに合わせて交通とその目的が連動しながら、人口減少や高齢化、もしくは地域の成長に結びつくダイナミックな施策立案に使える貴重なベースデータとなる。

このようにフィンテックとＭａａＳは、消費データと移動データを掛け合わせることで、地域の活性化や持続可能性を担保する土台となる可能性がある。この根拠づけられたデータから、モビリティ事業者や金融機関だけではなく、地域経済で新しく事業を起こすプレーヤーや社会課題解決型のスタートアップ、地方創生系の事業も促進されるだろう。その視点で、単なる決済手段の連携ではなく、地域経済やユーザー、都市の有り様をフィンテック企業とＭａａＳ企業で担っていくことが期待される。

8

保険
×
MaaS

連携のポイント

◉MaaSオペレーターや新しいモビリティサービス向けにキャンセル補償など新たな保険ニーズの拡大

◉保険代理店のネットワークを活用し、フルラインアップのモビリティサービスで顧客獲得、メリット拡大

現在でも、人がクルマを運転する時や、旅行のように長距離を移動する時など、様々な移動に関連する場面で、事故や損害から身を守るために保険が利用されている。MaaSの到来により、鉄道、バス、タクシー、オンデマンド型乗り合いサービス、自転車シェアリングといった多様なモビリティサービスが存在し、それらを統合するMaaSオペレーターがユーザーとの接点を持つようになると、保険サービスがカバーすべき範囲も広大なものとなる。MaaSオペレーターや交通事業者から、連携先のホテルや飲食店などのサービス事業者、ユーザーまで、業種の枠を超えてそれぞれの立場にとって有用な保険が必要になってくる。

〝MaaS保険〟の研究は、日本マイクロソフトやJR東日本情報システム、みずほ情報総研、日本生命保険、あいおいニッセイ同和損害保険、MaaS Tech Japanが、MaaSにおけるユーザーのリスク低減をテーマにハックフェストを19年6月に実施。ブロックチェーンを活用し、ユーザーは公共交通機関の遅延などで旅程を変更せざるを得ない場合、その補償としてカーシェアリングのチケットを提供する機能の検証などを行っている。こうしたユーザーがMaaSを利用する際に遅延のリスクや、移動時の事故などの損害を軽減できる保険が必要になってくる。

国内の保険会社では、フィンランドのMaaSグローバルに出資している、あいおいニッセイ同和損保が、19年12月にMaaSオペレーター向けの保険商品の提供を始めた。MaaSオペレーター向けには、アプリからの情報漏洩やサイバーセキュリティを補償するもの。ユーザーに対しては、移動中のけがや持ち物の破損などを補償している他、移動中に車内などに忘れ物をした際、それを届けるサービスや、交通事故などで到着予定時刻から大幅に遅延した場合に、電子クーポンなどを提供するサービス、ユーザーが事故に遭った際のサポートなども含まれる。これは、MaaSオペレーターにとってもサービスの付加価値を向上できる内容であり、保険商品をアプリで販売することで新たな収益源としても期待できる。また、ユーザーが交通手段を乗り継ぐ区間で発生したけがなども補償の対象にできるメリットがある。

他の損保各社も同様に、各地で行われているＭａａＳの実証実験に参画し、ＭａａＳ保険の商品開発を急いでいる。東京海上日動火災保険は、現在、交通手段ごとに分かれている補償内容を一括して提供する「ＭａａＳ保険」の販売を、２０２０年をめどに開始する方針だ。

同社で特徴的なのは、19年7月に訪日外国人向けに東京都交通局が提供を始めた企画乗車券「ＴＯＫＹＯ ＳＴＡＲＴＥＲ ＫＩＴ（東京スターターキット）」を対象に、治療費の自己負担なしで受診できる医療機関を紹介する海外保険や、災害情報の提供などが含まれる訪日外国人向けの総合サポートサービスを提供していることだ。東京スターターキットは、都営地下鉄全線と東京メトロ全線の72時間乗り放題、都バスの１日乗車券がセットになったもの。背景には、これまで訪日外国人旅行者による医療費の未払い問題や、外国人の受け入れが可能な病院の周知などが課題としてあった。

観光庁の調べ（18年）では、訪日外国人旅行者は約３割が旅行保険に未加入で、医療費の未払いも厚生労働省の調べ（18年）では17・8％におよび、未集金額の平均は8万６７１７円に達する。東京スターターキットは訪日外国人向けに販売されており、販売時に対面でパスポートの確認、専用端末でスキャンを行う。読み取ったパスポート情報と専用アプリの情報がひもづくことで、けがや病気をすると、治療費の自己負担なくキャッシュレスで受診できる医療機関をユーザーに紹介できるというわけだ。そその際、医療機関に対して電話で通訳を行い、スムーズな診療を行うことができる。同時に、医療機関にとっては最大５００万円までの治療費が東京海上日動から直接支払われるため、これまで問題になっていた医療費の未払いを心配することなく、安心して外国人旅行者を受け入れ可能になる。

このような東京スタータ―キットで、東京海上日動が提供している訪日外国人向け総合サポートサービスは、MaaS保険の先駆けのようなものだ。旅行保険や医療サポート、通訳、非常時の情報提供など、ユーザーやMaaSオペレーター、連携事業者の困り事やリスクをうまく解決した好事例といえる。この他にも東京海上日動は、19年9月に電動車いすなどのパーソナルモビリティを開発するWHILL（ウィル）と資本業務提携し、MaaSの実証実験の中でシニア層のラストワンマイルのモビリティサービスを提供。その移動データを収集してリスク分析をすることで、MaaS時代の新しい保険の研究を進めている。

三井住友海上火災保険は、小田急電鉄と19年5月に共同でMaaS保険の開発を行うと発表。今後、小田急が進めているMaaSのデータ共通基盤「MaaS Japan」の中で、MaaS保険がどのように提供されるのか、注目したい。また、三井住友海上は、長野県伊那市で未来シェアなどが実施するタクシー車両によるオンデマンド型乗り合いサービスの実証実験に参画。通信型のドライブレコーダーをタクシー車両に搭載し、その走行データから現地のリスクを分析して安心・安全な運行につながる保険商品の開発を行っている。

一方、他社とは一線を画した取り組みを進めるのは、損保ジャパン日本興亜を傘下に持つSOMPOホールディングスだ。同社は、モビリティサービス分野にプレーヤーとして参入している。19年2月には損保ジャパン日本興亜が自動運転向けのソフトウエア「Autoware（オートウエア）」の開発を手がけるスタートアップ、TierⅣ（ティアフォー）と資本提携を行い、19年4月にはDeNAと

新会社の発表会に登壇したＤｅＮＡ会長の南場智子氏(写真左)と、損害保険ジャパン日本興亜の西澤敬二社長

個人間カーシェアリング事業の「ＤｅＮＡ ＳＯＭＰＯモビリティ」、マイカーリース事業の「ＤｅＮＡ ＳＯＭＰＯカーライフ」という２つの合弁会社を設立した。そして19年10月には、駐車場シェアリング最大手ａｋｉｐｐａ（アキッパ）の株式約33・４％を取得し、関連会社化している。

これらを活用した事業シナジーが、損保ジャパン日本興亜の狙いだ。保険ユーザーにマイカーリースを提供し、そのクルマを個人間カーシェアに登録。個人間カーシェアによる売り上げからマイカーのリース料金を支払えるようにすることで、実質の負担額を軽減する。また、損害保険の解約情報などからクルマを手放したユーザーに対し、空いている駐車場をアキッパの駐車場シェアに登録を勧めることも可能だ。保険を通じたユーザーとの接点をフル活用し、提供するサービスをモビリティサービス分野にも拡大していく。保険という入り口から、ユーザーに関する情報やサービス連携事業者のビジネスモデル、そのリスクを踏まえ、今後はＭａａＳオペレーターに必要なサービス企画の協力や、サービス連携事業者とのマッチングなど、活躍の場はさらに広がりそうだ。

このようにＭａａＳ時代に保険各社は、様々な移動手段やサービスをカバーし、ユーザーやＭａａＳオペレーター、各種サービス連携事業者など、それぞれの立場にとって最適な保険を構築することが求められる。さらに、大都市や地方都市、観光地や過疎地など、場所が変われば移動スタイルや利用形態、連携先も変わり、必要とされる補償の内容も変わってくるはずだ。地域ごとに細やかな対応が必要になってくるだろう。つまり、地方創生や地域活性化の役割も一部では担うことになり、保険の領域だけにとどまらない新しい役割を求められる。

それはモビリティサービス自体の提供や、キャンセル補償、医療サポートといった新しい付加価値サービスだ。また、ＭａａＳオペレーターと連携事業者のビジネスやリスクを詳しく理解しながら両者のマッチングを行い、サービス開発をサポートし、ビジネスモデルの構築へ深く関与することが、新しいチャンスをつかむ糸口になるかもしれない。

それには、多様化を続けるＭａａＳ時代の変化の波を捉え、保険を通じて集まる事故が発生しやすい場所・状況・属性などのデータや、ユーザーに関する情報などを収集・分析することが肝要だ。これまで蓄積した情報とノウハウを生かし、ＭａａＳオペレーターと共に、状況に応じた最適な移動ルートの選択や、相乗効果の高い連携事業者とのマッチングなど、安心・安全だけではなく、サービスの差別化に関与していける。保険会社が持つ代理店網や関連会社などのアセットを連携させ、ＭａａＳのビジネスモデルをプロデュースすることで、今までにない事業領域へと飛躍する可能性が十分にある。

9

広告・プロモーション × MaaS

連携のポイント

◉広告タイアップによりモビリティサービスを無料化
移動中の体験価値の向上と、広告効果の両立

◉MaaSアプリによるリアルタイムの移動データを取得
適切なターゲティングと、タイムリーな広告が可能に

18年にタクシー配車アプリ「MOV（モブ）」を提供しているDeNAが、日清食品と連携してラッピング車両の「どん兵衛タクシー」を都内で走らせ、ユーザーから徴収する運賃を「ゼロ円」としたことは衝撃的だった。本格的な実証として行われたことで、新たなモビリティサービスと広告ビジネスが連携する機運が高まったといえるだろう。

スタートアップのnommoc（ノモック）も、移動の無料化にチャレンジしている。配車アプリ「nommoc」を19年9月から都内の一部エリアで展開。タクシーやハイヤーをノモックが貸し切る形で運用しており、広告スポンサーと組むことでユーザーの料金負担をゼロにするモデルだ。これまで期間限定の取り組みとして、日本たばこ産業（JT）と連携し、同社の低温加熱式たばこ用デバイス「プルーム・テック」「プルーム・テック・プラス」が吸える無料リムジンの提供を実現。また、ハーゲンダッツ ジャパンとは、同社の期間限定商品「苺とブラウニーのパフェ」のミニカップなどを移動中に堪能できる無料リムジンを都内で走らせた。

いずれもノモック登録ユーザーの中から広告主のターゲットに合った人への優先配車を行っている。単に車内で広告コンテンツを見せるだけではなく、移動中の体験をよりいいものに変える取り組みであり、実際にJTと組んだ無料リムジンに乗車したユーザーは全体で体験の満足度が97％に達したという。広告主とユーザー双方にとって、メリットのあるスキームに育つかもしれない。

また、電通はMaaSに関わる広告モデルの特許を出願した。簡単に言えば、移動のルート、目的、時間、手段の違いに応じて広告配信の対象者が求めるであろう情報を出し分ける仕組み。屋外や車内に設置されたディスプレーと配信システムをAPIでつなぎ、情報をAIで出し分けるものだという。

こうしたモビリティ×広告のモデルは、世界では多くのプレーヤーが参入している。グーグルが出願

nommocとJTの取り組み。車内で加熱式たばこが吸える（出典：nommocリリース）

した特許は、Ｗｅｂ広告などで表示された店舗を利用する際に、そこに行くまでのモビリティが無償で提供されるものだ。従来のＷｅｂ広告は、その視認効果やクリックした後にデジタル領域での購買や契約に結びつく誘導をしていたが、それをよりリアルな体験に応用したものといえる。

　レストランやエンタメ施設など、その場所に行くことが必要な体験の広告については、「広告を見る」→「興味を持つ」→「行くかどうかを検討する」というステップを経るが、ワンクリックでモノが届く現代では、移動をするための諸作業の手間さえも面倒に感じられ、利用してもらう上でのネックとなり得る。そこまで行く際の料金が不要となると、その広告に対するリアルな効果を最大化させやすいというわけだ。

　さらには、ＭａａＳの中でユーザーがリアルタイムにいる場所が分かると、その周辺の施設の広告を出すことや、そこにモビリティ付きクーポンなどを組み合わせることで、人の移動や消費行動がダイナミックに変わっていく可能性がある。今後、ユーザーに来てもらう必要がある飲食店や小売店舗は、どのように広告を出していくか、そこに移動のネックがある場合にはＭａａＳアプリとの連動で効果的な集客を行うことができる。また、ＭａａＳによって移動データや行動データが可視化されることで、ターゲティング広告の精度向上であったり、今後の予定や移動先情報に合わせた広告配信を行ったりと、Ｗｅｂの中で閉じていた履歴情報から進歩して、さらに高度なマーケティングが可能となる。これらは完全無人運転が導入され、あらゆる自動車系のモビリティサービスが自律的に街を走行するようになると、さらに効果を発揮する。

今後こうした流れが加速し、移動の費用は広告費の一部で補てんされることでユーザーの見かけの料金はゼロに近づいていく（交通事業者には、広告宣伝費から支払われる）と、新しい移動体験や都市の交通インフラをまかなうスキームも変化していくだろう。

10

ゲーム・イベント
×
MaaS

連携のポイント

- ◉交通連携でリアル空間をゲームフィールドにした新しい位置情報ゲームの創出で、新規ユーザー獲得
- ◉ゲームAIのアルゴリズムを活用し、渋滞緩和や環境改善、適切なインセンティブ設計ができるように

実はゲーム業界とMaaSの組み合わせも、イノベーションを起こす可能性がある。スマートフォンが普及して以来、位置情報ゲームが流行したことは記憶に新しい。米ナイアンティックが開発した「Ingress（イングレス）」（日本語対応は15年）、そしてイングレスをベースにナイアンティックとポケモンが開発した「Pokémon GO（ポケモン ゴー）」が16年にリリースされるや、世界的な社会現象を巻き起こした。そんなゲーム分野とMaaSの連携については、2つの方向性がある。

1つが、移動自体、もしくは現実空間そのものをゲーム化すること。移動した先々で魅力的なアイテムを取得することや、ゲームに勝つために移動するという行為は、冒険性や達成感があってゲームとして面白いことは既にポケモン ゴーなどで証明済みだ。しかし、これらの位置情報ゲームはまだ、プレーヤー一人ひとりの移動経路を制御したり、都市レイヤーで交通をコントロールしたりし、それをゲーム展開に反映することまではできていない。ここにMaaSの要素が加わると、例えば、ある場所にレアキャラが出現する際に、ある程度モビリティ側の制御でプレーヤーの過度な集中を抑えられたり、運営が推奨する交通ルートを使って指定の時間に行くと、追加でレアキャラがもらえたりと、ゲームのインセンティブ設計と都市や交通事業者の要請を連動させていくことも可能になるだろう。

また、リアルな日常をゲームの一部として取り込んで、現実と仮想世界を交差させる体験型ゲーム「ARG（代替現実ゲーム）」をさらに高度化することもできる。ゲームと交通がパッケージ化されており、例えばゲームの指示に導かれるままプレーヤーが指定場所に行くと、自動運転のタクシーが迎えに来ていて次のステージに行けるなど、交通を絡めて幅広い範囲をゲームフィールドとすることが可能だ。MaaSによって人の動きをコントロールでき、移動ルートを追跡できるようになると、ゲーム開発者側としても、より精度高く、プレーヤーに対して面白い仕掛けを提供できるようになる。ゲーム業界にとっては、ＭａａＳと連携した新しい位置情報ゲームやＡＲＧの実現によって収益アップの機会を得られ、交通プレーヤーにとっても、ゲーム内のアイテム課金を原資とした収益分配や、そもそもの移動需要の開拓、混雑緩和によるユーザー満足度の向上などが見込めるから、メリットは大きい。

このようにＭａａＳ時代には、よりダイナミックな移動体験を基にゲームを組み立てることや、その仕組みや考え方でＭａａＳ側の発展を促進することが期待される。とかく交通系の課題解決法は、問題に対してまっすぐに取り組むことが重視される。もちろんそれは正しいことだが、遊び心を持ち、また他人を楽しませる、遊ばせるという要素で、ユーザーの行動変容をつくり出してきたゲーム業界の知見が、ＭａａＳおよび交通の課題解決に役立つだろう。例えば、インディーゲームなどを仕掛けるバカーの斉藤大地社長は、「ＭａａＳは、ともすると移動の効率化ばかりが追求されて、日常あり得る『偶然の素敵な出合い』をなくしてしまう方向に行く懸念がある。ＭａａＳアプリでも、『ちょっと寄り道してもいいから1日1回は面白いスポットに誘導してくれる』といった、ゲーム的な〝味付け〟を選択できると楽しいはず。人為的にエンタメ要素を組み込めるかが、ユーザー目線でＭａａＳアプリを使いたくなるポイントになる」と話す。

こうしたゲーム業界のノウハウをＭａａＳに生かすことが、もう1つの連携ポイントだ。ゲーム内で用いられるＡＩや、そのアルゴリズムの活用で、特にオンラインゲームで多くのユーザーが同時にプレーする際にネットワークの負荷を分散させるスキームを、交通の渋滞や混雑緩和に転用することも可能だろう。オンラインゲームでは、ユーザーのレベルごとにクエストを分けたり、出現するモンスターのレベルを調整したりすることで、同じようなスキルのユーザーをまとめ、時には同じ場所に全員を集めるなど、人流制御のような機能が組み込まれている。これは、第4章でも紹介したＭａａＳコントローラーの機能と類似性がある。

３５６ページのインタビューに登場するゲーム・ＡＩ開発の第一人者、三宅陽一郎氏は、個別最適のＡＩを「メタＡＩ」で制御するという概念を提唱している。例えば、鉄道の最適化とバスの最適化、ユーザーの消費行動の最適化など、いくつかのＡＩが存在する際に、都市全体でどのようにバランスを取るか、個別のＡＩを統括するものをメタＡＩとしている。このようにオンラインゲームやスマホゲームで作られたモデルを類似事例として、公共交通の混雑や都市の渋滞をユーザーとモビリティ、周辺施設の施策によってどのように解決していくのかというアーキテクチャは非常に参考になる。ゲームＡＩの考え方やアルゴリズムは、他にもユーザーのインセンティブ設計やモビリティサービス事業者の運用計画など、多様な分野で応用できるだろう。

ゲーム業界は、大人もさることながら、つまらなければすぐに飽きて遊んでくれなくなる子供と向き合い続ける中で、人間の根源的な面白さや没入感への理解、ゲームの難しさと快感を得るタイミングの絶妙なバランス、ゲームの習熟度の異なるユーザーをうまく同じゲームの中に共存させる工夫を実践してきた。それらの観点をＭａａＳやモビリティ全体、都市に展開することができれば、ゲーム業界はモビリティ業界にとって心強いパートナーとなる。

人材という面で見ても、特に日本国内はソーシャルゲームを中心としたゲーム業界にＩＣＴ（情報通信技術）人材や技術者が豊富に存在している。今後、ＭａａＳの発展を考えると、ゲーム業界のプレーヤーが参入することや、新しい企画をモビリティ事業者と連携してつくるような動きができるといい。

社会課題解決や都市の最適化はもちろん、デジタルゲームがリアル空間に飛び出し、毎日が楽しくワクワクするようなＭａａＳ像も生まれてくるかもしれない。

最後に、コンサートやスポーツなどの大規模なリアルイベントも、ＭａａＳとの親和性は高い。例えば、東京ビッグサイトで大規模イベントをやる際、最寄りのりんかい線の国際展示場駅や、ゆりかもめの東京ビッグサイト駅は大混雑するが、ＭａａＳアプリのユーザーに対しては、1～2駅前で降りて自転車シェアリングの利用を勧める。この人たちには優先入場や食事の割引券を付与するなどの工夫をすれば、新しい動員コントロールが可能になるだろう。これは、大規模イベントで発生する帰宅ラッシュにおいても移動ニーズを分散させることに役立つ。

また、そもそもイベント事業者が推奨のＭａａＳアプリを指定しておけば、多くの参加者はそれを使って経路検索して来場するから、そのデータを活用して動員人数をシミュレーションしたり、誘導するルートを変えたりと、危機的な混雑を回避できる。ユーザーの行動を予測できれば、イベント会場までの途中のルートでサプライズイベントを仕掛けるといったことも可能だ。ＭａａＳを前提としたイベントを組むことで、主催者はより効率的な運営ができるぶん、集客を多く見積もることができ、来場者の満足度も向上する。交通事業者やＭａａＳオペレーターも、チケットの代理販売や送客による手数料収入、地域の交通手段をフル稼働させることで収益アップの機会が得られる。

Interview

ゲームAI×MaaS

MaaS実現で都市全体がゲーム空間に「99%は真面目、残り1%で遊べ」

ゲーム・AI開発者

三宅 陽一郎

2004年からデジタルゲームにおけるAIの開発・研究に従事。理化学研究所客員研究員、東京大学客員研究員、九州大学客員教授。IGDA日本SIG-AI代表、DiGRA JAPAN理事、芸術科学会理事、人工知能学会編集委員

ゲーム産業がMaaSと融合することで、どのような未来が創造できるのか。ゲーム・AI開発者としてデジタルゲームにおけるAI技術の発展をリードしている三宅陽一郎氏が、MaaSを語る。三宅氏の視点から捉えた移動の未来とは？ MaaS実現の「先」にあるスマートシティを構築していく上で、AIはどんな役割を果たすのか？

1980年代に生まれた名作ボードゲーム「スコットランドヤード」（開発元／ラベンスバーガー）をご存じでしょうか。ロンドンの街を舞台にして、交通情報や目撃情報を基に1人の泥棒役のプレーヤーを複数の刑事役のプレーヤーが追い詰めていく戦略ゲームです。実は、今のように「Ingress（イングレス）」（開発元／ナイアンティック）、「Pokémon GO（ポケモン ゴー）」（開発元／ナイアンティック、ポケモン）といった位置情報ゲームや、リアル脱出ゲームがはやる前、それこそガラケーの時代から、スコットランドヤードのゲームシステムをまねて日本のリアルの街で遊ぶ動きがありました。「街全体をゲームフィールドにしたい」という欲求は、ユーザー側の心理として自然なものです。

一方、ゲーム産業はというと、83年にファミリーコンピュータが登場した後、97年にネットワークRPGの草分けの1つと言われる「ウルティマオンライン」（開発元／エレクトロニック・アーツ）が誕生。そして2013年にイングレスが正式運用を始めたように、およそ15年周期で「次」のプラットフォームが生まれています。**今の進化の方向感としては、いかにテレビなどのスクリーンから飛び出すかということ。現実世界とゲームをリンクさせることに、ゲーム産業としてもある種の〝夢〟があるの**です。

そのためには、テクノロジーの架け橋が必要です。ウルティマオンラインが登場した背景には当然、インターネットの発達がありましたし、イングレスもGPS付きスマホの普及という追い風があった。では、次に期待されるテクノロジーは何か。それは、MaaSを契機にして都市全体がデジタルプラットフォーム化されることでしょう。つまり、スマートシティの世界です。これから日本でも商用化される次世代のモバイル通信規格「5G」も加えると、それらをベースにしたゲームは、従来の位置情報ゲームを発展させて、もっと物語性を持ったものになるはずです。

今のAR（拡張現実）を活用した位置情報ゲームでは、プレーヤーがある場所に集まって、個々でモンスターを捕獲したりアイテムを獲得したりします。それは考え抜かれた巧みな「非同期なゲーム」の設計です。しかしこれからは、より「同時体験」の方向へ進化していくでしょう。5Gの時代なら、同じ時間軸の中でプレーヤー全員が協力し、ARを通して見える1つの巨大なモンスターと闘うことも可能になります。例えば、東京湾から上陸したモンスターが東京タワーへ到達するまでに倒すというミッションなら、モンスターの移動経路上にいるプレーヤーがその場で攻撃したり、徒歩だけではなく電車やバス、タクシーといった交通手段を駆使してプレーヤーが先回りして集まり、モンスターを迎撃したり。仕事終わりの18時から24時までの時間制限付きゲームとして展開してもいいでしょう。

その際、移動に使うクルマがあたかも戦車かのように演出されるなど、モビリティ自体や街中のIoTデバイスを駆使して、ゲームの物語ベースの演出を現実世界でできると面白い。**MaaSとゲームが組み合わさることで、街全体をテーマパークに見立てた新しいゲーム体験をつくれるということです。**

海外に比べれば、日本の都市はコンパクトにまとまっていて治安が良く、うまくパッケージングされています。だからこそ、位置情報ゲームがこれだけ深く受け入れられてきた。それこそ**東京は、今でも**

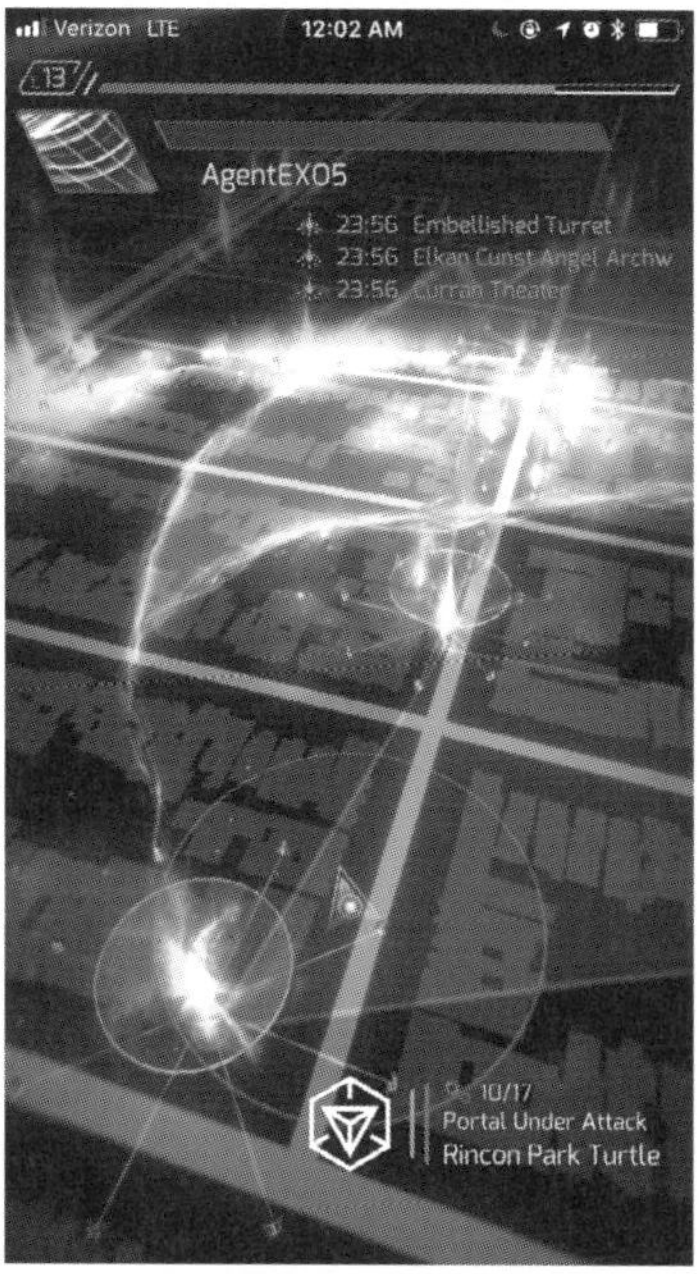

18年に公開されたアップデート版「Ingress Prime」のプレー画面。チームプレーで陣取り合戦をするゲームで、プレーヤーはエンライテンド（緑）、レジスタンス（青）という2つの勢力のどちらかに所属し、世界各地に存在する「ポータル」を自らの勢力に変えていく（写真／Niantic, Inc.）

半分は「ゲーム空間」のような感覚なので、都市プラットフォームを活用したゲームとの親和性は高いと思います。

また、スマートシティの文脈から、これからつくられるＭａａＳプラットフォームが、「東京ＭａａＳ」「大阪ＭａａＳ」というように都市に根差したものだとすると、その上に乗るコンテンツとしてのゲームは社会性を持つ必要があるかもしれません。例えば、「交通渋滞を解消する」「高齢者の〝足〟を確保する」「街のゴミを減らす」など、ゲームの中の目的を現実の課題に重ね合わせるということ。つまり、ゲーミフィケーションの世界です。

こうしたゲームユーザーの熱量を生かして集合知をつくり、代替労働にする試みは、既に成功例がいくつもあります。例えば、タンパク質の立体構造を予測する研究で使われたのが、「Ｆｏｌｄｉｔ」（開発元／ワシントン大学）というパズルゲーム。みんながゲームを楽しんでタンパク質のいろんな立体構造パターンをつくり出していくと、裏側ではそれが研究に役立っている。Ｆｏｌｄｉｔは、それこそスーパーコンピュータが何十年やってもできないレベルの構造解析を、たった3週間でやってのけています。また、英国の国会議員が提出した領収書をひたすらユーザーがレビューして、不正を見つけるというゲームもありました。「地元選出議員の経費を調べよう（Investigate Your MP's Expenses）」です。2万人以上がオンラインで参加して、その結果、本当に何人かの議員が辞職したといいます。

これらはゲーム自体の面白さという点では、こなれていない面がありましたが、そこは日本が誇るゲームクリエーターの腕の見せどころ。**社会課題とリンクするという方向性が、ＭａａＳないしはスマートシティのデータ基盤を生かしたゲームを創造する際に1つのポイントになる**と思います。

ＭａａＳ×ゲームの収益モデルは？

ＭａａＳによる「100年に一度」のモビリティ革命がもたらす都市全体のデジタルプラットフォーム化は、ゲーム産業にとっても大きな変化点になり得ます。新境地の開拓に後ろ向きなゲームクリエーターはいませんから、こぞって開発に乗り出すでしょう。ただ、その前に立ちはだかるのはマネタイズの壁です。

今の延長線上ですが、**考えられる収益源としては広告と課金モデルが、やはり有力でしょう。ＭａａＳと組み合わされればプレーヤーの位置情報を活用できる可能性があるので、場所に依存した広告を出しやすくなります。**また、先ほどの巨大モンスターが街を移動していくゲームなら、ラストステージに設定された商業施設がゲームのエンディングで広告を出すモデルも考えられます。

また、現実を駆使したゲームは、普段の生活に別のストーリーが重なっているところにワクワク感があるもの。つまり、自分というリアルな主体が、ゲーム内の主体（キャラクター）として、例えばレベル36の魔法使いや、レベル70の剣士に変換されることに気持ち良さがあります。だから、そこでの活躍や成長のためには課金もいとわないというニーズが確実にある。この武器は200円、回復アイテムは100円といった課金モデルが、変わらず有効になるでしょう。

もう1つ、可能性としては自治体とゲーム会社のオープンイノベーション・モデルも成り立ちそうです。先ほど述べたように、**社会課題の解決を目的としたゲームをつくる場合、例えばゴミ拾いの達成度に応じて自治体からお金が支払われるといった収益スキームがあり得ます。**広告・課金モデルとの併用も可能だと思います。

また、自治体の町おこしの面では、アニメファンの聖地巡礼が参考になります。このブームは、アニメの物語と現実世界がどこかでつながっていてほしいというファンの願いがベースにあります。それが1日に何本もない電車を乗り継いでまで地方に出かける原動力になるわけですが、ここでの〝収益源〟はファンが現地で使う飲食・宿泊代。ある期間だけでもいいので、人々がわっと来て帰れるようにモビリティサービスを充実させられれば、飲食・宿泊代を最大化できるはずです。MaaSを活用したゲームの特別イベントで、地方への遠征を組み込んでも面白いかもしれません。

都市データを統べる「メタＡＩ」とは？

ＭａａＳしかり、自動運転しかり、これらはスマートシティにつながる話であり、「都市」という単位は今後のあらゆるビジネスのキーワードだと理解しています。米グーグルの兄弟会社ＳｉｄｅｗａｌｋＬａｂｓ（サイドウォークラボ）が、カナダのトロントでスマートシティプロジェクトを進めていますが、各企業は今、デジタル化されてゆく都市のどこを押さえるかでしのぎを削っている。交通でいえば、陸上なら自動運転、空ならドローンや空飛ぶクルマといった具合で、都市をターゲットに技術やビジネスを組み立てています。

衛星や監視カメラ、デジタルサイネージなど、現実世界をスキャンする技術、ＩｏＴデバイスの普及を含めて、将来的には都市全体のリアルな構造がデジタル化され、現実空間とデジタル空間がどんどん同期してくる。そこにどれだけ深い構造のデータがあるかで、ＡＩの思考のしやすさが変わります。だから、交通系の統合プラットフォームとなるＭａａＳへの期待は高まります。

このベースがある中で、**私がイメージするスマートシティの姿は、都市全体のコントロールをつかさどる監督役の「メタＡＩ」を核とした世界です。このメタＡＩの下で、自動運転車やドローンといった個々のモビリティ、ＩｏＴデバイスなど、それぞれに搭載された「オートノマスＡＩ」（ａｕｔｏｎｏｍｏｕｓ ＡＩ、自律型ＡＩ）が連動していく。**

例えば、メタＡＩが道路や公共交通を含めて都市全体の交通状況を見渡して、「このルートを移動しようとしている自動運転車があるけど、そこは渋滞しているから回り道をしてもらおう」などと判断する。世の中のダイナミックな流れをメタＡＩが理解して、全体最適を図るイメージです。

実はこれ、ゲームにおけるＡＩ活用と同じ構造です。メタＡＩは、〝身体（ゲームキャラ）〟を持たないＡＩで、ゲームの進行を監視しながらより面白くなるようにゲーム全体をディレクションする役割を持っています。例えばプレーヤーを敵キャラで囲む時も、わざと逃げる方向を空けておいたり、ピンチの時は一番近くて戦闘状態にない仲間のキャラに救援指令を出したり、ゲーム全体の調整をしています。

一方でオートノマスＡＩは、プレーヤー個々のキャラが敵のモンスターの攻撃を避ける、最短パスを通るなど、自分の周りで短い時間の意思決定をする局所的な存在として機能します。95年から05年くらいまでは、このオートノマスＡＩをとにかく賢くするという時代だったのですが、個別最適化が進むだけだとゲーム全体で統一感がなく、あまりゲームが面白くならない。そのため、オートノマスＡＩの上から監督するメタＡＩを付けるようになったのです。

モビリティでいえば今、自動運転車はオートノマスＡＩの手前にある段階だと思います。というのも、今語られている自動運転はＡｕｔｏｍａｔｅｄ（オートメーテッド）、つまり「自動的」というニュアンスが強い印象があるからです。自動運転を示すＡｕｔｏｎｏｍｏｕｓ（オートノマス）の本来的な意味は「自律的」ということで、モビリティ側がある程度意思を持った存在になっていくべきでしょう。個人的には、米国のテレビドラマ『ナイトライダー』に出てくるナイト２０００のように、対話型の自動運転車が出現してほしいと思っています。例えば、駐車場に止まっているクルマ同士が勝手におしゃべりする世界です。

「最近どう？」（クルマA）

「いや、長野県行ったけど、寒かったよ」（クルマB）

「えっそうなの？　俺、今度長野に行くから助かるよ」（クルマA）……。

こうなるとペットのような感覚で愛着がわくし、クルマ同士が必要な情報をやりとりしてくれています。あるいは、ソーラーパネルを積んだクルマを駐車場に止めておくと、クルマが自分の判断で日向に移動し、充電しておいてくれる。まるでネコみたいですよね（笑）。

また、どこかの道路で土砂崩れがあったとします。そこを通過してきた対向車が、すれ違いざまに「この先土砂崩れだよ」と伝える。その情報をもって、自分のクルマが「土砂崩れなので引き返します」と、自動的にルート変更をする。このようにクルマ同士のローカルなやりとりができるように、個々の自動運転車に搭載するオートノマスAIはどんどん賢くなったほうがいい。

ただ、その歯止めはどこかで必要です。オートノマスAIの独立性が増せば増すほど、上（メタAI）からの抑止力によってバランスを取ることが求められます。実はここが一番のポイントで、この構造があればAIは社会に浸透できると思っています。社会全体の仕組みとしてメタAIを敷き、それが様々なオートノマスAIと連動することでサービスが分化していく――。1つの構造が何倍にもなるような、人間の力を拡張できる都市をつくっていくべきです。

スマートシティに人のぬくもりを

将来のスマートシティにおいて社会全体を見渡すメタAIは、人間を24時間観測できることになります。「人間はどうやら土日は大手町に来ないらしい」「デパートは土日のほうが混んでいる」といった基礎的な理解から始めて、ピンポイントの場所、日時、天候などの変数を掛け合わせてAIの学習が進む。すると、「次の土曜日は晴れだから、原宿竹下通りには1万人が集まるだろう」などと、次第にAIが人間の行動を理解するようになります。

こうしてＡＩが人間を理解し始めると、人間側にも変化が生まれるでしょう。例えば今は、人間がＡＩに深いところから話しかけても、ＡＩはそれを浅く理解して返すから、なかなか気持ちのいいコミュニケーションにはなりません。人間同士なら、完全ではないにしろ深いところで話せる信頼感がある。そんな状況では、どれだけＡＩが賢くてもむなしくなるだけだから、相手がＡＩだと人は心を閉ざしてしまうのが現状です。

しかし、ＡＩ側の人間学習が進むと、ＡＩに対して人間が反応するようになる期待があります。この相互の関係性をうまくデザインしないと、スマートシティは常にＡＩが人間を観測しているだけの世界になってしまうから、注意が必要です。

このＡＩと人間の関係性を超越する興味深いアイデアもあります。最近、遠隔操作型ロボットの「ＯｒｉＨｉｍｅ（オリヒメ）」を開発・提供しているオリィ研究所が、身体障がいや育児、介護などで外出が困難な方に対して、ロボットを通じて遠隔でカフェの接客を行う実験を行っています。いわば人間憑依（ひょうい）型のロボットで、ロボットの頭脳をＡＩとして提供できなかったという意味で、大げさに言えばＡＩにとっては「敗北」なのですが、１つのアプローチとして注目しています。

残念ながら今のＡＩは、問題をかなり限定すれば人間を超越できるものの、接客など不確定要素が多い対人間のリアルな作業をこなせるほど賢くありません。街中のゴミ拾いさえ、おそらくＡＩ搭載ロボットには難しいでしょう。しかし、オリィ研究所のような発想なら、例えば人間憑依型のゴミ収集ロボットを使って、特定エリアを動き回りながらゴミの回収率を競うゲームをつくることも考えられます。

私自身、オンラインゲームのボスキャラを、ＡＩではなく実在の人間が時々憑依して、演じる仕組み

「LOVOT（ラボット）」は、人に寄りそい、癒やしを提供することで人のパフォーマンスや生活の質を向上させることがコンセプト（出典:GROOVE Xリリース）

ができないかと考えることがあります。参加プレーヤーが「今日のボスやたら賢いな」と感じていたら、「実は人間がやっているんです」という世界（笑）。結局のところ、オンラインゲームの楽しさは、実在の人（プレーヤー）が同じ空間に介在していることにあるので、それを拡張するイメージです。

同じようなことは**スマートシティやMaaSでも言えて、AI活用で機械に任せられるところはどんどん託すけど、そのぶん、どこかで人間的なもの、人のぬくもりを感じられる仕組みを実装できると、大きく前進できる気がします。**

ヒト型ロボットの「Pepper（ペッパー）」の開発に携わったGROOVE Xの林要氏も、ロボットは身体性がポイントで、リアルに触れ合えると人間側の満足度がすごく上がると言います。それが、同社が発表した新しいロボット「LOVOT（ラボット）」にも生かされているのですが、確かに高齢者の方がペッパーに話しかけたり、触ったりする光景はよく見ますよね。これまでの考え方では、モーターなどに巻き込んだら大変なので、できるだけロボットに人間を近づけたくなかった。しかし実際は、触れ合うという体験が人間にとってすごく衝撃的なことであると。

これは、自動運転車でも同じかもしれません。個人的な意見として昔から言っているのですが、クルマはもっと柔らかくなるべきです。それこそ、触るとポヨンというぐらい。つまり「グミカー」ですね（笑）。これなら人にぶつかっても最悪かすり傷で済むだろうし、クルマ同士でもポヨンで終わる。ある程度の接触を許容することで、人との心理的な距離感が近づくはずです。今のクルマがあんなに硬いのは、1個が硬いとそれに負けてしまうからみんなが競って硬くしてきた。逆に言うと、最初にグミカーをつくった人は確実に不利になるので、どこか特区をつくってぜひ実現してほしい。

さすがにグミカーはジョークだとしても、**スマートシティのような新しいまちづくりをする中で、99%は真面目につくりつつ、残り1%は楽しさ、面白さを盛り込む。これができるかどうかで、生活する人の満足度は結構変わってくるはずです。その〝味付け〟は、ゲーム産業のノウハウにかかっています。**

Twitterにしろ Facebookにしろ、やることがたくさんある現代人にとって、「どうでもいい」はずのゲームでも、産業としては1兆円規模の市場になっています。MaaSを軸とした都市のデジタルプラットフォームを形つくっていくのはBtoB、BtoGの領域ですが、最後にコンシューマーの満足度を上げるのはゲーム産業の役割だと思います。

（日経クロストレンド2019年4月10日掲載、一部改編）

11

シェアオフィス・働き方改革 × MaaS

連携のポイント

◉MaaSの有効活用で、仕事中の移動時間の削減、交通費の自動精算、リモートワークの活用を推進

◉地方にモビリティサービス導入で、地域住民の移動支援、「ワーケーション」客の取り込みが可能に

ICT（情報通信技術）の進展や、シェアリングサービスの拡大に伴って、働き方や暮らし方に変化が現れ始めている。既に、どこにいてもネット環境さえあればリモートワークができるし、シェアハウス、シェアオフィスの利用も当たり前の世の中になってきた。これまでは自宅と会社、あるいは自宅と学校など、2つの拠点に縛られた生活を多くの人がしていたため、公共交通においては、例えば鉄道やバスの定期券が重宝されてきた。しかし、これからの移動需要は固定化されたものではなくなり、仕事だけを見ても、ある日は会社に、ある日は避暑地で、ある日は自宅や近くのカフェでと、分散する可能性がある。

この新しい需要をいかに捉えるかが、Beyond MaaS領域のビジネスにおいてはチャンスになるだろう。それには、交通事業者とシェアオフィス事業者やオフィスビルを展開する不動産デベロッパー、さらには働き方改革を推進する企業などとの連携が欠かせない。

働き方改革×MaaSのユニークな取り組みを推進しているのは、日本マイクロソフトだ。MaaSによってビジネスパーソンの行動を最適化することで、仕事の生産性を向上させる狙いがある。具体的には、「①仕事へのフォーカス時間の創出」「②交通費精算の自動化」「③働く場所のレコメンド」という3つのポイントを挙げており、同社は専用のMaaSアプリをつくって、まずは自社の社員を対象に19年から実証実験を行っている。社員の生産性に及ぼす効果を検証し、他の企業にも横展開していく戦略だ。

マイクロソフトのMaaSアプリは、同社のクラウドプラットフォーム「Microsoft Azure（マイクロソフト アジュール）」がベース。「Office 365」のスケジュール管理システ

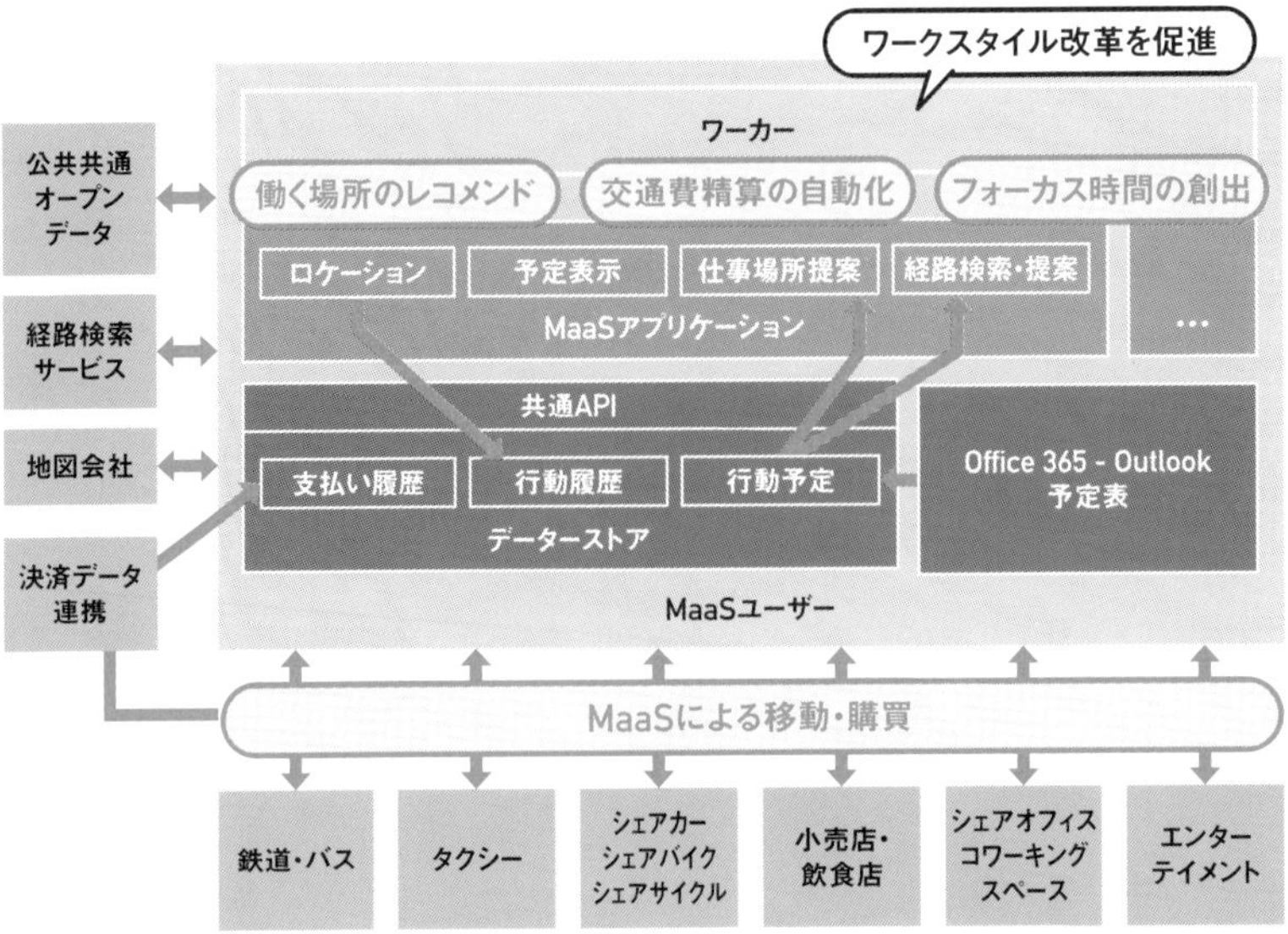

MaaSの利用で、仕事のパフォーマンスを上げることもできる（出典：日本マイクロソフト資料より作成）

ムとＭａａＳ側の経路検索情報を連動させることができ、登録した予定に応じて最適な移動手段を調べ、スケジュールに登録することが可能だ。予定にすき間時間がある場合は、ルート上のコワーキングスペースを検索・レコメンドすることもできる。例えば、ＪＲ東日本が展開する駅ナカのブース型シェアオフィス事業「ＳＴＡＴＩＯＮ　ＷＯＲＫ（ステーションワーク）」と、実験的に連携している。さらに、このアプリでは面倒な交通費精算も自動化されており、移動にまつわるムダな時間を減らして仕事に使える時間を増やせる。

また、一般企業が運用している社用車や社員向けシャトルバスなどの予約システムと連携し、移動中にも仕事時間を確保できるようにすることや、公共交通機関が混雑・運休している場合などに近くのコワーキングスペースなどを自動でレコメンドし、リモートワークに切り替え可能にするといったことも想定している。

利用するビジネスパーソンにとっては、朝夕の満員電車に揺られて無理して会社に通う必要がなくなるだろうし、移動時間を短縮することで仕事時間を多く確保できる。これは働き方改革を推進する企業にとっては大きなメリットであり、社員の生産性向上に資するという労務観点の費用が、連携するＭａａＳ側の収益の助けになる可能性がある。また、コワーキングスペースなどの周辺サービスにとっても効率的な誘客が可能になり、ＭａａＳやモビリティサービス側としては、これら周辺サービスへの送客手数料を得ることもできそうだ。

一方、北海道上士幌町では、経済産業省や国土交通省が推進する「スマートモビリティチャレンジ」の一環として、「生涯活躍のまち上士幌ＭａａＳプロジェクト」が19年10月からスタートした。この取り組みは、地域における高齢者の移動の足を確保するとともに、あらゆる世代が生活しやすく、働きやすく、観光しやすいように移動の利便性を向上させるプロジェクトだ。

その中でも、ユースケースとして想定されているのが、「ワーケーション」による中長期の滞在者向けのＭａａＳの在り方だ。ワーケーションとは、ＷＯＲＫとＶＡＣＡＴＩＯＮを組み合わせた造語。リモートワークを前提として、自然が豊かな上士幌町で働き、仕事終わりに地域の魅力を満喫するなど、仕事と休暇をうまく組み合わせたライフスタイルをＭａａＳで支援しようというわけだ。

その際、課題となるのが移動の足だ。地方はマイカーを前提とした街の構造になっていることが多いため、拠点間が非常に離れていて都心のように駅周辺などの中心部に必要機能が集約していないケースもある。そのため、自動車がないと非常に不便だ。だからといって、地方をワーケーションで訪れた人が、滞在期間中、長期でレンタカーを借りるとコストがかかりすぎるし、そもそも働いている時間帯は自動車がいらないからレンタカーはそぐわない。最近は運転免許を持たない人も増えているので、地方

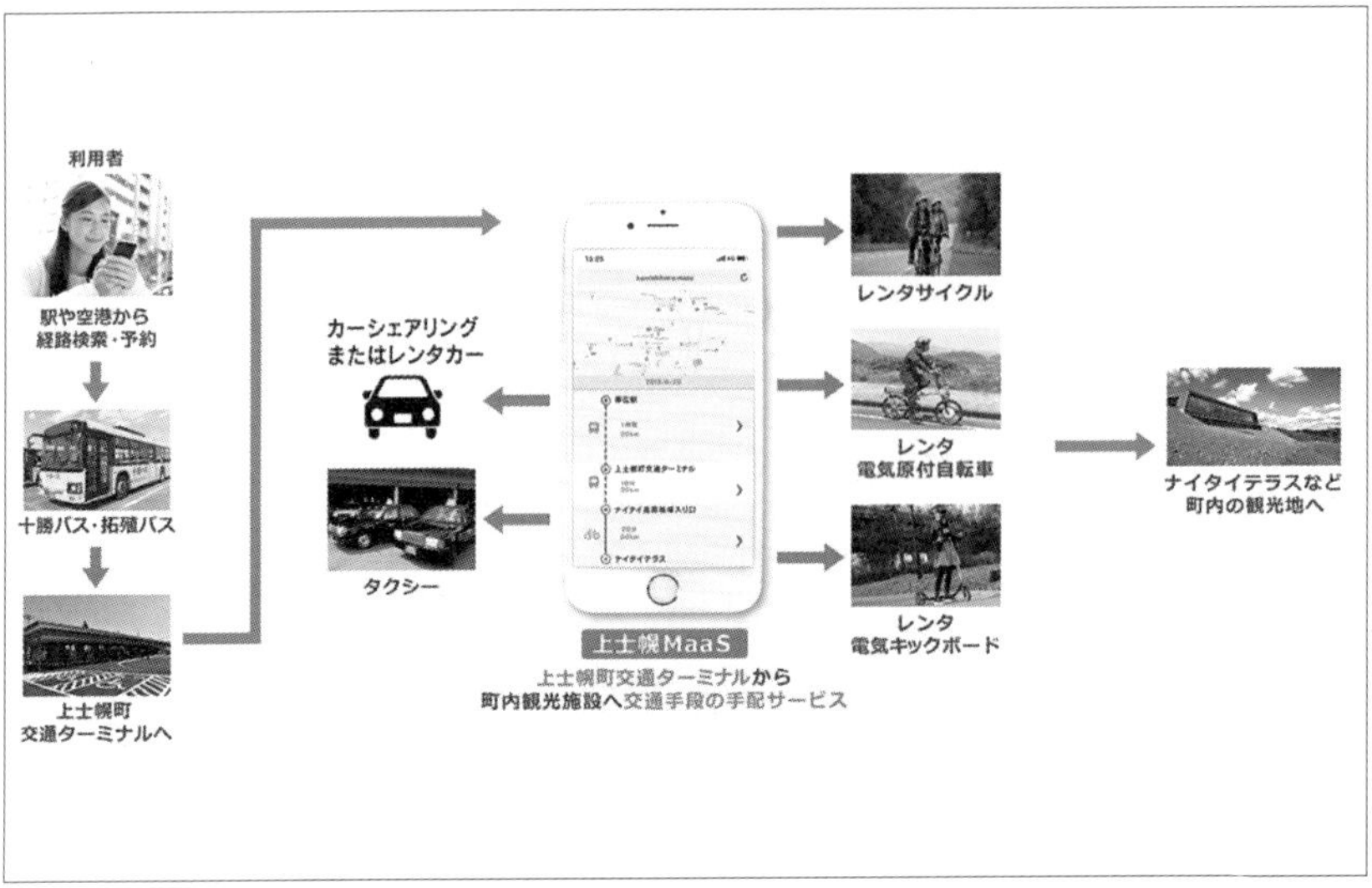

北海道上士幌町のMaaS実証実験（出典：上士幌町資料）

に気軽に行って長期滞在することは、現状では不便さが残ったままとなる。

そこで自家用車がなくても、マイカー並みの移動の自由を提供する手段、いわゆるＭａａＳが活躍する。ワーケーションで訪れた人が、使いたい時だけカーシェアや自転車シェアを利用したり、オンデマンド型乗り合いサービスを呼び出せたり、既存の公共交通をうまく使って見知らぬ土地の魅力を満喫できたりと、快適に働きながら暮らす環境を確保することが可能になる。

上士幌町の実証実験では、路線バスが乗り入れる町中心部の交通ターミナルにカーシェアや自転車シェア、電動キックボードシェアを用意し、それらの情報提供と予約が可能なＭａａＳアプリを構築。また、自動運転車がスーパーと住宅拠点を定期的に往復する中で、ＭａａＳアプリを通じて予約・乗車することや、アプリ内で欲しいものを注文するとスーパーのスタッフが自動運転車に載せ、ユーザーが移動しなくても拠点の近くで商品を受け取れるサービスを行った。

3日間の実証実験だったが、利用者からの反応は上々。ワーケーションのニーズをつかめれば、宿泊や小売り、観光施設などの地元の業者が潤い、住民にとっても便利な移動手段や配送サービスの恩恵を受けることになる。上士幌町は2020年以降、ワーケーションを行うビジネスパーソンを受け入れ可能なシェアオフィスや、他の観光・商業施設の予約連携などを進め、MaaSを活用した新しいまちづくりの検討を具体化していく計画だ。

以上のように、シェアオフィスの利用や企業の働き方改革などに対応した新サービスの実装は、既に日本でも進みつつある。ここに移動の自由度を高めるMaaSが加わることで、さらなる利便性、生産性の向上につながる。今後、人口減少が避けられない日本国内においては、働き方の柔軟性を担保しながら極力ムダな時間を省き、個々人の能力を最大限活用することが必要になる。また、子育て・共働き世帯や、「人生100年時代」に働く高齢者の移動を支援するMaaSなど、社会ニーズと連動する形でMaaSを組み合わせた新たな事業アイデアが生まれてくるだろう。このように移動目的である場所や、働くことの周辺にある産業は、MaaSの要素をうまく活用することで相乗効果を生むことができる。ユーザーにとって利便性の高いサービスの実現に向けて積極的な連携が期待される。

12

物流
×
MaaS

連携のポイント

◉「貨客混載」が自由化されれば、
人流、物流を合わせて輸送資源の利用効率を最大化

◉空陸一貫輸送、ECの物流プラットフォームの実現で
物流サービスの高度化、ビッグデータ活用も可能に

複数の交通手段をつなぎ、ドアツードアでシームレスに移動できるようにすることがMaaSの基本として目指すところだが、これは人の移動（旅客）だけではなく、物の移動（物流）にもいえることだ。物流は、海路、陸路（鉄道、トラック）、空路を主とするが、現状それらがシームレスにつなぎ合わされているわけではない。倉庫から倉庫までの経路の至るところにムダが発生している。港湾や空港の中継地点では待機時間が発生し、各社が個別に運用しているトラックも全体最適とはほど遠い状態だろう。現在、運送業界の平均空車回送率は30％ともいわれている。

運送業界は慢性的な人手不足状態で、いかに物流を自動化するかがカギといわれるが、いつ実現できるか分からない完全自動運転の登場を待つ前に、空車回送などのムダをなくすことでドライバー不足を解消できる部分もあるはずだ。全体での最適化ができれば、物流にかかる経費が減り、経済の生産性が高まるだけではなく、労働時間の削減、ムダな走行やアイドリングの減少によるCO_2排出量の低減も期待できる。そして、現状は過疎地に限定して認められている貨客混載が自由化されれば、MaaSと物流は融合し、より効率的な運送をすることが可能になるだろう。地域の輸送資源の利用効率を最大化することは、人手不足がますます深刻化する中、必須のテーマとなってゆく。

既に空いた倉庫や配送車両を荷主同士がシェアできるサービスは生まれている。例えば、荷主と空き倉庫とをマッチングする「アイロジ」（フジテックス）や「Souco（ソウコ）」（Souco）があり、荷主と空き車両のマッチングでは「docomap JAPAN（ドコマップジャパン）」（NTTドコモ）や「ハコベルカーゴ」（ラクスル）がある。これらシェア型のサービスによって倉庫や車両の空きが減り、全体の効率アップに期待できる。他にも、プロのドライバーだけではなく、学生や主婦なども動員して

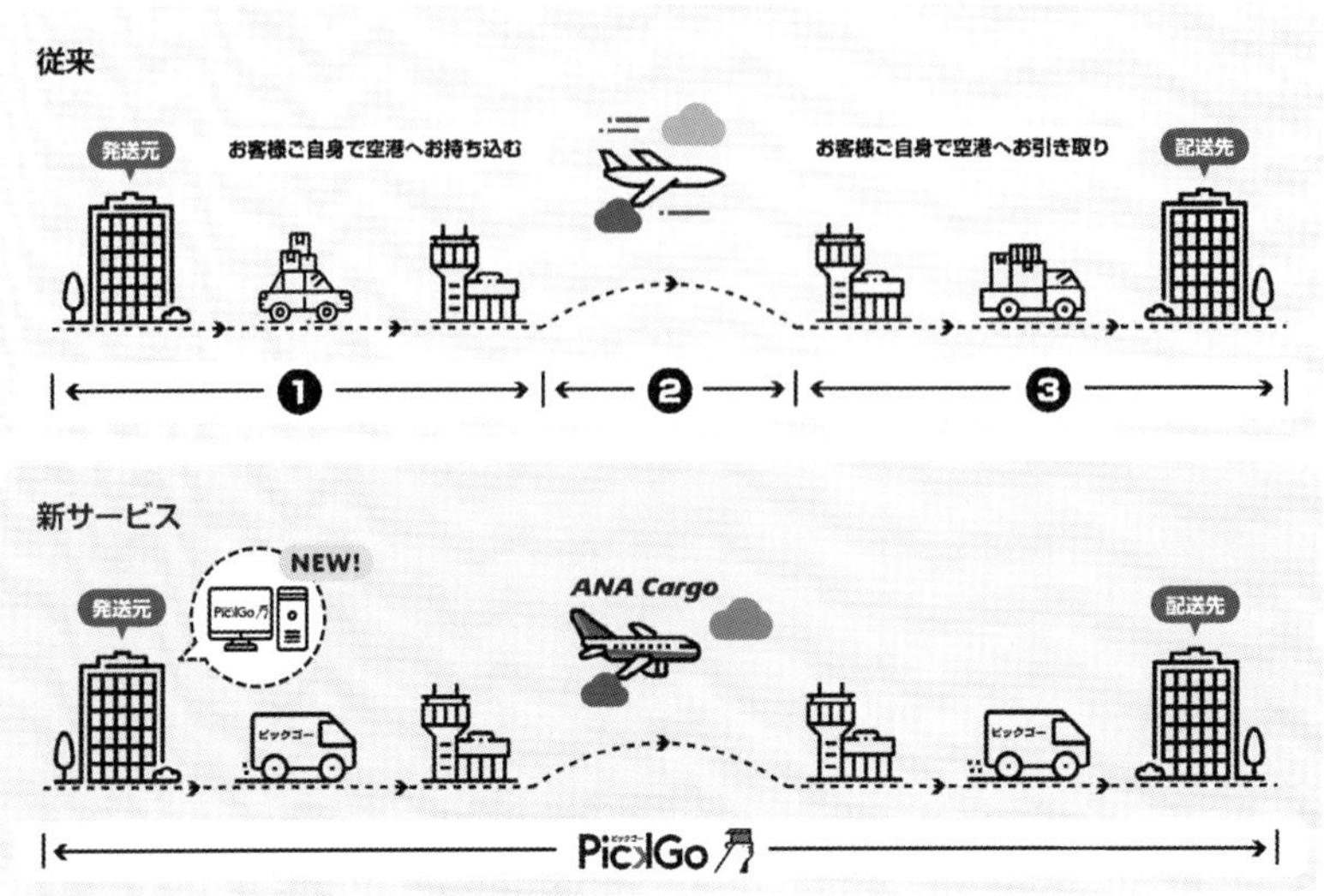

出典：ANA Cargoプレスリリース

配達をクラウドソーシングするアプリ「DIAq（ダイヤク）」（セルート）なども登場している。

これらのITを活用した新たなサービスが物流業界にも普及し始める中、19年9月には、ついに空路と陸路をシームレスにつなぐ「空陸一貫輸送サービス」が始まった。ANA CargoとCBcloud（シービークラウド）が提供するこのサービスを、両社は〝物流MaaS〟と呼んでいる。

この空陸一貫輸送サービスは、ANAの国内線ネットワークとシービークラウドの軽貨物マッチングプラットフォーム「PickGo（ピックゴー）」との連携で実現する、法人向けの輸送サービスだ。これにより、利用者（荷主）は発送元から輸送先までのドアツードアの輸送手段を空路と陸路の両方から検索し、距離、時間、金額の見積もりから、最適な輸送手段を選択できるようになった。

従来は、発送元から空港までの陸路、空路で利用する航空便、そして、輸送先の最寄り空港から輸送先までの陸路のそれぞれを、利用者自身が個別に予約する形だったので、利便性はかなり高まる。両社はこのサービスを、まずは国内主要7空港（新千歳・成田・羽田・中部・伊丹・関西・福岡）から始め、順次拡大していく計画だ。空陸一貫輸送サービスは、ピックゴーのプラットフォーム上で、空路を含めた経路の検索・予約・決済が一括でできるようになったが、空路はANA便しか選択できない。今後は他社便も含めて空路が比較検討できる、真にオープンなプラットフォームに進化していくのか、注目される。

物流分野で、物流MaaSと呼べるオープンなプラットフォームを構築しているのが、中国のEC最大手アリババグループだ。アリババは、グループ会社のCainiao（ツァイニャオ）において、「スマート・ロジスティクス・バックボーンネットワーク」を展開している。ツァイニャオは13年、アリババグループを筆頭に、中国で百貨店を展開する銀泰グループ、中国の主要な宅配会社などが共同で設立した会社で、スマートロジスティクスにおけるオープンなプラットフォームサービスを展開している。ツァイニャオ自体は物流会社ではないため、トラックもドライバーも抱えていない。宅配各社が参加できるオープンなプラットフォームの運営に徹している点が特徴だ。

そんなツァイニャオは、設立当初から、①eコマースの売り上げで1日平均300億元（約4700億円）の物流を支えるバックボーンネットワークを構築すること　②中国全土のユーザーがネットショッピングで買い物をしてから24時間以内に商品を届けること、の2つの目標を掲げている。

そのため、スマートロジスティクス・バックボーンネットワークは、EC店舗とユーザーにも開放されている。宅配各社とEC店舗は、プラットフォーム上に開放されているIoTやクラウドコンピューティングなどのリソースを使用することで、より高品質なサービスを自ら構築でき、ユーザーもそのメリットを享受できるというわけだ。

宅配各社のみならず、ユーザーやＥＣ店舗が利用するプラットフォームには、その利用履歴がビッグデータとして蓄積される。このビッグデータが価値の源泉となる。例えば、ツァイニャオは16年に金融サービスを始め、ＥＣ店舗などのパートナーに資金の貸付を行っている。ＥＣ店舗であれば、プラットフォームに蓄積される販売実績や在庫量のデータから支払い能力の算定などの信用調査ができる。これにより、市中の銀行から融資を受けることが難しい中小企業に対しても、最小の手間と時間で貸付が可能となる。例えば、1年で中国のＥＣ売り上げが最も上がる11月11日（独身の日）など、大型のショッピングイベントに際して、ＥＣ店舗が前もって資金を調達し、在庫を積み増すといったことがスムーズにできる。

その結果、ＥＣ各店舗は欠品による機会損失を防げるし、それはそのまま品ぞろえの豊かさにつながり、ＥＣユーザーにとって満足度向上の要因となる。もちろん、アリババが運営するＥＣサイト「タオバオ」全体の売り上げも上がる。こうしてツァイニャオが運営する物流プラットフォームは、アリババに関わるすべての人に価値をもたらすものとなるのだ。物流ＭａａＳの理想的な形をツァイニャオは現実にしつつある。

13

災害・防災 × MaaS

連携のポイント

◉リアルタイム運行情報、カーシェアの空車情報など、MaaSの実現で被災者の移動をサポート

◉キャンピングカー、フードトラック、EVなど、多様なモビリティの育成が災害時の有効な対策に

近年の気候変動により、国内でも大規模な台風、集中豪雨などが多発しており、甚大な被害を及ぼす地震の発生も頻発している。これらの災害発生によって道路交通や公共交通が機能せず、また、回復までかなりの時間を要する事象も数多く生じるようになった。

九州エリアでは、早くから鉄道や高速バス、船舶や航空などの運行状況を一元的に集約し、リアルタイムで提供する取り組みが進められている。127社が参加する「九州のりもの info．com」だ。日本には数多くの交通事業者が存在していることから一元的なモビリティサービスは難しいという声を聞くが、このような顧客目線に立ったマルチモーダルな移動支援のサービスが九州では存在しているのだ。以前はフェリー乗り場まで足を運ばないと運航の状況が分からなかったものの、今ではそのような心配は皆無。インターネットや携帯電話から常時、どこからでも確認できる。

現在は、運行会社や区間、運行状況などの文字情報が基本だが、これらをアップデートすることで、地図との連動、リアルタイムの運休情報を考慮した経路情報などの提供が可能だろう。また、現状は対象とする交通手段が公共交通に限定されているが、道路の通行止めの情報やカーシェアリングの利用可能情報などと統合されていくことで、多様な移動手段の選択を可能とする次世代のモビリティサービスに進化していくことが期待できる。まさに、日本版の「災害MaaS」の先駆けになるだろう。

また、災害発生により、例えば鉄道の復旧にかなりの時間が必要となった場合、代替の陸路による交通手段を準備し、これらの運行状況も合わせて情報提供することで、災害発生後の移動による障害を緩和できる可能性もある。18年7月の西日本豪雨では、呉と広島間の移動の足となっていたJR呉線が被災した。復旧までの期間、災害時BRTと銘打ったバス専用レーンによる路線バスが運行され、移動時間の大幅な短縮を実現、またリアルタイムな運行状況の提供も行われた。

自動車のコネクテッド化は今後飛躍的に進んでいくものの、路線バスや船舶などの公共交通のコネクテッド化には課題が多い。路線バスも自動車同様にコネクテッド化されていけば、災害時などの非常時においてこそ、大きな威力を発揮するだろう。自動車と公共交通および、それらを組み合わせた移動支援が可能になることで、災害発生後に、そもそも移動が可能かどうかの判断、移動経路の確保にも大きく貢献できるはずだ。

既にＩＴＳジャパンやトヨタ自動車などでは、災害発生後に通行可能な道路の情報提供が行われている。車両は今や移動体の観測装置としての機能を有しており、車両が移動したかどうかの情報から道路の通行可能性を判断し、通行実績情報として地図と連動して一般にも提供されている。それが、災害発生直後からの緊急車両や災害復旧の支援などに大きく貢献している。

現在の通行実績に関する情報は、残念ながら道路のみを対象としている。これが、九州のりものｉｎｆｏ．ｃｏｍのような公共交通の情報と統合した一元的な移動支援サービスとして進化していけば、〝災害大国〟の日本ならではのモビリティサービスとなり得る。日本同様に、災害の多い諸外国へのインフラ輸出のサービスとしても世界を先導できるビジネス領域だ。さらに今後、自動車自身が、移動可能な特性を生かした「可動産」として新しい価値を高めていく可能性がある。このいつでも動くことができる特性は、災害時に大きな威力を発揮するだろう。具体的に以下で見ていこう。

【災害×住居・食料】

近年、キャンピングカーを活用して日本縦断旅行をする趣味が流行している。キャンピングカーは移動するだけでなく、自動車の中で日常生活ができることから、生活機能が分断されたエリアの避難施設として供給するニーズがますます高まっていくだろう。また、被災地のボランティアスタッフなどの簡易的な滞在宿として、雨風をしのげる空間が提供できれば、被災地のみかけ上の宿泊可能数を特定期間、増加させられる。さらには、被災地の電気共有源としてキャンピングカーを利用することもできる。

例えばキャンパー鹿児島は、災害時などの電源供給を想定したリチウムイオン電池を搭載したキャンピングカーを開発しており、ワンボックスや軽自動車などをラインアップしている。また、キャンピングカーの全国レンタルを展開しているレヴォレーターは、寺院、食品会社と提携。災害時に寺院を拠点とした支援ができるよう災害協定を結んでいる。大規模災害時に石井食品の非常食やアレルギー対応食品を被災地近くにある真言宗豊山派の寺院（全国に約３０００寺）へ運び、全国に拠点を持つレヴォレーターが管理するキャンピングカーで支援活動を展開する計画だ。

また、フードトラックの配車プラットフォームを運営しているＭＥＬＬＯＷ（メロウ）は、19年秋の台風で生じた千葉県内の大規模停電時に、多くのフードトラックを現地に派遣し、被災者においしくて温かい食べ物を提供する地域貢献を行った。都心部を中心に普段から〝ランチ難民〟向けのソリューションとして多くの台数が稼働しているからこそ、柔軟に被災地への貢献ができるという好事例だ。

メロウと同様に、千葉県の大規模停電時には、自動車メーカーや周辺事業者が電気自動車（ＥＶ）や燃料電池車を電源車として被災地に派遣した。２０１１年の東日本大震災の時も行われたが、今後ＥＶ

や燃料電池車が広く普及した際には、普段は環境に優しいという機能価値を提供しながら、エネルギーの貯蔵・運搬を担う災害ソリューションとして活躍することを実証した形だ。

【災害×医療】

モネ・テクノロジーズが運営する企業連合「MONETコンソーシアム」に参加する医療機器メーカー、フィリップス・ジャパンは、オンライン診療が可能なヘルスケアモビリティの実証実験を始める計画を19年12月に発表した。病院から遠く離れた地域に住む人や移動困難な高齢者に対して、ヘルスケアモビリティが近くに向かうことで医療と移動の問題を解決するサービスだ。この取り組みが発展していけば、災害発生時には既存の救急施設を補完する形で、医療や介護などが可能なモビリティサービスが現地に迅速に駆けつけることで、被災者のケアを手厚くすることが可能になるだろう。

また、熊本赤十字病院では、交通・宿泊サービスを用いた避難支援・救援技術の特許を取得し、具体的な取り組みを進めている。契機となったのは、13年のフィリピンにおける台風30号（Haiyan）災害で、熊本から救援要員および野外病院資機材を被災地に派遣、展開したことだ。この救援活動の経験を踏まえ、翌年の14年8月には、台風などの災害が予想される際、避難者や救援要員の移動手段、宿泊施設を迅速に確保するための避難支援技術を開発している。

この技術は、大型台風の接近などの災害発生が予想される地域で、風雨が強くなる前から事前に登録された住民が、利用可能な交通手段やホテルなどの宿泊施設を検索・予約できるもの。その費用については、公的な経費や事前に契約した保険で充当することを想定している点が特徴的だ。また、応用例として、被災者だけではなく、救援要員の被災地での交通手段・宿泊先の確保や、ペット、古文書、美術品などの避難も対応可能となるよう、今後改良を重ねていく予定だ。

以上のように多様な用途を持ったモビリティサービスを普段から運用することで、災害が生じた際には、不足する供給量を集中投入することが可能となる。様々なジャンルと融合した新しいモビリティサービスを育てることが、災害時の支援機能の充実につながるといえるだろう。

アグリテック×MaaS

街の空き駐車場に植物工場が大増殖? 究極の地産地消が生まれる未来

プランテックス 社長

山田 耕資

2007年に東京大学大学院卒業後、ものづくりの生産工程改革を推進するインクスに勤務。同社の民事再生申請後の2010年以降、日米計6社のベンチャーの創業に参加。13年末に人工光型植物工場と出合い、プランテックスの創業を決意し、14年6月に設立

独自の管理システムと閉鎖式の栽培装置を組み合わせ、生産性を格段に高めた新方式の植物工場の開発を進めるアグリテック企業、プランテックス。「食の未来」を担う同社と、MaaSのコンセプトはどのように重なり合うのか。山田耕資社長が、MaaSが実現した世界との接点を語る。

食と農業の「2050年問題」をご存じでしょうか。

世界の人口は2050年に約100億人（現在は約76億人）に達し、激増する食糧需要に対応するには今より70％もの増産が必要になるといわれています。しかし、農薬の影響などにより世界の耕作地の40％以上が劣化し、農業人口も減少の一途。世界銀行の資料によると、14年に初めて都市人口が農村人口を抜いており、2050年に向けてその差は開く一方という予測があります。他にも、植物の成長に必要な水資源の枯渇、世界各地で起こっている異常気象の影響……。アゲンストの風ばかりで、従来の方法だけでは爆発的な食糧需要増に応えることは到底できません。

これは日本にとって「対岸の火事」ではありません。世界が〝爆食化〟する中で、食料の輸入コストは上がっていくでしょう。その時、人口減少社会に突入している日本で、一体誰が食糧生産を担うのか。農林水産省によると、既に国内の農業人口は2000年で240万人だったのが、13年時点では174万人に激減しています。しかも、その平均年齢は66・5歳。40歳以下の農業従事者は10％しかいません。やはり、持続可能で効率的な新しい農業システムが必要とされる時代が来ているのです。

こうした危機意識、時代背景から、我々プランテックスは新方式の植物工場を開発し、それを普及させていくことで、世界の食と農業の常識に変革を起こすことを目指しています。

植物工場といえば、09年頃にLEDを使った人工光型植物工場が「未来の農業」と脚光を浴び、多くの企業が参入しました。限られた水資源を効率的に使い、農薬フリーで環境負荷が低い上、安全安心の新鮮野菜が育てられる――。こうしたメリットがある一方で、その実態は「事業者の約6割が赤字」(日本施設園芸協会調べ)というもの。温度や湿度、光の量など、植物の成長に必要な要素を大きな工場全体で一括管理しているため、野菜の生育にバラつきが多く、思うように収穫量が上がらない。時期によって生産量に1・5倍もの差が出てしまうといった問題が、植物工場ビジネスを難しくしています。

我々の開発している植物工場はどうか。結論から言うと、既存の植物工場に比べて、例えばレタスの場合では栽培面積当たりの収穫量を2倍以上に高めることに成功しています。独自開発の植物成長管理システムは継続的に改善しており、近く3倍、4倍の収穫量も達成できるでしょう。

その秘密は、ハードとソフトの両面にあります。標準サイズは電車の1両分ほどの大きさで、多段式の野菜棚そのものに断熱材の外壁を設置し、内部を密閉空間化しています。それぞれの段ごとにLEDや養液の循環装置、空調、加湿器などを制御し、センサーで均一な環境を管理しているので、野菜の生育にバラつきがほとんどありません。また、植物の成長工程を詳細に分析することで、生産性アップのための最適な環境制御システムも開発しており、これらの総力で2倍以上の収量を実現しているのです。

では、どんなところに我々の植物工場のニーズがあるのか。当初は、これまでのように地方や都市郊外で植物工場を展開する大規模生産者(企業)向けの需要が大きいと思いますが、いずれ植物工場は都市機能と一体化していくと見ています。ここが、MaaSとの接点になります。

今後、日本でもカーシェアやライドシェアの普及が進んで、公共交通を交えたシームレスな移動が可

プランテックスの植物工場のプロトタイプ

各種センサーで内部の環境を把握し、最適な制御を行う

能になってくると、マイカー用に設置された大量の駐車場が空きスペースに変わるといわれています。東京ですら空き家が問題化し、古いビルをマンションに建て替えても需要が見込めないといった事例も多くなるはずです。そうした**空きスペースの有効活用、新たに直面するまちづくりの一手として、植物工場が選ばれる時代が来るでしょう。例えば、スーパーやショッピングセンター、百貨店の駐車場が植物工場に置き換わる。あるいは老朽ビルや工場跡地で植物工場を活用する。**プランテックスの植物工場は、既存のビル内駐車場にぴったり納まるサイズにしていくことも可能です。

　こうして都市に植物工場が入り込む利点は、「フード・マイレージ（食料の輸送距離）」の短縮によってCO_2排出量や物流コストの削減が見込めること。生産拠点の分散化によって、安定供給も可能になります。そして何より、極めて鮮度が高く安全な野菜を都市生活者がタイムリーに食べられるようになる。これまで都市はCO_2や生ゴミ、排熱、下水といった劣化資源を一方的に排出する存在でしたが、ここに植物工場を加えることで「都市内リサイクル構造」をつくることができるのです。

　植物工場は、野菜を露地生産するよりも面積当たりの生産性が１００倍以上あります。例えば我々の試算では、人口約23万人の広島県呉市で消費されるレタスは、テニスコート3面程度の１２００㎡の植物工場があれば全量を供給可能です。しかも、管理作業は複雑ではなく、計画的に数時間のシフトを組めるので、家事の隙間時間を生かしたい主婦や高齢者の方々の雇用にもつながる。今後、いや応なしに人口が集中していく都市部、少なくともその周辺に植物工場がうまく配置されていけば、これまでの広大な耕作地を森林に返していくこともできます。

　我々も今研究中ですが、植物工場では将来、レタスなどのメジャーな葉物野菜だけではなく、特定の健康成分を強化した野菜やイチゴなどの果物、入手しにくいイタリア野菜などのこだわり品種、さらには薬草、化粧品原料など、付加価値の高い商品の安定生産が可能になるでしょう。特にプランテックスの植物工場は、棚ごとに環境制御できるので、多品種の生産に対応できます。

こうして植物工場が進化すると、見えてくるのは「農業のパーソナライズ化」の未来です。大量生産・大量消費されるメジャー野菜は郊外の大規模植物工場で生産し、より個々人の嗜好や健康ニーズに沿った付加価値野菜は、消費者に近接した都市型の植物工場で生産するという形に二極化していくでしょう。

MaaSとの融合を考えれば、都市部では自宅近くの植物工場から自分好みの採れたて野菜が注文から5分で届く、あるいはユーザーの健康データとリンクして、その日に必要な栄養素を備えた野菜を複数の都市型植物工場からピックアップし、「健康野菜キット」として届けてくれるようなプレミアムサービスも生まれるかもしれません。毎日乗る自動運転バスで受け取れたり、いつものスーパーで〝本物〟の採れたて野菜が手に入るなら、移動需要そのものをつくり出す武器にもなるはずです。

また、植物工場を太陽光パネルや風力発電といった再生可能エネルギーで運用することができれば、あらゆる移動手段を乗り放題にした定額のMaaSパッケージに健康野菜の定期サービスを組み込むなど、より柔軟なビジネスモデルも想像できます。

MaaSの実現に当たって植物工場をうまく新たなまちづくりに組み込んでいければ、都市ごと、より小さなコミュニティーごとに食料自給率を上げていくことができる。こうした「自給自足」の観点も、MaaSの普及に合わせて生まれ変わる新たな都市には必要ではないでしょうか。

（日経クロストレンド2018年9月7日掲載、一部改編）

Chapter

8

MaaSが切り拓く 2030年のスマートシティ

この章で分かること

◉グーグルが明かしたMaaS構想と未来のまちづくり

◉米シアトルで進むモビリティ革命と街のリ・デザイン

◉スマートシティ実現に向けた3つのキーワード

1 都市を再定義する巨大プラットフォーマー・グーグル

米アルファベット（グーグルの親会社）傘下のサイドウォークラボが、カナダ・トロントで進めるスマートシティ計画のマスタープランを2019年6月24日に初公開した。その中核を成すのが、ＭａａＳによる交通変革だ。マスタープランの正式名称は、「Master Innovation and Development Plan（ＭＩＤＰ）」。実に計1500ページを超える膨大な資料で、サイドウォークラボが17年10月にウォーターフロント地区の再開発プロジェクトを落札してから、その具体像を初めて明らかにしたものだ。

ＭＩＤＰには、革新的なテクノロジーを取り入れた都市イノベーションにより、2040年までに直接雇用で4万4000人以上、トータルで9万3000人の雇用を新たに創出、ＧＤＰ（国内総生産）で年間142億カナダドル（約1兆2000億円）、税収増は43億カナダドル（約3625億円）、89％の温室ガス削減など、新しいまちづくりがもたらす様々なプラス効果がうたわれている。

これまで、監視カメラやセンサーを街のあらゆるところに配置する〝データ都市構想〟に対しては、猛反発する住民の声も報道されてきた。しかし、今回発表されたマスタープランでは、収集するデータや技術はあくまでも人々のＱＯＬ（生活の質）を向上するための手段と捉え、技術革命によって達成される新しいライフスタイル像や地域、住民にもたらされる効果が強調されている点が特徴的だ。

それでは、グーグルが描いた近未来都市とはどのようなものか。MIDPの中核となる「Mobility（モビリティ）」分野のポイントを読み解くと、そこには自動運転社会が到来し、MaaSが普及したその先にある未来の社会、未来の街のヒントが詰まっていた。

ビジョンは、「マイカー保有からの解放」

マスタープランでは、あらゆる移動に対して安全で便利、コネクテッドされた手ごろなオプションを提供し、マイカー保有の必要性を低下させる交通システムの実現をビジョンとして掲げている。そのために提示されたのが、下記の6つの目標だ。

①　新しい事業手法により、公共交通（ライトレール：次世代路面電車）の延伸を加速させること
②　ダウンタウンよりも徒歩や自転車にやさしいエリアとすること
③　マイカーに代わる新しいモビリティサービスを提供し、自動車を保有しなくても生活できるようにすること
④　地下空間を活用した配送ネットワークにより、物流の効率化を図ること
⑤　人やモノの流れをモニタリングし、MaaSを通して交通を最適化すること
⑥　人間優先の街路デザインを実現すること

運河の両側に開発地区が広がり、歩行者や自転車も行き交う歩道橋がかけられる
（出典：Picture Plane for Heatherwick Studio for Sidewalk Labs）

サイドウォークラボがスマートシティの開発を計画するカナダ・トロントのウォーターフロント地区の未来イメージ（出典：Picture Plane for Heatherwick Studio for Sidewalk Labs）

人間中心の都市像、ライフスタイルが描かれている
（出典：Picture Plane for Heatherwick Studio for Sidewalk Labs）

交通手段の分担率（%）

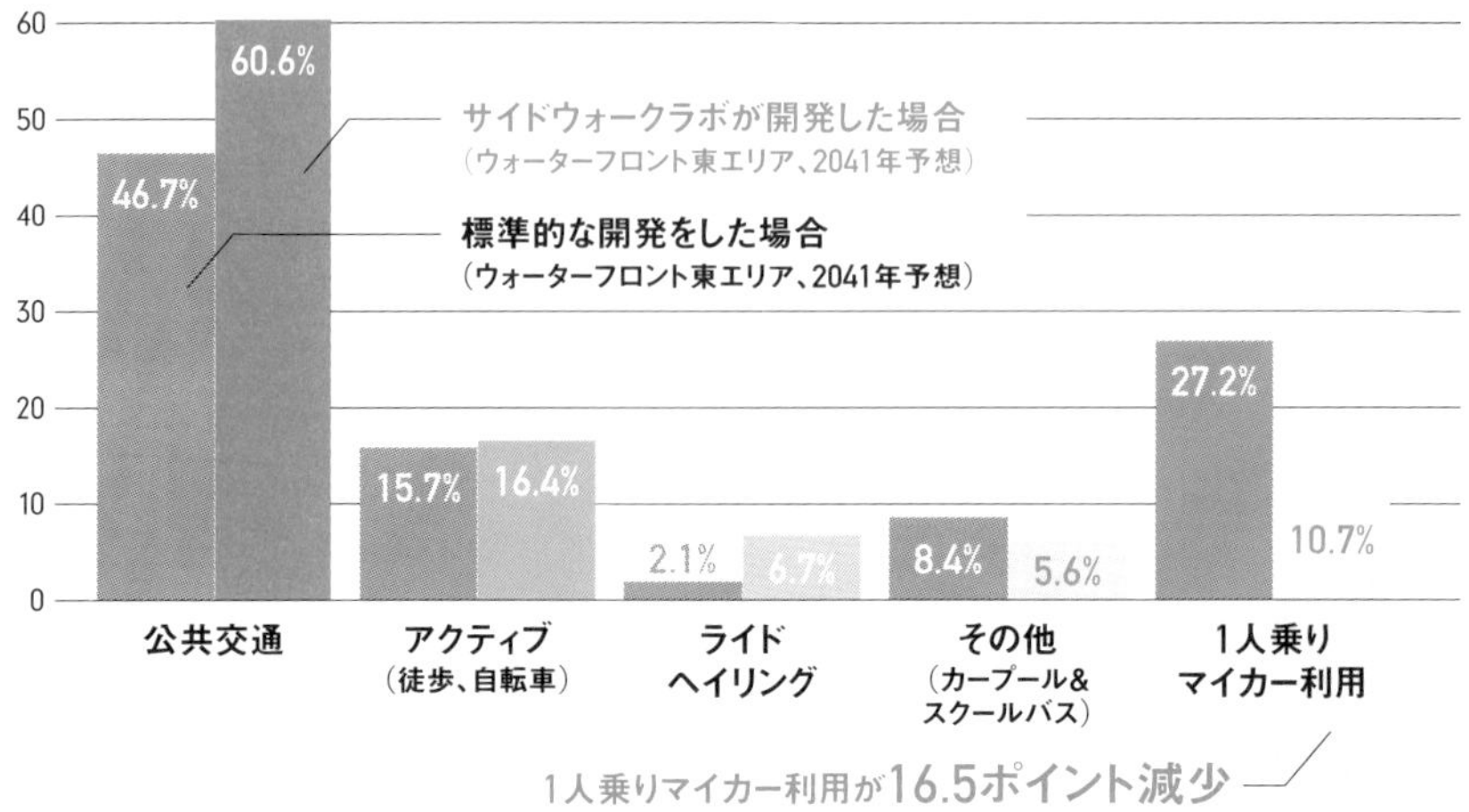

グーグルが描く将来の交通利用像（出典:Sidewalk Labs「Master Innovation and Development Plan」より作成。訳語は筆者らによる）

この他、シェアリングサービスや物流分野の自動運転が普及することで、従来必要とされていた駐車空間を歩行者や自転車、公共交通機関、送迎サービスのための新たな空間として活用できるというメリットにも触れられている。この6つの主要目標からも明らかな通り、最新の技術をベースとし、人流から物流、ハードからソフト、計画から運営までを包含した全く新しい次世代のマスタープランといえる。

これら6つの目標の実現により、2041年にはウォーターフロントのIDEA地区全体で1人乗りのマイカー利用は27・2%から10・7%と16・5ポイントも減少し、しかも、将来のマイカー利用の多くは来訪者を想定している点が興味深い（上図）。また、地下配送システムにより、IDEA地区内の物流車両が72%減少するとされている。

ちなみに、マスタープランのIDEA地区とは、Innovative Design and Economic Acceleration（IDEA）District の略称であり、フェーズ1

のQuayside地区、フェーズ2のVillers West地区だけではなく、ウォーターフロント開発地区全体（面積77エーカー、約31万㎡）を指して用いられている。

グーグルが初めて示したMaaS構想

マスタープランで最も注目すべきは、グーグルが初めてMaaSの具体的サービス像を世界に示したことだ。それは地域住民や従業員を対象にした月270カナダドル（約2万2800円）の定額パッケージで、トロントの公共交通、自転車シェアリング、電動スクーター、配車サービスなどを乗り放題にするというものである。

このプランをベースにサイドウォークラボは、マイカー1台を2人で保有し続けた場合と、マイカーを保有せずにMaaSを利用した場合の年間コストを試算しており、MaaSに移行すると年間約4000カナダドル（約33万7200円）のコストが削減できるとしている。

また、日常的な生活は徒歩15分圏内で成り立つようなコンセプトとなっており、徒歩や自転車を優先したまちづくりを目指し、地区内には自転車シェアリングのデポが最初から設計されている。自動車での移動が必要な場合には、カーシェアリングや配車サービスを利用でき、地区内の駐車スペースを極力減らす工夫がされている。加えて、自動運転による配車サービスが導入され、相乗りを促していくような料金設定により、さらに安価な移動が実現していくとマスタープランでは説明されている。

1台のクルマを所有する2人世帯の年間コスト

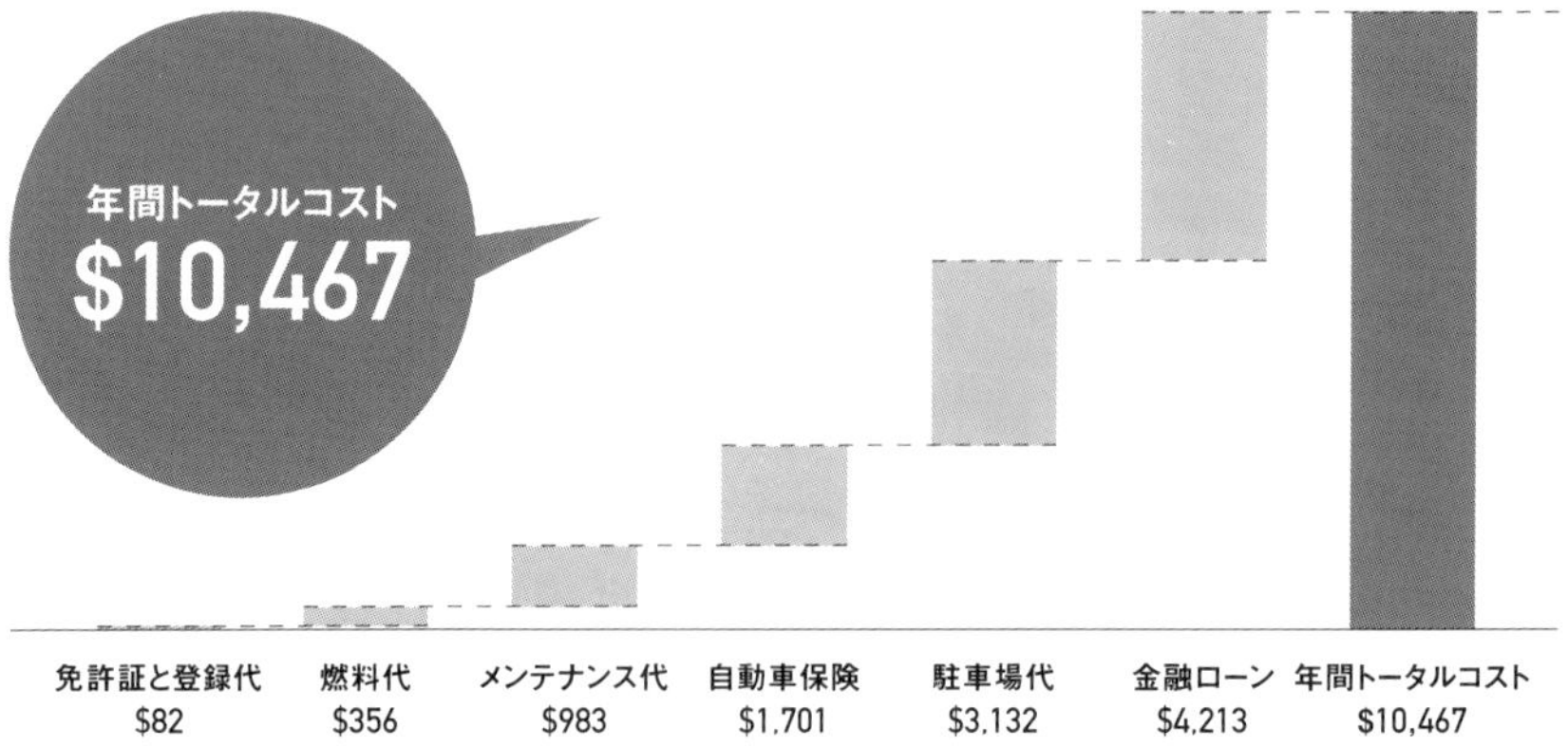

1人乗りのマイカー利用は16.5ポイントも減少する見込みという（出典:Sidewalk Labs「Master Innovation and Development Plan」より作成。訳語は筆者らによる）

クルマを所有せず、
統合モビリティパッケージを利用する2人世帯の年間コスト

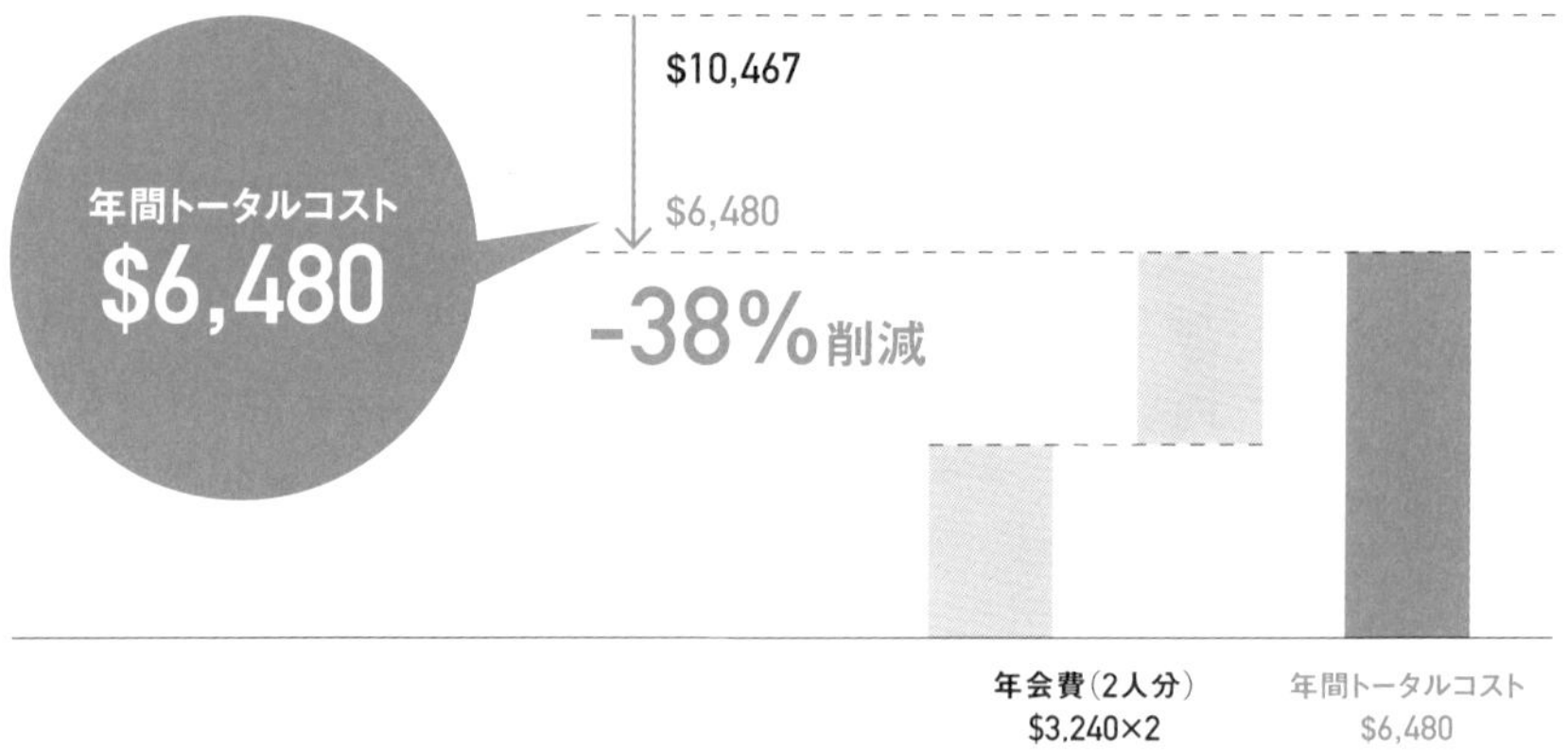

MaaSへの移行により、年間4000カナダドルのコストが削減されると試算。上表がマイカー保有した場合の年間コスト、下表がMaaSの場合の年間コスト（出典：Sidewalk Labs「Master Innovation and Development Plan」より作成。訳語は筆者らによる）

自動運転時代の街路デザインとは？

もう1つ、マスタープランで注目すべき点は、将来の自動運転社会を想定しつつ、様々な新モビリティと共生していく人間中心の街路デザインが提案されている点だ。しかも、画一的なものではなく、以下の4タイプの街路空間と空間の活用方法が提案されている。

①大通り（Boulevard）
②公共交通優先の街路（Transitway）
③自転車優先の街路（Accessway）
④歩行者優先の街路（Laneway）

交差点では歩行者や自転車を優先する信号制御とし、車道と歩道は段差がないユニバーサルなデザインとなっている。トロントの気候条件を踏まえ、歩道や自転車道の舗装下には温水が循環して冬期の凍結を予防する仕組みが提案されており、気象予報と連動して積雪の2～3時間前から温水の循環が稼働するという。

また、縁石のないフラットな路面に六角形のモジュール型舗装が提案されている点も興味深い。車線という概念をなくした六角形のモジュールにはライトが埋め込まれており、時間帯によって点灯させることで路肩や車線のダイナミックな運用を可能とする。例えば、日中は自動運転車両や配車サービスの乗降スペースとして、夕方以降などは売店が並ぶオープンスペースとして路肩を利用するなど、ストリ

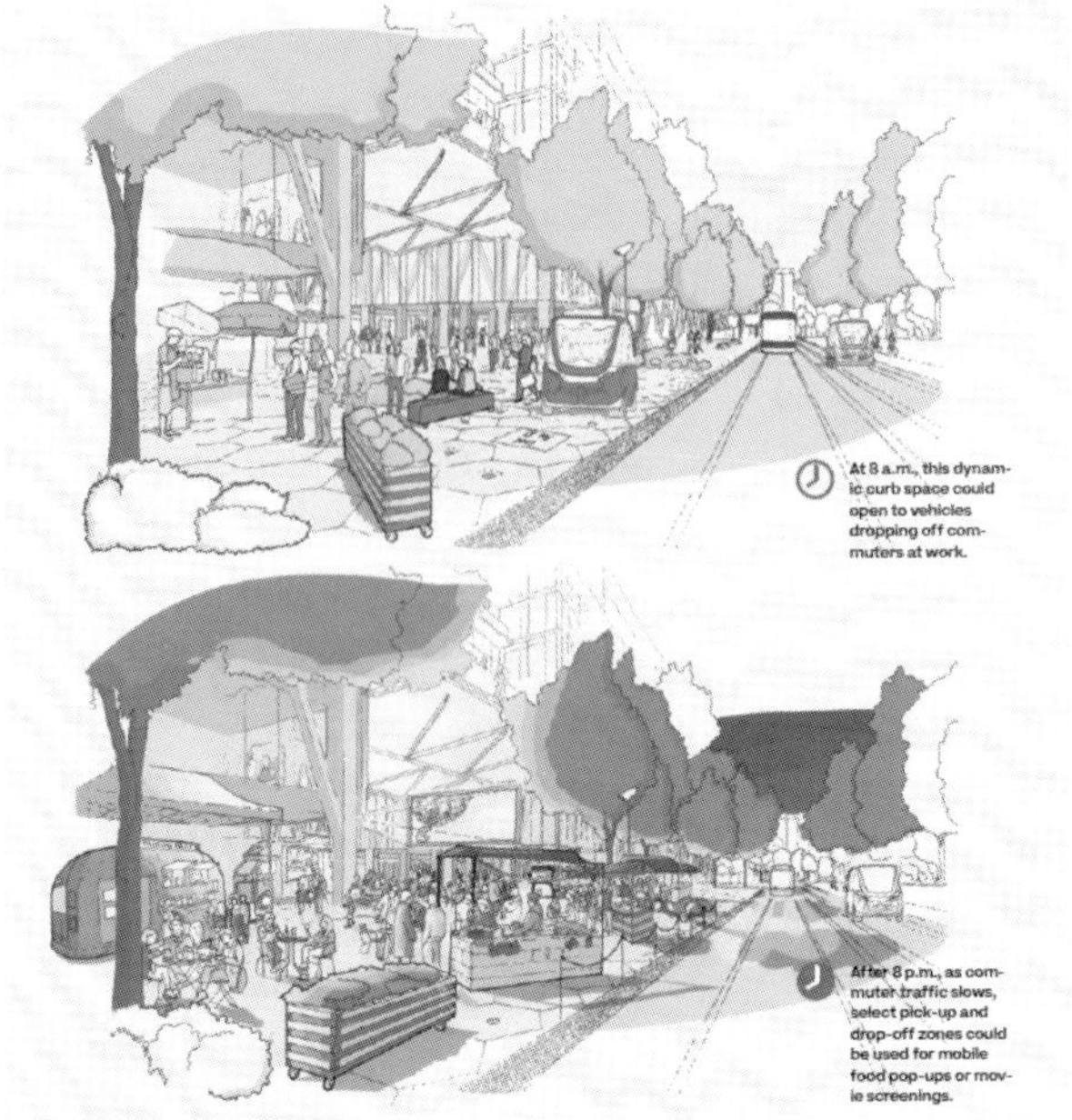

ダイナミックな路肩の運用を計画している（出典:Sidewalk Labs「Master Innovation and Development Plan」）

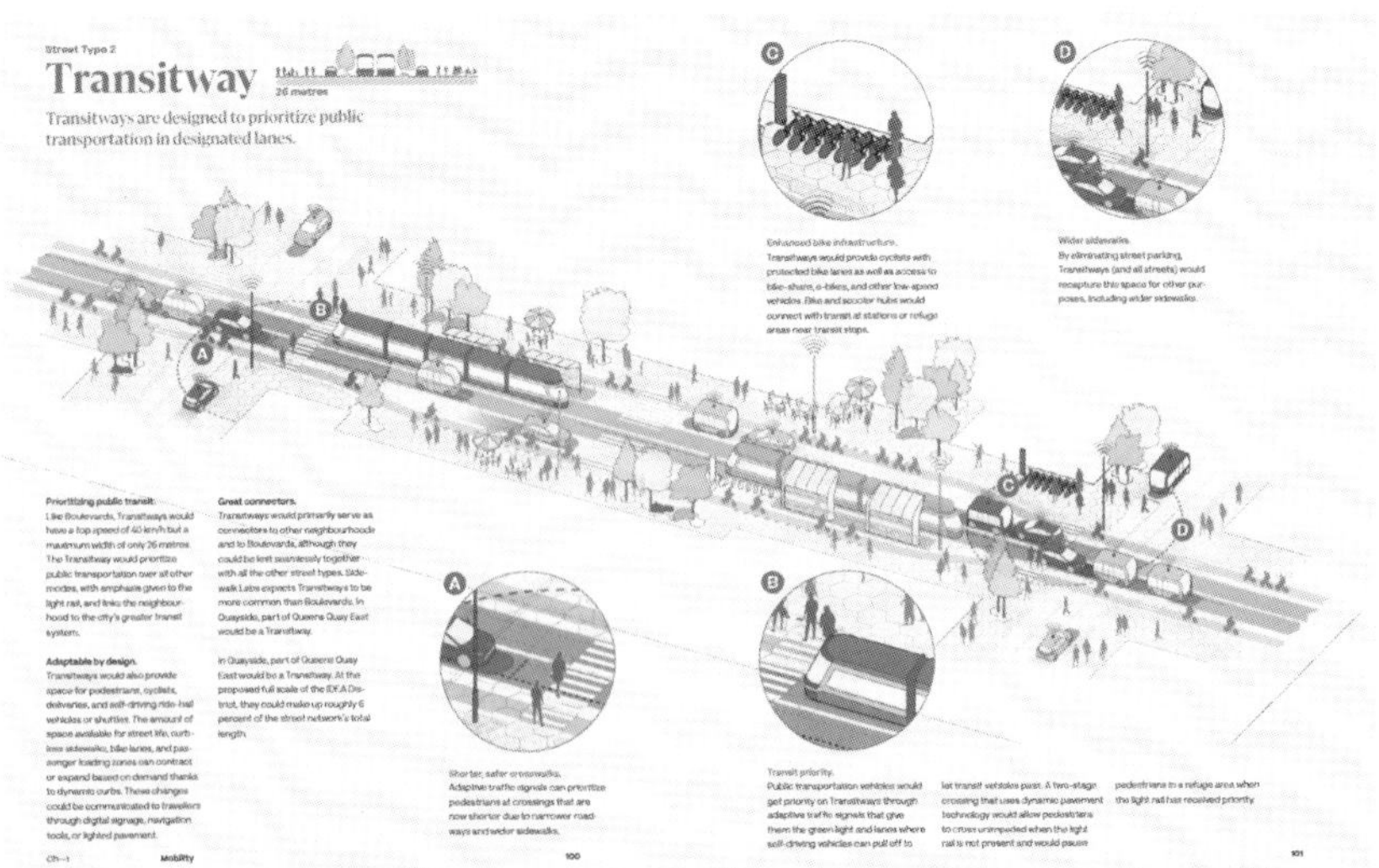

公共交通優先の街路プラン（出典:Sidewalk Labs「Master Innovation and Development Plan」）

ートデザインとプレイスメーキングが一体となった柔軟な街路空間の活用が提案されている。

マスタープランで想定されている4タイプの街路のうち、公共交通優先の街路はライトレール（次世代路面電車）、歩行者、自転車、自動運転による配車サービスが走行する空間と定義されている。最高速度は時速40㎞、最大幅員26ｍとして計画されており、最初の開発地区であるＱｕａｙＳｉｄｅ地区では1街路がこの方式を採用する。

興味深いのは、自動運転車両とライトレールの走行空間を共有のものとし、自転車の走行空間は車道とは分離した専用空間としている点。従来のライトレールなどの公共交通と、自動運転車両が一体で運行管理されるイメージだ。車両の安全確保と、人と車両との安全の両方を担保する計画となっている。

また、歩行者優先街路では、歩行者中心の街路空間にオープンカフェなどの滞留スペースを確保。杭（ライジングボラード）で自動運転車両の入退出を管理した幅員11ｍのエリアで、最高時速８㎞で運用する計画だ。ＱｕａｙＳｉｄｅ地区では、地区内の中心軸をなす1街路が、この方式を採用するという。


ここまで1500ページを超えるマスタープランのうち、モビリティに関わる部分を解説してきた。人や車両のセンシング技術、環境センサー、路面舗装技術、自動運転技術、ＭａａＳなどの新しいテクノロジーの多くは、人間中心のまちづくりを実現するために利用することが提案されており、地区ごとのマスタープランの中では、より具体的かつ詳細に描かれている。開発地区全体を歩行者ファーストとし、安全安心な空間を目指していくビジョンだ。

マスタープランの策定過程では、サイドウォークラボが市民参加型のプロセスを導入している点も見逃せない。同社は、17年11月に市庁舎で最初のキックオフ会合を開始して以来、これまで数多くの円卓

サイドウォークラボは、木造模型やパネル展示など、様々な工夫が凝らされたオープンハウスも公開している（出典：Sidewalk Labs公式Twitterより）

会議、市民説明会、ワークショップ、オープンハウスによる情報提供を重ねてきた。そして利害関係者や市民から様々な意見を聴取し、計画に反映してきている。でき上がった計画に対して、形式的なパブリックコメントを集めるだけの予定調和の姿勢とは大きく異なる。

今後は、このマスタープランに対する投票が、ウォーターフロント地区の再開発を監督する組織Ｗａｔｅｒｆｒｏｎｔ　Ｔｏｒｏｎｔｏ、およびトロント市議会において、２０２０年初めまでに行われる予定だ。自動運転社会を想定した世界初の本格的なスマートシティの命運は、トロント市民が握っているといっても過言ではない（なお、19年11月に上記のＷａｔｅｒｆｒｏｎｔ　Ｔｏｒｏｎｔｏがサイドウォークラボと契約を締結し、プロジェクトが前進することとなった）。

Column

フィンランド発 農村部の〝スマートシティ〟

国内の多くの自治体にとって、スマートシティは、「シティ」の名がつくことからも分かる通り、先端的な都市のものというイメージが強いようだ。

2011年の東日本大震災を機に、被災地の市町村をスマートシティとして復興しようという機運が生まれ、福島県会津若松市（人口12万人余り）など、いくつかの地方都市でスマートシティ化の取り組みも始まったが、それはやはり例外的な存在で、多くの自治体、特に小規模な町村にとっては、スマートシティは依然としてどこか遠い都市での出来事のままである。

19年6月に閣議決定された「統合イノベーション戦略2019」に基づいて設立された「スマートシティ官民連携プラットフォーム」には、20年1月時点で469団体が参加している。だが、そのうち自治体は113団体。北は北海道から南は沖縄まで、全国から集まってはいるものの、その内訳を見ると、都道府県が17、市区が78、町が16、村が2である。町村、とりわけ村にとっては、スマートシティは白分事となりにくいテーマであるという「現実」がある。

一方、欧州連合（EU）では「スマートビレッジ」が地方振興策の統一テーマに掲げられ、欧州委員会の地域振興のための組織、European Network for Rural Development（ENRD）がその普及啓発を担っている。EU加盟各国における実際の政策への落とし込みは、国別に設置された下部組織であるRural Networkを通じて推進される仕組みになっているようだ。

ENRDは、「Smart Village Portal（スマートビレッジポータル）」という名のWebサイトを開設して普及啓発や政策連携のための情報発信を行っている。ここで発信されている内

Column

フィンランドでは「スマートビレッジ」の開発が進む（出典:Finnish Rural Network資料）

容を見ると、地方の村が過疎化・高齢化に悩むのは欧州も一緒だということが分かる。そして、衰退しつつある村々をイノベーティブな手法を使って、持続可能で生き生きとしたコミュニティーとして再生させるための取り組みがスマートビレッジと位置づけられている。

イノベーティブな手法としてイメージされているのは、デジタル技術の活用だ。医療、教育、交通、エネルギー、文化などの領域でデジタル技術を活用し、地域生活の持続可能性とQOL（生活の質）を高めることが志向されている。

スマートビレッジを推進するための各国の取り組みの中でも、ユニークなのはフィンランドだ。同国では、18年から「Smartest Villages Competition」という名のプロジェクトが始まっている。これは、ENRDの国別下部組織に当たるFinnish Rural Networkが、EUの地域開発や構造改革のための基金を原資に、フィンランドの交通通信省や地域政策委員会などと共同して実施しているものだ。

このコンペに応募した33の村々（人口は100～

2500人規模と様々）は、1年半の期間中、インターネットとリアルの双方を通じてガイダンスを受け、アイデアを授けられ、他の自治体と交流して互いに経験やアイデアをシェアできるようになっている。これらを続ける中で、地域の課題をイノベーティブに解決する方法を編み出すことが、参加した村々には求められている。そして、その中から、最も優れたソリューションを編み出した自治体が、最優秀のスマートビレッジとして選出、表彰されるのだ。

このようなやり方からも分かる通り、このプロジェクトは形式としてはコンペという形を取っているものの、その主眼は村々の能力開発とソリューション開発にある。提案書を出して終わりではなく、実際に1年半かけて村同士がアイデアや情報をシェアし、互いに切磋琢磨し合う関係になることが期待されている。

33の村の中から最優秀の村が選ばれるのは、2020年の夏になる予定だ。米国交通省が15年に中規模の地方都市を対象に実施した「スマートシティチャレンジ」は、その後のモビリティ×スマートシティのブームの火付け役となった。フィンランドのSmartest Villages Competitionも、スマートビレッジのブームを生み出すことに一役買うのかもしれない。

2 米シアトルに見るモビリティ革命とまちづくり

「100年に一度」のモビリティ革命が世界で巻き起こる中で、日本の地方都市では、いまだに昔ながらの路面電車が渋滞に巻き込まれながらノロノロと走行し、バスの団子運転や路上駐車が中心市街地を埋め尽くしている。公共交通機関に乗り継げば乗り継ぐほど運賃は割高となり、多くの市民が街の中心部にマイカーで乗り入れ、駅前には空車のタクシーがあふれかえる。この30年、ほとんど日本の光景は変わっていない。

一方で、かつて自動車大国と呼ばれた米国では、モビリティ革命が既に現実のものとなっており、多くの都市で街の姿自体が大きく変貌している。中でもマイクロソフトやボーイング、アマゾンの本社があるワシントン州の最大都市、シアトルは多様なモビリティサービスが共生しながら、動脈と毛細血管がバランス良く、互いの役割を補完しながら成長し続けているスマートシティである。

シアトルのタコマ国際空港に降り立つと、空港出口にある案内板に多くの日本人は驚かされるのではないだろうか。その交通手段の多さもさることながら、見たことも聞いたこともない交通手段が表記されている。主要地点や主要ホテルへのシャトルバス、路線バス、タクシーなどは日本人にもなじみのあるサービスだ。それ以外に、乗り合いによるバンプール（シャトル・エクスプレスと呼ばれ、ドライバーに行き先を告げるとそこまで運んでくれるサービスで都市圏交通を担うＭＥＴＲＯが運営）、ライトレール（米国ではＬＲＴと呼ばれ、空港と都心や大学などを直結している鉄軌道の輸送サービス）、ウーバー・テクノロジーズやＬｙｆｔ（リフト）に代表される配車サービス（案内板にはApp-Based Rideshareと表記）など、様々な交通手段で空港出口は混沌としている。シアトルに降り立った瞬間から、モビリティ革命の一端を垣間見ることができる。

ダウンタウン（都心部）では、地下にライトレールが走行し、地上部には縦横無尽に走行する路線バス（２階建てバス、連節バス、トロリーバス、スペシャルトランスポート）、ＢＲＴ（バス高速輸送システム）などの中量輸送交通機関が〝動脈〟となる幹線交通網を担い、ストリートカー（日本でいう路面電車、２系統）や、モノレールが特定地域の移動需要を支えている。また、カーシェアリング（例えばＢＭＷが運営するＲｅａｃｈＮｏｗは16年４月からサービス開始、現在はダイムラーと統合されＳｈａｒｅＮｏｗとして運営）、自転車シェアリング（乗り捨て可能なタイプで３社が運営、約１万台を供給。18年７月時点）、バンプール、配車サービスなどが都市の〝毛細血管〟として機能している。

次ページ上側の画面は自分の最寄りからの利用可能な交通手段と待ち時間を一覧で提供しているＴｒａｎｓｉｔＳｃｒｅｅｎ（トランジットスクリーン）の検索結果だ。これを見るだけでも多様なモビリティサービスが市内で提供されていることが分かるだろう。また、世界約２００都市以上をカバーしているＭａａＳアプリの「ＴｒｉｐＧｏ（トリップゴー）」でルート検索をしてみても、その選択肢の多さに驚かされる。シアトルは、オープンデータやデータ標準化でも最先端の都市の１つであり、公共交

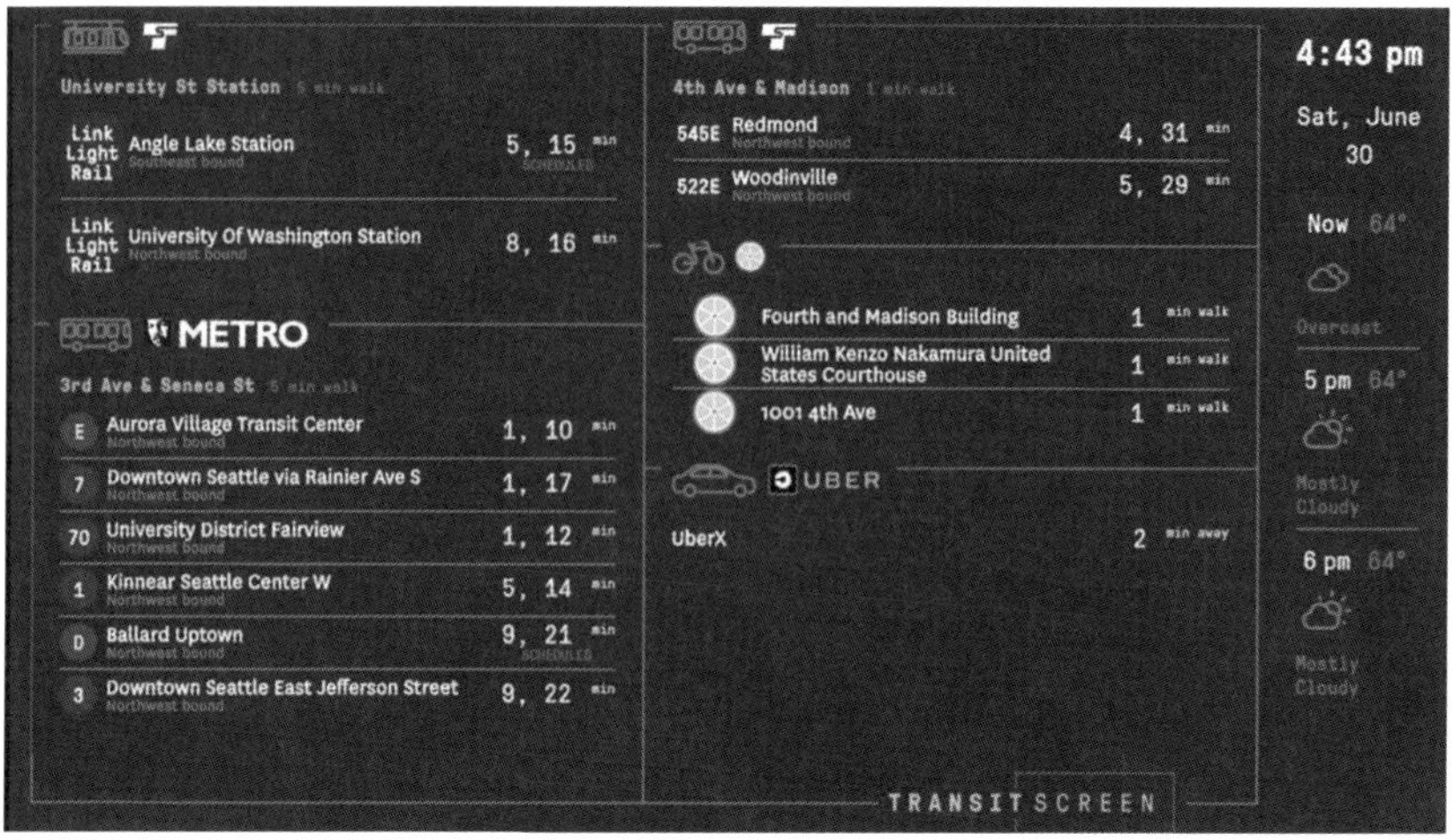

オープンデータの最先端都市では、最寄りの利用可能な手段と待ち時間をリアルタイムで提供（出典：TransitScreen）

MaaSアプリ「TripGo」でルート検索すると、シアトルには、様々なモビリティが利用可能であることを教えてくれる。目的を指定しルートを指定するとバスが近づく様子がリアルタイムで表示もされるきめ細かさ

通だけに限らず、自転車シェアリング、電動キックボード、配車サービスなどを統合した様々なモビリティサービスが出現している。

都市圏内の公共交通（フェリー含む）はゾーン運賃制となっている。シアトルのゾーン運賃制は都市圏のゾーン内であれば、どの交通手段に何度乗り継いでも2時間以内は運賃が割り増しされず、一律である。また、運賃の収受の仕組みも世界最先端。交通系ICカードの「ＯＲＣＡ（オルカ）」を使うことでキャッシュレスを実現し、モバイルアプリの「ＴｒａｎｓｉｔＧｏ（トランジットゴー）」（キング郡交通局が提供）というサービスを使えば、チケットレスかつキャッシュレスで、都市圏内のどの公共交通もスマホ１つで利用可能になる（スマホの画面にチケットが表示され、不正防止のため、背景画像が動画となっている）。また、カーシェアリングや自転車シェアリング、配車サービスもそれぞれの運営主体が提供するスマホアプリでキャッシュレスとチケットレスを実現している。

1人乗りマイカー通勤が約10ポイントも減少

18年2月、17年の都心部の通勤交通に関する調査レポートがシアトル交通省から発表され、全米だけではなく世界中で話題となった。２０１０年から17年のこの7年間で1人乗りのマイカー通勤の割合が35・2％から25・4％へと約10ポイントも大幅に減少したのだ。しかも、その間、都心部の従業者数は20万２０００人から26万２０００人と3割も増加している。これだけ短期間でマイカー通勤の割合が減少した都市は、先進国では聞いたことがない。

17年の都心部への通勤時間帯の利用交通手段の構成を見ると、マイカー以外の利用が75％を占め、ラ

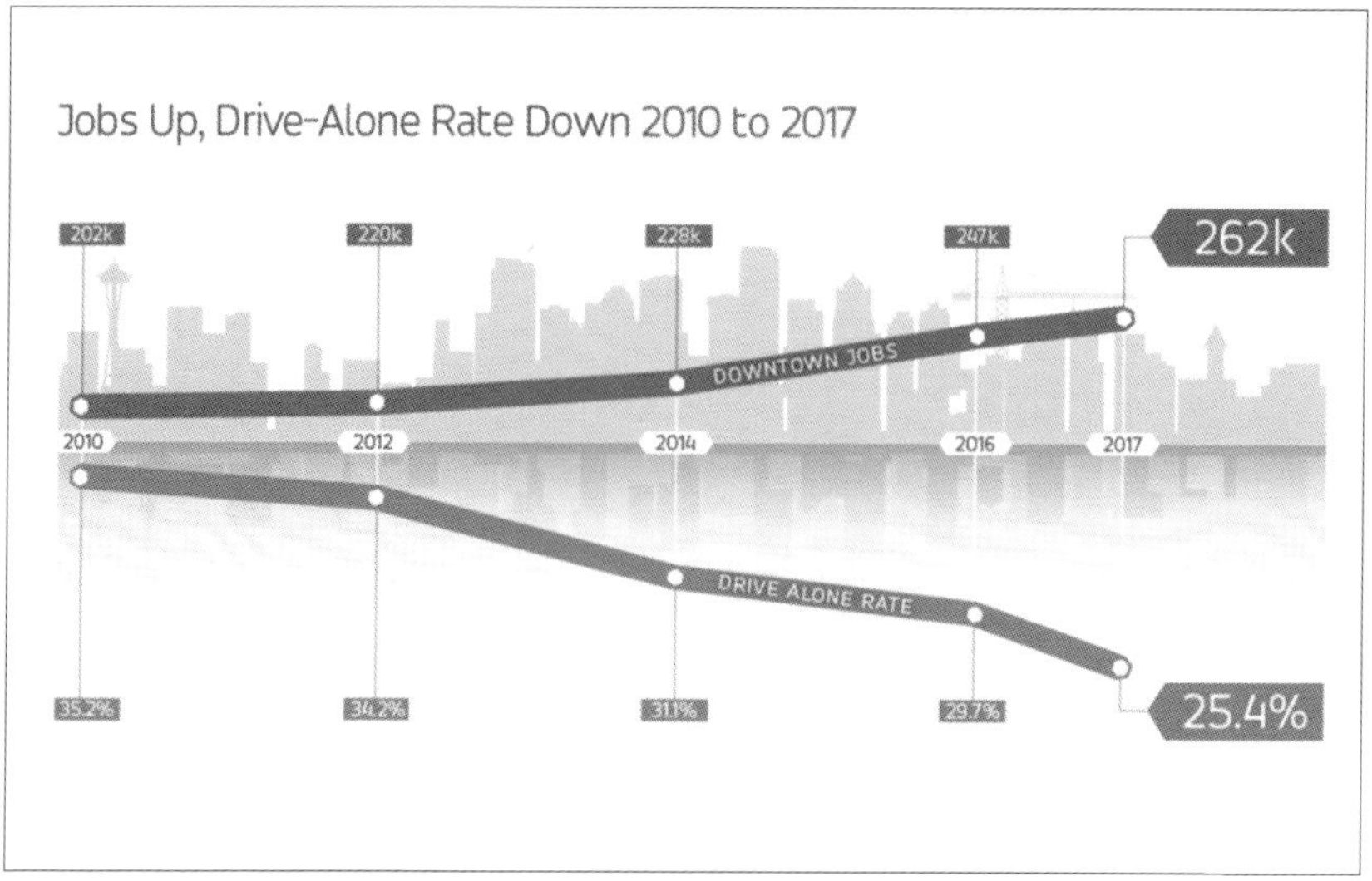

7年間で都心部への1人マイカー通勤が約10ポイント減少　（出典：シアトルDOT）

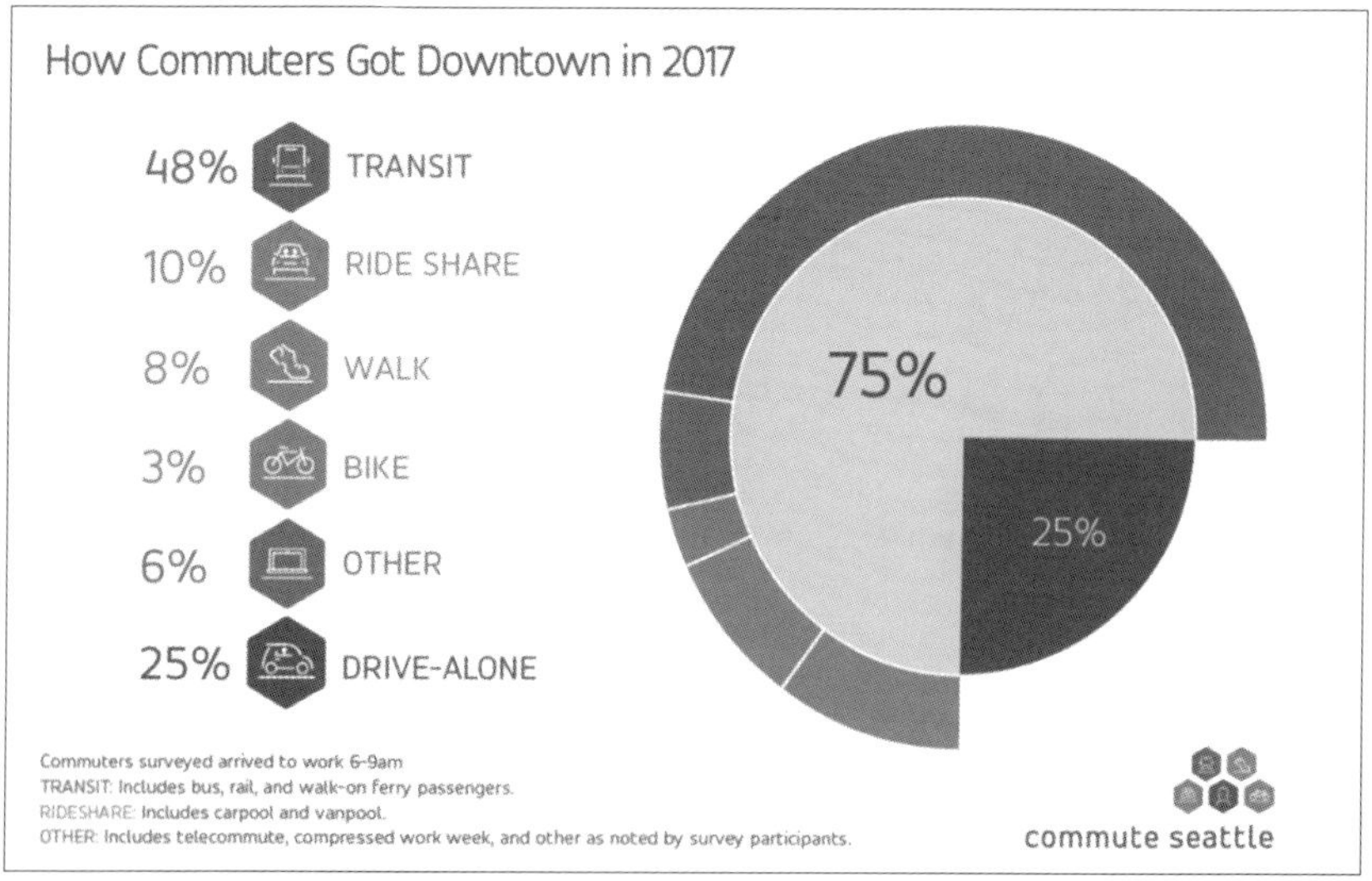

モビリティ革命により多様な手段で都心来訪を実現したシアトル。図は通勤時間帯の都心来訪の手段構成、2017年　（出典：シアトルDOT）

イトレールやバスなどの公共交通が48%、カープールやバンプールなどを含む相乗り交通が10%、自転車が3%となっている。マイカーから公共交通や相乗り、自転車に転換したといっていいだろう。

この間、南北幹線軸へのライトレールの新設、BRTの積極的な導入（19年12月時点で6系統）、ストリートカーの新設（2系統）など、次世代の様々な公共交通機関に対する先行投資が、功を奏した結果でもあると筆者らは捉えている。

シアトルはバス革命の最先端都市

世界各地で今、バス革命が起きているが、シアトルはその最先端の都市といっても過言ではない。古くから大気汚染などの環境問題に配慮し、地形的な制約もあり、電気駆動によるトロリーバスを多く採用している。最近では、2階建てバス、連節バスなど輸送力の向上を積極的に進めている。また、基幹的な交通網を形成するため、都心から放射方向に6系統のBRT（現地では、Rapid Rideと呼ぶ）が導入されている。

シアトルのBRTの特徴は、市民に分かりやすいネットワーク構成、街路の一部をバス専用レーンに再編、車両デザインや停留所デザインの刷新、系統番号の見直し（普通の路線バスは数字表記、BRTはローマ字と赤丸表記で差別化してA～Fのアルファベットを付与）、優先信号の導入などの総合的な施策として取り組まれている点だ。BRTの導入によりマイカーに負けない移動時間と時間信頼性、移動の快適性が確保されている。これらの変化は、たったこの10年での出来事である点も注目に値する。

BRTのE系統を例に、その一端を紹介したい。E系統は都心からシアトル北部の終点までの約25㎞

シアトル市民の足となっているBRT（バス高速輸送システムのラピッドライド）。リフト付きの連節バスは全扉乗降可能で、車両前方には自転車搭載ができる

通勤通学の足として人気の２階建て路線バス

の区間、全線バス専用レーンとして運用されており、ほとんどの信号交差点ではバスが止まらない運用だ。バス車両の接近を前方の信号交差点が検知すると、前方信号の青時間を延長し、赤信号の際には前方信号の赤時間を短縮するといった信号優先制御が採用されている。これだけ大がかりなバス優先信号は世界的にもまれだ（他にも米ユージン、仏ルーアンなどで類似の優先信号が導入されている）。

自動運転を見据えた中心市街地のリ・デザイン

米国の専門家の間では、シェアリングと自動運転が融合したSAV（Shared Autonomous Vehicles）が、将来のモビリティサービスの本命として有望視されている。SAVの車両やサービスが技術革新したとしても、専用の空間に見知らぬ人同士が乗り合うという習慣、公共的なモビリティサービスを利用する習慣は、一朝一夕には実現しない。有人運転でもバスを利用しない人が、無人運転になることでバスを利用するようになるとは筆者らには到底思えない。また、SAVがどれだけ高機能化したとしても、できるだけ自転車や一般の車両と人との接触の機会、リスクを最小限にするインフラ側の協力が必要不可欠ではないだろうか。

その意味では、シアトルはこの10年間、路線バスなどの特定車両のみが走行できる専用レーンを街中に拡充してきた。街路空間の再編には地域や沿道施設、ドライバーなどの理解が必要不可欠であり、非常に時間を要する取り組みを着実に進めてきたことになる。

これら特定車両に対する空間の確保を先行的に進めてきた努力があって初めて、将来普及するであろうSAVの車両に優先権を与えることが可能となり、安全安心な自動運転社会が幕を開けていくと筆者

3車線の街路をバス専用(左)、一般車(中央)、自転車専用(右)にリ・デザインされた街路空間

らは考えている。

また、シアトル市では、短時間駐車は路上駐車、長時間駐車は路外駐車という政策を長年採用している。補助幹線的な街路には歩道の一部を切り込み、沿道特性に合わせて30分や1時間、2時間など、短時間用の有料駐車場を確保し、提供している。将来普及するであろうSAVはオンデマンドで車両を呼び出すことになるだろう。その際、車両が待機する短時間の停車空間が非常に重要となることは言うまでもない。MaaS時代においては、カーブ・サイド・マネジメント(路肩の賢い運用)が重要であり、シアトルはこの分野でも最先端の都市であろう。

このように近々到来する本格的なモビリティ革命に先行し、人々に新たな移動の機会を与え、柔軟に対応できるインフラの整備を戦略的に進めている都市がシアトルであり、インフラだけではなく人々もスマート(賢い)な都市生活を謳歌している。

3 MaaS時代のスマートシティ実現に向けて

キーワード① ビジョンの共有

トロントのウォーターフロント地区、シアトルの既存市街地のいずれにおいても、将来想定される政策課題、直近の課題を踏まえた人々の心を惹きつけるビジョンが重要なカギを握っている。市民の生活は将来どうなるのか、どのような暮らしやメリットがもたらされるのか、新しいテクノロジーやモビリティは政策を実現していく上での手段であり、それらがどのように暮らしや価値観に影響を与えるかを丁寧に示していくことが、行政や開発主体には求められる。5G、自動運転、キャッシュレスといったキーワードをいくら説明しても、人々の心を惹きつけることは困難だろう。

トロントのサイドウォークラボは、ビジョン策定において市民参加型のプロセスを導入している。同社は、17年11月に市庁舎で最初のキックオフ会合を開始して以来、これまで数多くの円卓会議、市民説

新しいモビリティ社会に順応していくビジョンを策定、限られた予算の中で政策の優先順位も提示した交通戦略（出典：シアトル市）

明会、ワークショップ、オープンハウスによる情報提供を重ねてきている。その過程で利害関係者や市民から様々な意見を聴取し、ビジョンに反映。その結果、当初は技術が前面に出ていた計画から、人々の暮らしが技術によってどのように変革、アップデートされるかが分かりやすく説明される内容に生まれ変わっている。

シアトルにおいても、これまで個別に策定していた公共交通の計画、自転車の計画、歩行者の計画などを統合、「MOVE SEATTLE」という10年間の交通戦略を策定し、政策の優先順位を明確にした新しいモビリティ社会に順応していくビジョンを掲げている。

キーワード② 官民データ連携

MaaS時代のスマートシティでは、従来の都市開発に加えて新しいモビリティが加わることとなり、民間が主体で行っていく都市開発、スタートアップや企業が主体で行っていく新しいモビリティの導入、これらが行政区域や民間の私有地で展開されていく。そのため、一層官民のデータ連携が重要だ。新しいモビリティの利用実態について、データを通して官民で共有し、双方がコミュニケーションしながら利害を調整していくことが今後求められる。

ロサンゼルス市では、MDS（Mobility Data Specification：モビリティデータ仕様）と呼ばれる官民連携のデータ仕様を18年9月に策定している。当初は自転車シェアリングや電動キックボードを対象として開発されたものの、その後シアトルでは新しいモビリティサービスのデータプラットフォームを手がけるPopulus（ポピュラス）と、マイクロモビリティを世界展開しているLime（ライム）が協力し、カーシェアリングなども対象とした仕組みを開発している。MDSでは、車両のステータス、車両の位置、車両タイプおよび現在のバッテリー残量（電気の場合）などに加えて、車両の移動軌跡情報がAPIを通して報告される。

既に全米では、MDSは70都市以上に普及しており、新たなモビリティサービスを企業が実施する場合には、MDSに準拠した形によるデータ提供が求められる。その後、MDSを全米に広げていくため、ロックフェラー財団などが支援し、米国などの地方自治体から構成される団体、オープンデータ・モビ

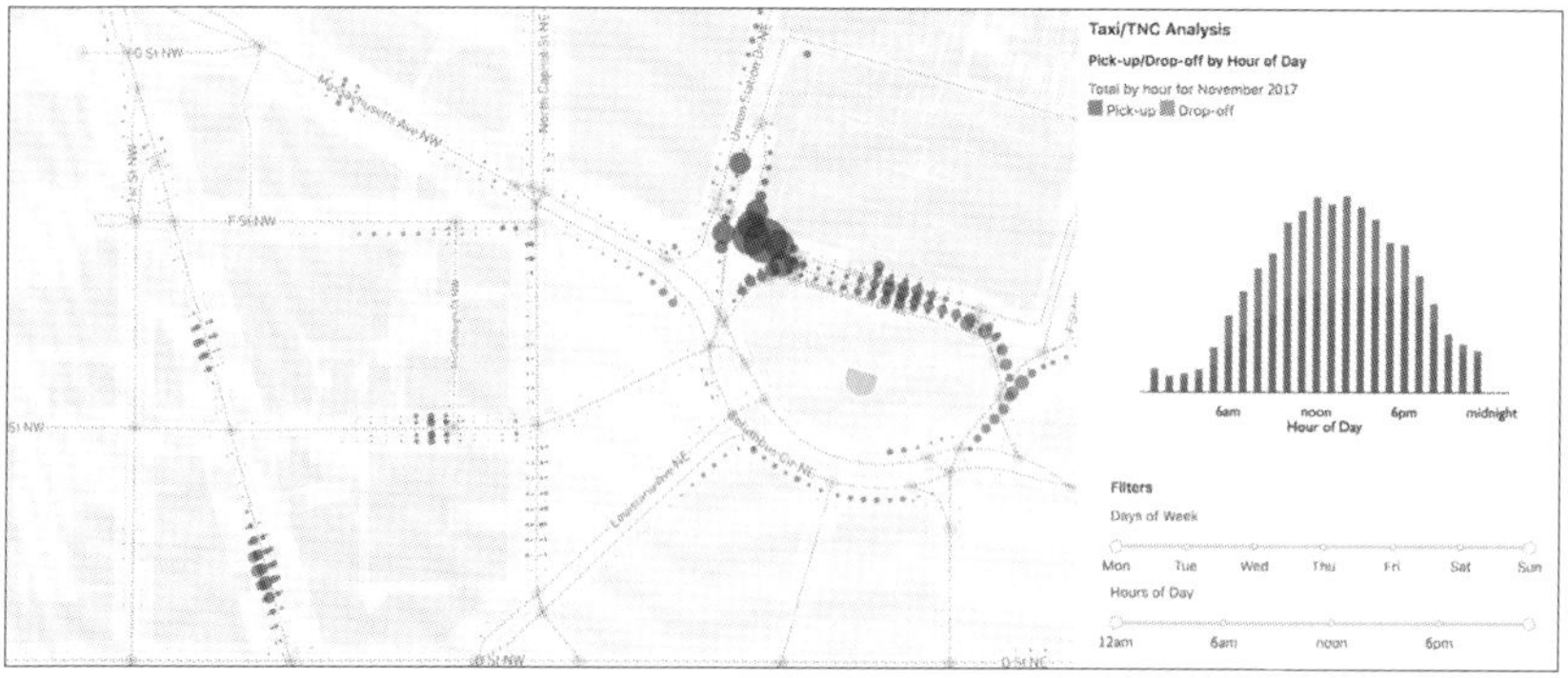

SharedStreetsのプラットフォームを用いて配車サービスの乗降状況を可視化(出典:SharedStreets)

リティ基金（ＯＭＦ）を19年6月に立ち上げた。

地域の交通を改善していくため、官民でデータを共有し、そのためにデータ標準、ＡＰＩのデータ仕様、運用ルールなどを定め、自転車シェアリングや電動キックボードなどに代表される新しいモビリティサービスの事業者に協力を求め、ＯＭＦがデータ共有の運営を行う。車両やポートのリアルタイムな稼働状況だけではなく、サービスの利用状況なども共有していく点が特徴だ。

また、ＮＡＣＴＯ（全米都市交通担当官協議会）では、気候変動の原因となる道路混雑とＣＯ$_2$排出量を削減し、街路の効率性を高め交通事故を減少するため、公共および民間部門に路肩スペースをマネジメントする新しいツールを18年から提供している。この「ＳｈａｒｅｄＳｔｒｅｅｔｓ（シェアド・ストリーツ）」と呼ばれる官民データ連携のプラットフォームでは、自動車会社のフォード、配車サービスのウーバーおよびＬｙｆｔ（リフト）が提携し、データの共有を進めている。ウーバーからは無償で街路の旅行速度が提供されており、リフトからは配車サービスの乗降に関する情報がもたらされている。街路の利用実態を官民で共有し、新しいモビリティに対応した街路の空間再配分や路肩の有効活用を進めているのだ。こうした街路の利用状況をモニタリングしながら、街路空間をアップデートしていく次世代の計画手法はMaaS時代のスマートシティを推進していく上では、必須の技術である。

キーワード③ データ駆動型のプロセス

スマートシティのビジョンが人々の生活や移動にどのような効果をもたらすかについて、科学的なアプローチによって効果を検証し、市民や利害関係者に丁寧に説明していくことが重要だ。従来の都市開発と同様、都市開発により発生する人の移動量、来街者の移動量、これら移動量の想定する交通手段、加えて物流の発生需要などを計画量として設定する。これらを想定し、開発エリアに必要となる施設の種類、施設規模が算定される。従来の都市開発と異なるのは、想定する交通手段、そのために必要となる施設や施設規模であろう。

先に紹介したサイドウォークラボが提案したトロントのケースでは、居住者の多くは公共交通や徒歩、自転車、自動運転による配車サービスがメインとなるライフスタイルを提案。開発エリアには自転車シェアリングのデポ、配車サービスの乗降空間、自動運転の配車サービスの動線が計画に盛り込まれている。

開発需要や想定する交通手段の割合により、周辺街路に与える影響が異なることから、公共交通とマ

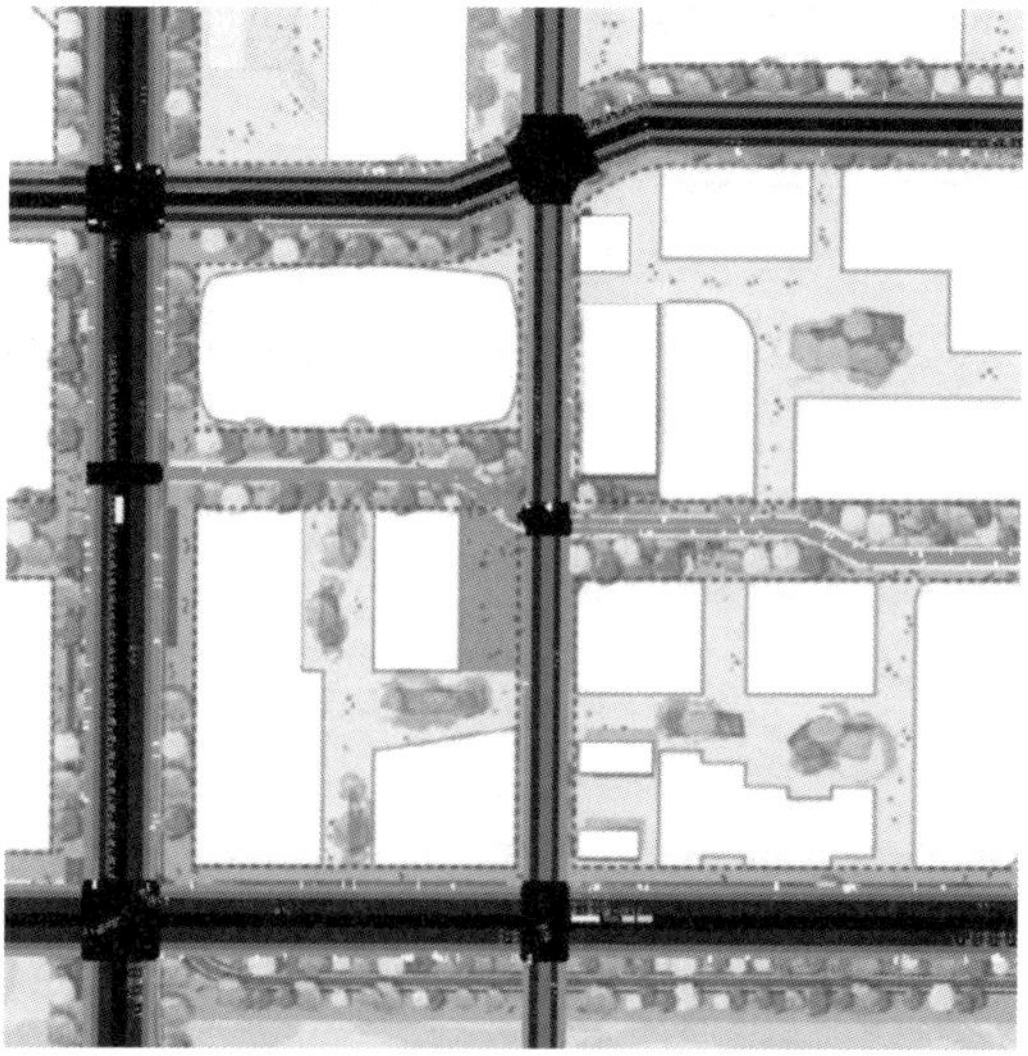

公共交通を優先した街路空間、歩行者を優先したスーパーブロックの効果を検証
（出典：SIDE WALK TALK）

イカーとの混合状況や公共交通の専用空間の意義、ダイナミックな路肩運用などの効果について、オープンソースのミクロシミュレーション「SUMO（Simulation of Urban Mobility）」を用いて様々なケースを事前に検証している。また、彼らは人間中心の都市開発を提案しており、スーパーブロックにより歩行者を優先した街路デザインの効果についても事前に検証している点は興味深い。なお、スーパーブロックとは、碁盤の目状に構成された街路で囲まれたエリア（スーパーブロック：大街区）を歩行者や自転車などが中心の空間に再構成する取り組みである。

翻って日本では、スマートシティをめぐって「都市OS」やデータセットなどの議論が先行している印象を受ける。スマートシティを実現していく上では、そもそもの人の暮らしが技術によってどのように豊かに幸福になるのか、計画者が想定しているビジョンが市民のニーズや課題解決にマッチしているのか、そのための対話やプロセスがデザインされているのか、市民との対話の中で科学的な根拠や論証が事前に準備されているのか――。MaaS時代のスマートシティの戦術として、ビジョン、官民データ連携、科学的検証が制度設計の上では非常に重要となるだろう。

おわりに

筆者らは、2018年11月に本書の前身となる『MaaS～モビリティ革命の先にある全産業のゲームチェンジ～』を上梓した。この本でMaaSに関して十分にまとめたつもりだったが、出版直後から日本でも、世界でも、ものすごいスピード感で多くの取り組みがなされ、多くの進化を得た。

既に日本国内でも、交通事業者や自動車メーカー、周辺事業者を含めて多くのプロジェクトが始まっている。その流れに合わせて、国や地方自治体もそれを積極的に後押ししている。本書の第1章では、日本で始まったMaaSの取り組みと海外事例を記した。

こうして国内でMaaSの取り組みと進展する中、海外と異なる事業者間の関係や商慣習の違いによる課題が浮き彫りになり、より広範な仕組みづくりの必要性も増してきている。その現状を切り取って、MaaSを形づくる上での課題と光明、そして求められるエコシステムについて第2章、第3章で解説した。

その課題感の多さから、MaaSは「バズワード」である、日本では実現しないなどと、悲観的な意見も多く聞かれるようになった。だが、本当にそうだろうか。ここで、本書の執筆意図を改めて伝えるために1つの文章を引用したい。

Twenty years from now you will be more disappointed by the things you didn't do than by the ones you did.
So throw off the bowlines away from the safe harbor.
Catch the trade winds in your sails. Explore. Dream. Discover.

20年後に失望するのは、やったことよりもやらなかったことだ。
綱を解き、安全な港から船を出し、帆で風を捉えよ。
探検し、夢を見て、発見するのだ。

これは、『トム・ソーヤーの冒険』を著した小説家、マーク・トウェインの言葉である。この言葉に触発されるように、筆者らは本書がビジネス書でもあり、指南書にもなり得るが、特にＭａａＳに携わる方々への羅針盤となる存在でありたい。そう願っている。

２０２０年現在、日本は少子高齢化、人口減少、産業競争力の低下、環境問題、人と人のつながりの希薄化など、実に様々な課題に直面している。今後、もっと深刻な課題も出てくるかもしれない。それが解決可能なものなのか、新しい「常識」として受け入れてしまうしかないのか。得てして、我々は後ろ向きな悩みの渦に呑み込まれてしまう。

それでも、ここで気分を一新して前に進めないだろうか。とらわれている常識の「綱」を解き、荒れて見える海に船を出し、自分という「帆」と、多くの想いを１つにした仲間と一緒にＭａａＳの「風」

を捉えて前に進んでいけないだろうか。本書のタイトルでもあるＢｅｙｏｎｄ ＭａａＳに筆者らが込めた想いは、単に異業種との連携を勧めるということではない。別の交通事業者や、これまで付き合いのなかった異業種であっても、同じ課題や想いを持ったプレーヤーと共創することで、より多くの風を捉えて力強く前に進んでいけるというメッセージである。

「ＣＥＳ ２０２０」では、トヨタ自動車による「Ｗｏｖｅｎ Ｃｉｔｙ（ウーブン・シティ）」という、まちづくり領域へのチャレンジの発表が大きな話題を呼んだ。自動車メーカーや交通事業者が、都市やまちづくりに積極的に進出する。今後、多くの事業者と自治体が連携しながら、地域や都市、人々の新たな生活スタイルをつくっていくことが増えてくる。それは未知なる取り組みであり、実現への道のりは簡単なものではない。課題もたくさん出てくるだろう。それでも、「探検」することを楽しみ、その実現に「夢」を見て、新たな「発見」を皆で共有していきたい。

そんなことに気づかされ、一冊の書籍として世の中に広く伝えたいと考えていた時、執筆するきっかけとなったのが、「日経クロストレンド」から生まれたＭａａＳの特集プロジェクトである。国内外のＭａａＳ事例の念入りな取材や、多くの有識者からの記事が掲載されると同時に、連載企画「Ｂｅｙｏｎｄ ＭａａＳ 移動の未来」において異業種の各分野の専門家インタビューが多く掲載された。その一部は、改めて本書でも紹介している。Ｂｅｙｏｎｄ ＭａａＳという今後の産業の在り方を考える上で重要なメディアを構築した日経クロストレンド編集部および編集者である勝俣哲生氏に感謝の意を示したい。

また、本書を執筆するに当たり、筑波大学名誉教授の石田東生氏、東京大学教授の須田義大氏、横浜国立大学副学長の中村文彦氏、ＭａａＳの社会実装に向けて走り出した各事業者、インタビューに応じていただいた皆様に、改めて感謝の念をお伝えしたい。

最後に、筆者らの抱いているＭａａＳの価値や、そこからつくり出される未来への期待感が届いてくれることを願って、読者の皆様への感謝の言葉とする。また、今後ＭａａＳの世界で活躍されるプレーヤーの方々へのエールとしても受け取ってもらいたい。

本書を手に取り、最後まで読んでくれて、どうもありがとうございました。

筆者一同

Chapter 1

UITP (2019) : report Mobility as a Service, April 2019

MaaS Alliance (2017) : White Paper,September4,2017

牧村和彦 (2018) : モビリティ革命の最新動向、未来投資会議構造改革徹底推進会合「地域経済・インフラ」会合 (インフラ) (第3回),2018年4月17日

未来投資戦略 2018 -「Society 5.0」「データ駆動型社会」への変革、2018年6月15日

経済産業省 (2018) :「IoTやAIが可能とする新しいモビリティサービスに関する研究会」中間整理、2018年10月17日

国土交通省都市と地方の新たなモビリティサービス懇談会 (2019) : 中間とりまとめ、2019年3月14日公表

スマートモビリティチャレンジ推進協議会 :「スマートモビリティチャレンジ」の支援対象地域・事業 (https : //www.mobilitychallenge.go.jp/introduction)

Ministere de la Transition ecologique et solidaire (2019) : La loi mobilites,Le Jeudi 26 decembre 2019

Chapter 2

未来投資戦略 2018 -「Society 5.0」「データ駆動型社会」への変革、2018年6月15日閣議決定

成長戦略フォローアップ　2019年6月21日閣議決定

国土交通省 (2019) : 都市と地方の新たなモビリティサービス懇談会 : 中間とりまとめ、2019年3月14日公表

国土交通省 (2020) :「持続可能な地域旅客運送サービスの提供の確保に向けた新たな制度的枠組みに関する基本的な考え方」～「交通政策審議会交通体系分科会地域公共交通部会」中間とりまとめ～ : 2020年1月29日公表

高度情報通信ネットワーク社会推進戦略本部・官民データ活用推進戦略会議 (2019) : 官民ITS構想・ロードマップ2019 : 2019年6月7日公表

Finnish Ministry of Employment and the Economy Innovation (2010), Demand and User-driven Innovation Policy

Tina Morch-Pierre (2019), DART's MaaS Effort, Transportation Research Board, August 14, 2019

Chapter 3

James F. Moore (1993), Predators and Prey : A new ecology of competition". Harvard Business Review.71 (1993, May June)

James F. Moore (1997) The Death of Competition : Leadership and strategy in the age of business ecosystems (Harper Paperbacks; Reprint版, 1997/4/11)

Kamargianni,M., and M.Matyas (2017), The Business Ecosystem of Mobility as a Service, 96th Transportation

Research Board (TRB) Annual Meeting, Washington DC, 8-12 January 2017

UITP (2019) : report Mobility as a Service, April 2019

MaaS Alliance (2017) : White Paper,September4,2017

Chapter 6

KPMG（2017）：自動運転で補修部品事業はどうなる?

リブ・コンサルティング（2019）：モビリティ・ラボ カーディーラー経営の進化経営実態調査（2019年）

LIGARE vol49：特集 CES2020 トヨタ、ソニーはどこへ向かうのか?

LIGARE vol49：「チョイソコとよあけ」が示す、新しい地域交通の作り方

LIGARE vol48：移動をエンターテインメント体験の場に変える

LIGARE vol47：テイ・エス テック&世界ゆるスポーツ協会

LIGARE vol45：「自動運転時代への備え」2019 年内にmoovelからREACH NOWへ名称変更

Chapter 7

日経クロストレンド：「ANAやJR東日本と連携　多拠点生活×交通サブスク実現へ」（2019年11月1日掲載）

日経クロストレンド：「ウィラーの『ASEAN MaaS』　シェアバスが日本の地方も救う」（2019年11月14日掲載）

日経クロストレンド：「動く『オンライン診療所』が始動へ　フィリップスとモネが実現」（2019年12月2日掲載）

日経クロストレンド：「フィリップスも参戦『医療・介護MaaS』　答えは群馬にあり」（2019年5月30日掲載）

さるぼぼコイン：https：//paymentnavi.com/paymentnews/88194.html

日経クロストレンド：「電通がMaaS広告の特許出願　移動データで精度向上も残る課題」（2019年5月16日掲載）

日経クロストレンド：「『ポケモンGO』も進化?　MaaSの普及でゲームも変わる」（2018年10月17日掲載）

上士幌町MaaS：https：//www.innovation-challenge.jp/maas/visitor/

熊本赤十字病院（2019）：交通・宿泊サービスを用いた避難支援・救援技術の特許を取得、2019年10月7日

Chapter 8

SIDEWALK TRONTO：https：//www.sidewalktoronto.ca/

commute seattle：https：//commuteseattle.com/

Seattle DOT（2015）：MOVE SEATTLE,spring 2015

MaaS Tech Japan
代表取締役
日高 洋祐
Yosuke Hidaka

2005年、鉄道会社に入社。ICTを活用したスマートフォンアプリの開発や公共交通連携プロジェクト、モビリティ戦略策定などの業務に従事。14年、東京大学学際情報学府博士課程において、日本版MaaSの社会実装に向けて国内外の調査や実証実験の実施により、MaaSの社会実装に資する提言をまとめる。現在は、MaaS Tech Japanを立ち上げ、MaaSプラットフォーム事業などを行う。国内外のMaaSプレーヤーと積極的に交流し、日本国内での価値あるMaaSの実現を目指す

計量計画研究所
理事 兼 研究本部企画戦略部長
牧村 和彦
Kazuhiko Makimura

1990年、一般財団法人計量計画研究所（IBS）入所。モビリティ・デザイナー。東京大学博士（工学）。筑波大学客員教授、神戸大学客員教授他。都市・交通のシンクタンクに従事し、将来の交通社会を描くスペシャリストとして活動。代表的な著書に、『バスがまちを変えていく～ BRTの導入計画作法』（IBS出版）、『交通まちづくり～地方都市からの挑戦』（共著、鹿島出版）、『モビリティをマネジメントする』（共著、学芸出版社）、『2050年自動車はこうなる』（共著、自動車技術会）など多数

日本総合研究所 創発戦略センター
シニアスペシャリスト

井上 岳一

Takekazu Inoue

1994年、東京大学農学部卒業。農林水産省林野庁、Cassina IXCを経て、2003年に日本総合研究所に入社。Yale大学修士(経済学)。南相馬市復興アドバイザー。森のように多様で持続可能な社会システムのデザインを目指し、インキュベーション活動に従事。現在の注力テーマは、地域を持続可能にする「ローカルMaaS」のエコシステム構築。著書に『日本列島回復論』(新潮選書)、共著書に『AI自治体』(学陽書房)、『公共IoT』(日刊工業新聞社)などがある

自動車新聞社
代表取締役 兼 LIGARE編集長

井上 佳三

Keizoh Inoue

2007年、自動車新聞社入社。立命館大学OIC総合研究機構客員研究員。モビリティサービスの専門誌「LIGARE」(リガーレ)を立ち上げ、移動の質の向上がQOLの向上につながることをモットーに数多くのモビリティを取材。18年からはLIGARE.Newsを立ち上げ、「ひと・まち・モビリティ」に関わるニュースを配信している。15年には立命館大学でFuture Mobility研究会に参画し、豊かなモビリティ社会実現を目指す。モビリティサービスやまちづくりの調査・企画・開発のサポートを行うAMANEを設立

Beyond MaaS
日本から始まる新モビリティ革命 ― 移動と都市の未来 ―

2020年3月9日　第1版第1刷発行

著　者	日高 洋祐　牧村 和彦　井上 岳一　井上 佳三
発行者	杉本 昭彦
編　集	勝俣 哲生（日経クロストレンド）
発　行	日経BP
発　売	日経BPマーケティング 〒105-8308　東京都港区虎ノ門4-3-12
装丁・レイアウト	中川 英祐（トリプルライン）
図版作成	中澤 愛子（トリプルライン）
DTP	Quomodo DESIGN
印刷・製本	中央精版印刷株式会社

本書の一部は「日経クロストレンド」掲載の内容を再編集、再構成したものです。

ISBN 978-4-296-10528-1